精神の場所

——ベルクソンとフランス・スピリチュアリスム

杉山直樹
Naoki SUGIYAMA

青土社

精神の場所

ベルクソンとフランス・スピリチュアリスム

目　次

精神の場所

ベルクソンとフランス・スピリチュアリスム

凡例

・ベルクソンからの引用について

1　主著

次のものから引用できる文章に関しては、引用直後に、以下の略号を用いながら参照箇所を指示する。ページ付けについては、今日でも標準的な、一九四〇年代以降のPUF版のそれに従う。

DI　*Essai sur les données immédiates de la conscience*, 1889.『時間と自由』／『意識に直接与えられたものについての試論』（『試論』とも略記する）

MM　*Matière et mémoire*, 1896.『物質と記憶』

R　*Le Rire*, 1900.『笑い』

EC　*L'Évolution créatrice*, 1907.『創造的進化』（『進化』とも略記する）

ES　*L'Énergie spirituelle*, 1919.『精神のエネルギー』

DS　*Les Deux sources de la morale et de la religion*, 1932.『道徳と宗教の二つの源泉』／『道徳と宗教の二源泉』（『二源泉』とも略記する）

PM　*La Pensée et le mouvant*, 1934.『思考と動くもの』／『思考と運動』

2　主著以外
『メランジュ（雑録集 *Mélanges*, PUF, 1972）』に収録されたものについては、略号Mの後にページ数を付記して参照箇所を示す。

それ以外の講義録や書簡などについては、それぞれの場所において、出典情報を注で示した。

・その他
引用文中の［　］は、引用者による補足であることを示す。

はじめに

「精神の場所」と題されたこの論文集が扱うのは、アンリ・ベルクソン（Henri Bergson 一八五九－一九四一）の哲学である。主眼は、彼の哲学の独特の相貌、その「特異性」を描き出すところにある。そのための背景として、ベルクソンに先行し、あるいは並行する哲学者たちが呼び出される。「フランス・スピリチュアリスム」と称される思潮に位置づけられる哲学者たちである。[1]

（1）この「フランス・スピリチュアリスム」という奇妙な（何語であるかも判然としない！）語の使用について、最初に弁明をしておく。french spiritualism でもなく、spiritualisme français でもないこの語を我々が用いる理由は、ごく便宜的なものだ。日本においてこの語が、とりわけ増永洋三の研究（『フランス・スピリチュアリスムの哲学』、創文社、一九八四年）以後、すでにある程度流通している、そのゆえである。

「フランス・スピリチュアリスム」の規定や限定の試み、ならびにそれに関わる基本文献の情報については、この増永の研究、ならびにそれを受けての岩田文昭『フランス・スピリチュアリスムの宗教哲学』（創文社、二〇〇一年）、とりわけその第一章が有用であろう。両氏の見立てや分類は我々のそれとはかなり異なるものだが、これらの著作が「フランス・スピリチュアリスム」に関する情報源として参照に値する基本文献であることに変わりはない。

「特異性」——ベルクソンが、講演『哲学的直観』で述べた見解は知られている。どんな哲学者も、自分の思想を述べるに際しては、同時代の哲学や科学が扱う諸概念を受け入れつつ、当時の問題に取り組むかたちでそれを表明する。だが、「哲学者」の名に値する者の学説の中心には、そうした既成の材料や枠組みに収まらない、謎のような何かが、必ず存在している。それが、ベルクソンが「哲学的直観」と呼ぶものだ。独自なるもの、あまりに新しいために当の哲学者ですら十全に把握し完全に述べつくすことのできないもの。これを前にすれば、哲学史家が好む「影響」や「系譜」といった概念はすべて失効する、というのである。

我々が当のベルクソンの「哲学的直観」を言い当ててみせよう、というわけではない（まさか）。それにしても、彼の哲学には、何か他の哲学者に見られないものが含まれているとは思う。何か気になる異例性だ。そんな気がかり、あるいは感触に促されつつ我々が試みてきた考察を束ねたのが、本書である。

ベルクソンもまた、その時代に生き、周囲の哲学者が用いる諸概念を使用し、周囲で論じられる諸問題に取り組んだ。彼の周りでは、「精神（エスプリ）」や「魂」、その実体性や自由などが言わば「定番」の諸問題となっていた。当時の「スピリチュアリスム」は、それらを肯定しようとして、さまざまな議論を組み立てていたのである。ベルクソンもまた、その種の問題に取り組むことになる。決定論を論駁する『試論』、心身二元論を主張する『物質と記憶』などは、当時のマテリアリスムに対抗するスピリチュアリスム側からの新たな試みと映ったであろう。誤認ではない。ベルクソンも、そんな理解を拒否はしないはずだ。

だがそれで済ませてしまえば、彼の特異なところについては素通りすることになる。ただ、異例や特異と言うだけでは、「何がそんなに特異なのか。ただの思い込みではないのか」と問われて当然であろう。多様な角度からの実質的な考察を、行わねばならない。

本書は「ベルクソンとフランス・スピリチュアリスム」という副題を掲げる。連続性や類似性を言うためではないし、何らかの「系譜」を固めたいからでもない。むしろ、直近の諸思想とベルクソン哲学との差異を探りたいのだ(2)。

また、この「フランス・スピリチュアリスム」をそのように使うだけであるなら、ベルクソン以外の思想家の独創性をそこに溶かし込んでしまう危険もある。実際には、そこに存在しているのは、かなりの多様性を含んだ緩やかな集合体なのだ。ベルクソンを際立たせようと思うばかりに、そちらの多様性を塗りつぶすのも不当な話だろう。

したがって、本書での論述は、二重のものになる。我々は、ベルクソンの特異性を探ろうとするわけだが、その作業のためには、「フランス・スピリチュアリスム」はまずもって、ベルクソン哲学を浮かび上がらせる背景のように用いられることになる。だが、当の「スピリチュアリスム」自体も、

(2) ベルクソンが「スピリチュアリスム」を語る場合、そこには、「否定」ではないにしても「留保」の態度が明らかである。いわく、従来のスピリチュアリスムは、「自由」の絶対性を称揚するが、そんな自由は我々が有するそれではない(DI, p. 125. 明言されていないが、念頭にあるのはラシュリエではないだろうか)。あるいは、これまでのスピリチュアリスムは、身体的制約や生物学的条件と隔絶したところで「精神」を語ろうとするが、それは不毛な試みである(EC, pp. 268-271)。ベルクソンの自己規定を考える上で、先行世代の「スピリチュアリスム」に対しての彼のこうした態度は、無視できるものではない。

単に何かのっぺりした背景のように扱って済ませられるものではない。そんなことでは、ベルクソンの側を規定していく作業自体も曖昧なものとなってしまうだろう。だから、この「スピリチュアリスム」の側についてもまた、それなりの分節化を行う必要がある。個々の哲学者についての詳論はできないにしても、いくつかの傾向の判別、あるいは可能性の指摘ぐらいであれば、本書の範囲においても可能であろう。実際、このあたりの哲学者についての研究には、まだ手付かずのところも多い。ベルクソンばかりに目を注ぐのではなく、その周囲への探索のためのおおまかな地図もある程度は整えておきたいのだ。

かくして、本書が主に用いるのは、ベルクソンを中心に据えながらの「比較・対照」という単純な方法となるわけだが、さらにその基本方針を言うなら、こうだ――「近い」と思われる相手に対しては、差異のほうに注意を払い、一見「遠い」と思われる相手に対しては、むしろ近さを探ること。なるべく風景を平板にしてしまわずに、その中で浮かんでくるベルクソン哲学の相貌を、報告してみようと思う。

フランス・スピリチュアリスムとは何か――予備的考察

「フランス・スピリチュアリスム」については以下の各章でもあれこれの叙述がなされる。繰り返しとなるところもあるが、ここでもあえて一定の説明や限定をしておく。三つのレベルで概略的なところを述べておこう。

（1）「スピリチュアリズム」一般について

現在の日本でも、「スピリチュアル」といった語はしばしば目にされる。いろいろな形での癒しや慰めを人々に与える、宗教めいた言説。否定されるべきものばかりでもないが、占いや疑似科学や代替医療が混じった「いかがわしい」言説であることも多い。そんなところで用いられるのが、英語の「スピリチュアル」だ。英語であることに意味がないわけではない。一定の由来と「伝達経路」はあるのだ。しかし、それについてはもう論じない。

本書が扱うのは、もちろん、その種の「スピリチュアリズム」ではない。ただ、そういう切断はするとして、しかしこのいかにもハイ・カルチャー主義的な線引きが何の問題も含まぬものであるかに関しては、一定の留保が必要だろう。一応、そのことには触れておかねばならない。

スピリチュアリズムは「エスプリ」からの派生語だが、このエスプリというのは、「身体・物体（corpus）」と区別された「精神（mens）」のことでもありつつ、そもそもより古くは、心霊、精霊のことでもあり、三位一体における聖霊の霊でもあり、さらに遡れば息吹や呼吸のことでもある。実に古く厄介な概念であって、その思想史的詮索は我々の手に余る。いずれにしても、「スピリチュアリズム」という語を選べば、実に多様かつ厚い歴史的堆積物がそこに喚起されてしまうのは、避けがたい。現在の我々の観点からすれば非合理的信仰だとか、非科学的なオカルティズムであると見えるような、いかにも「いかがわしい」集合体がそこに召喚されたとしても、不思議なことではないのだ。

いささか教科書的な話になってしまうが、西欧における合理主義的な傾向の進展には、常に、それに対立する伏流のようなものが伴い続ける。十九世紀、とりわけその後半は、「実証主義」・「科学主義」の時代でもあったわけだが、そこには、降霊術／交霊術を始めとした「いかがわしい」心霊主義（スピリティスム spiritisme）の流行が並存していた。フランスだとカルデック（Allan Kardec）の名が有名だろう。「こっくりさん」（これを若い読者が知るかは分からないが）の原型ともなる怪しげな儀式、室内に響く「ラップ」現象、人体や家具の浮遊、霊媒が語り出す死後の世界からのメッセージ……。前世や死後の霊魂といった話は切り捨てるとしても、「透視」や「千里眼」、「テレパシー」といった諸現象が語られ、それらは心理学者によって真面目に研究される。こうした動向が早くから日本にも導入されたことも知られていよう。

今日の我々の価値観からすると、「心霊主義」に連なるこの種のエピソードは、この種の逸脱的事象に固有の面白さは持つとしても、それ以上のものではないのでは、と思われよう。好事家を気取るなら別だが、ひとまずはもう忘れられてよい対象ということだ。

ただやはり、歴史理解という点では、そんな扱いは不当である。実際のところ、我々からすれば「オカルティズム」、あるいはせいぜい「異常心理学」に属するテーマであるが、それらも科学的説明の対象として、真面目な議論の対象となっていたというのが実情であるからだ。フランスではほぼ一八八〇年代以後のこととなる。もちろん、心理学者や哲学者たちがこぞって心霊主義やオカルティズムを信じたわけではない。手持ちの「科学」的な道具立てで説明することが問題であった。それにしても、当の事象自体には、それだけの実在性が認められていたのだ。さらにここには「催眠

（hypnose）」や「暗示（suggestion）」といった臨床的トピックが合流し、そこでも「精神」の概念についての再考が促されることになる。フロイト以後の「精神分析」という言説も、このような歴史的前提なしはあり得なかった。

ベルクソンに関して言えば、彼もまた、時代のこうした動向の中にいたことは明らかである。彼は、あっさりオカルティズムに向かった妹のミナ（モイナ・マザーズ）とは異なって、「心霊主義＝スピリティスム」に対しては、距離を置き続ける。ただし、「安心してほしい。ベルクソン自身は、そんな非科学的な動向とは無縁だった」といった弁護をするのにも、無理はある。ベルクソン哲学にも、オカルティズム的な側面は、ある。「スピリティスム」との微妙な「近さ」は否定できない、ということだ。(3)

実際、最初に彼が『哲学雑誌（*Revue philosophique*）』に発表した小論の主題は「透視」であった――もちろんベルクソンは、それを奇妙な理論でもって、合理的かつ散文的に説明しようとするのだが。ロンドンの「心霊研究協会（Society for Psychical Reseach）」との関係も周知のことだ。シジウィックやジェイムズも会長を務めた団体だが、ベルクソンの講演『生者の亡霊［幻影］と心霊研究』（ES, pp. 61 et sqq.）は、ベルクソンがその会長に就任した際のものである。「生者の亡霊［幻影］（fantômes de vivants,

（3）精神医学者ピエール・ジャネ（Pierre Janet）の最初期における諸研究も、テレパシー＝遠隔感応に関するものであった。実は、ここには、叔父のポール・ジャネからの影響と促しがある。そしてこの叔父も、異常心理学的諸現象に関心を持ち、多くの実験に立ち会ってもいた。そうした時代なのであって、ベルクソンだけが特別だったわけではない。

phantasmes of the livings)」というのは、当時のイギリスの心霊研究における一つのキーワードであって、[4]当時の「オカルティズム」の多様な関心を集約し象徴する語でもあった。ベルクソンはこの種の現象報告(もっぱら「テレパシー」である)の一定の合理化を試みつつも、やはりそれを全面的な否定の対象にはしていない。むしろ彼は、その種の現象を「門前払い」する学者たちのほうを批判する立場だ。

さらに言うなら、彼の心身二元論は、身体に対しての精神ないし魂の独立性を言う限りで、やはり古くからの「魂の不滅」側に寄り添う議論であった。不滅なる「永生」は断言しないが、身体の死がすなわち魂の死であるとは、ベルクソンも考えていない。実際、『進化』以後のいくつかの講演では、そこが結論の一つとして強調される。最後の主著である『道徳と宗教の二つの源泉』でも、欲望の過剰増殖に翻弄される現代文明への処方の一つとして、死後の生(survie)の肯定が語られているのが目にされる。それによってこそ、現世的な満足を絶対視する視点が相対化される、と言うのだ。

いずれの場合においても、ベルクソンは真顔である。こんな側面から眺めると、いかがわしいとは言わずとも、それなりに「危うい」ところが、ベルクソン哲学にはある。それを言わば「漂白」してアカデミズム的哲学の枠に収め直す作業は不当だ、と言わない。我々も、その種の作業をする。ただ、ベルクソン哲学の「危うさ」をあまり簡単に切り捨ててしまっては、なぜ彼の哲学が当時あれほど支持されたのか、ということも十分には理解できまい。もはや文化史的な考察の課題となるが、要するにベルクソン哲学は、当時の人々の多くにとって、物質主義的な傾向に対しての、魅力的な「オルタナティブ」に見えたのである。今でも、この哲学をそんな風に受容する読者は少なくないと思う。実際、そう読める箇所も多いのだ。

ベルクソン自身は、自分の哲学が「心霊主義」に直結させられることは認めなかったであろう。「静的宗教」――すなわち人間がほとんど不可避的に形成してしまう宗教的諸表象――を論じる『二源泉』第二章では、その種の「霊魂」概念もまた、ほとんど散文的な分析の対象にされていた（DS, pp. 137-140）。呪術的思考と科学的思考とが連続的に捉えられることもない。厳しいディシプリンを必要とする科学的思考だが、それに対して、呪術とは、欲求に流されるままに都合よく（ただし極めて切実に）形成されたものにすぎない。ベルクソンが描く世界は、心霊主義のそれではない。かつてグイエ（H. Gouhier）が正しく述べたように、ベルクソン哲学とは一つの「科学主義」――ただし物質科学を唯一の規範とはしない科学主義――でもあるのだ。

最初からやや面倒な話になった。気を抜けば、いくらでも安易に通俗化してしまう「エスプリ」概念である。だがそれは、通俗化させて商売道具にする者だけの責任にして済む話でもない。背景に控えているのは、人間という知性的存在が生きていく上で不可欠な思考傾向、ほとんど抜きがたい自然な欲求の反映でもあるからだ。ここにこそ「スピリティスム」が育つ土壌がある。そしてこの土壌は、本書が扱う「スピリチュアリスム」が成立し継承されていく場所とまったく無縁のものではない。

より詳細な考察のためには、ベルクソンだけに関わるのではない、いっそう広い文化史的な（ある

（4）Cf. Edmund Gurney, Frederic,Myers et als, *Phantasms of the Living*, Kegan Paul, 1886. この書物の重要性、ならびに心霊研究協会の初期の動向の概観については、Deborah Blum, *Ghost Hunters: William James and the Search for Scientific Proof of Life after Death*, Penguin Press, 2006（鈴木恵訳『幽霊を捕まえようとした科学者たち』文藝春秋、二〇〇七年）。

いは人類学的ともなり得る）考察が必要となろう。「スピリチュアリスム」と「スピリティスム」との関連は以前から指摘され、誰もが論及の必要性を言うが、本格的な考察はなかなか登場しない[5]。本書もそちらには進まないわけで、いささか無責任なことともなるが、ここまでは指摘しておく。

（2）歴史の中での「フランス・スピリチュアリスム」

続く第一章などでも論じるが、「スピリチュアリスム」という語そのものは、それほど古いものではない。探せば、十八世紀からいくつかの使用例は見つかるが、確定した意味はない。まず「マテリアリスム（唯物論）」のほうがそれとして成立する。「スピリチュアリスム」の語は、これに反対する立場を表すために選ばれて、一定の用語として流通を始めたものだ。そこに「フランスの」という形容が付されるのも、当初からのことである。一般名詞としての「スピリチュアリスム」がまず成立して、後でそこに「フランス的」なものが区分された、というわけではない。つまり、「フランス・スピリチュアリスム」という概念が成立したのは、フランスでのかなり限定された文脈においてのことなのだ。

この枠を外そうとする哲学史的考察に対しては、我々は批判的立場を取る。役に立たないからである。それについては（3）のほうで論じることにして、ここではまず、「実際の歴史において、フランス・スピリチュアリスムという概念はどう成立し、何を意味するものであったのか」についての確認を済ませておきたい。

我々が確かめた限り、「スピリチュアリスム」を自覚的に引き受ける哲学者が現れるのは、一八五〇年代以後のことである。

詳細な考察のためにはスペースが足りないし、あまり知られていない固有名詞を羅列することになっても話は伝わりにくくなろう。まずは三人の哲学者だけ押さえておけばよい。まずはヴィクトル・クーザン（Victor Cousin 一七九二－一八六七）。次に、そのほぼ直系の弟子であるポール・ジャネ（Paul Janet 一八二三－一八九九）と、この系譜からは離れるラヴェッソン（Félix Ravaisson 一八一三－一九〇〇）である。

（a）ヴィクトル・クーザン

このクーザンは、フランスでの講壇哲学――大学などで教授が論じる哲学――を制度的に整えた哲学者であり、多くの弟子を持つ。本書でも以下、しばしば登場することになる彼だが、「スピリチュアリスム」を自分から旗のように掲げたのは、このクーザンである。以前の彼は、自分の立場を「エクレクティスム」と称していた。唯物論や伝統主義など左右の極端な立場を排して、「中道（juste-milieu）」に真理を見る立場を示す「旗」である。一応は「立憲君主制」として発足した七月王政にも適合する思想であった。

当然の帰結として、この旗は、社会主義者と聖職者双方から激しい攻撃を受けた。一八二〇年代以

（5）岩田、前掲書も参照。なお、フランス哲学においては、スピリチュアリスムとスピリティスムはおおむね別ものとされるが、英語圏においては、それほど明確な区別はない。あくまでスピリティスムから区別されるべき「スピリチュアリスム」を実際に掲げる哲学者がいなかったというのが、一つの理由であろう。

来、長く使われた旗だったが、一八四八年の二月革命からルイ・ナポレオンによるクーデタ、さらにそれに続く政治上の激変の中で、それはついに役に立たなくなってしまう。クーザンがそこで掲げ直した新しい「旗」が、この「スピリチュアリスム」だったのである。実際、新しい旗であった。それまでまともに使われたことのない語であったからである(6)。

一八五三年、政治的敗北の中でクーザンは『真、美、善』という著作を刊行した。以前に出版済みの初期講義録に大きく手を加えたものだが、その序文で彼はこう述べる。

……我々はここに宣言する。確かにエクレクティスムは、我々にとって非常に重要なものである。我々の考えでは、それは、哲学史を照らす光であるからだ。しかしこの光の源は、それとは別のところにある。エクレクティスムは、我々が説く哲学の最も重要かつ有益な応用例の一つではあるが、その原理ではないのだ。

我々の真の学説、我々の本当の旗とは、スピリチュアリスムである(7)。

続いてクーザンは、ソクラテスやプラトン、福音書から始まり、デカルトを経由し、十九世紀のあれこれの哲学者に続く系譜をざっと描いてみせる。「スピリチュアリスム」とは、実は、この由緒正しく長大なる系譜の名だ、というわけである。そこにクーザンが託す主張はこうだ――「魂の精神性《スピリチュアリテ》、人間の行為の自由ならびに責任、道徳的義務、無私の徳、正義の尊厳、慈愛の美」。この「スピリチュアリスム」は、宗教と親和的であり、芸術についてもその補佐となる。それは、デマゴギーや圧政に抵抗し、真の共和政を到達点と見定めながら、ひとまずは立憲君主政にまで至った大きな流れなのだ……。

内容が漠然とし過ぎている、しかも最初から回顧的に構成（あるいは捏造）されたものではないか、という指摘は容易だが、そのことが「フランス・スピリチュアリスム」からクーザンを排除する理由になりはしない。そしてまた、当初から「回顧的」な系譜の語りにおいて形成されたというのは、歴史上の実在としての「スピリチュアリスム」の理解そのものにとっても、無視できない事実である。

さて、クーザンが立ち上げたこの「スピリチュアリスム」は、オカルティズムと何の関係もないのは当然として、宗教と親和的だとは言われても、「神学の侍女」のようには考えられていない。以前から、カトリック勢力との微妙な力学において「哲学」に制度的な場所——つまり国家による公教育

（6）十九世紀中葉に、アドルフ・フランク（Ad. Franck）を編者として、クーザン派の哲学者たちが大部の哲学事典をまとめ上げる（*Dictionnaire des sciences philosophiques*, 6 vols., Hachette, 1844-1852）。哲学史を重視し、哲学者や思潮、概念について一定のパノラマを与えようとする優れた事典であるが、「S」から始まる項目を収める初版第五巻（一八五一年）を開いても、そこに「スピリチュアリスム」という項目は、見いだされない。第四巻の「マテリアリスム」には十数ページが割かれているのに、である。この時点では、その程度の概念なのだ。一八七五年の第二版には「スピリチュアリスム」が登場するが、それに割り当てられたのは、巻末「補遺」における一頁余りの簡単な解説であった（pp. 1812-1813）。

（7）Victor Cousin, *Du Vrai, du Beau et du Bien*, Didier, 1853, avant-propos, p. III. クーザンがここに「フランスの」という限定を加えた用例としては、*Fragments philosophiques pour servir à l'histoire de la philosophie*, 5e édition, Didier, 1866, p. LXV, note 2. ただし初期の講義からして、彼は哲学の「国籍」を強く意識していた。「エクレクティスム」や彼の「理性」の理論も、ドイツの思弁的観念論とイギリスの経験論とを調停し総合する「フランス哲学」として提出されるものであった（一八二八年の哲学史序説講義などを参照）。これを置き換える「スピリチュアリスム」であるのだから、そこには最初から暗黙のうちに「フランスの」という形容が伴っていたはずである。

という場——を確保することに尽力してきたクーザンである。キリスト教と争いを構える意図は一切ないのだが、最初から神学に、そして教会の権威に従属するつもりもない。啓示や教義を前提とはせずに、「理性」がそれでも自然に宗教的次元に達することを示すというのが、彼が「スピリチュアリスム」という哲学に与えた任務であった。

歴史的事実に即する限り、こうした（少なくとも暫定的な）「非宗教性」の要求は、「フランス・スピリチュアリスム」の本質に属している。クーザンの没後、この旗を引き受ける重要な哲学者となったのが、ポール・ジャネと、むしろクーザンの批判者であるラヴェッソンだ。相当に対立する二人なのだが、それだけに、この二人が、神学への哲学の従属については、両者ともそれを拒んでいたという事実は、見逃されてはならない。そして彼らは、自らの立場を「スピリチュアリスム」と規定しながら、実際に活動を続けていくことになる。「フランス・スピリチュアリスム」が単なる回顧的ラベルや便宜的枠組み以上のものになるのは、彼らにおいてであり、彼らが育て、あるいは選別する弟子たちにおいてである。ソルボンヌに博士論文を出せば、審査の場にはジャネがいるし、アグレガシオン（高等教育資格）の試験ではラヴェッソンが審査長に控えている。

(b) ラヴェッソンと、ポール・ジャネ

ラヴェッソンについては以下の論文中でも触れるし、彼による「スピリチュアリスム宣言」とも言える『十九世紀フランス哲学』も、以前に翻訳を行った(8)。だから、ラヴェッソンに関しては、最低限のことを言っておくだけにする。この『十九世紀フランス哲学』におけるラヴェッソンは、クーザンの学説を「半端なるスピリチュアリスム（demi-spiritualisme）」と呼んで、否定し去っていたのだ。「スピリチュアリスム」そのものの否定ではないことに注意しよう。このラヴェッソンは、クーザン派から「旗」を奪い取ろうとしているのだ。自覚的なスピリチュアリストである。

このラヴェッソンに並ぶようにして、「フランス・スピリチュアリスム」を自覚的に引き受けるもう一人が、ポール・ジャネである。

精神医学者であるピエール・ジャネの叔父としてばかり言及される彼だが、クーザン直系の弟子としてソルボンヌで長く教える彼は、「スピリチュアリスム」の最も精力的な担い手であり、擁護者であった。(3)で見るような、事後的で恣意的なグルーピングではなく、同時代の当事者による規定そのものを確認するには、このポール・ジャネにあたるのがよい。

「フランス・スピリチュアリスム」はメーヌ・ド・ビラン(Maine de Biran 一七六六―一八二四)に始まったのだ、というストーリーを作ったのは、このジャネである。複数の著作で繰り返し示される見解だが、ラヴェッソンを評する形で書かれた彼の論文において、その種の語りははっきりとした形を与えられていく(9)。

こうしたビランの特権視が、ジャネ固有の主張、彼なりの事後的な系譜構成であることは、強調しておかねばならない。実際のところ、クーザンに近い哲学者たちにおいて、そうした高い評価は一般的ではない。ラヴェッソンも一八四〇年にはビランを高く評価していたが、世紀後半の彼においては、

(8) *La Philosophie en France au XIXe siècle*, Imprimerie impériale, 1868 ; 杉山・村松訳『十九世紀フランス哲学』(知泉書館、二〇一七年)。
(9) « Le Spiritualisme français au XIXe siècle », in *Revue des deux mondes*, 15 mai, 1868, pp. 353-385.

ビランはそれほど高く評価されなくなっている（『十九世紀フランス哲学』参照）。我々も、ビラン哲学それ自体の意義を否定するものではない。だが、「スピリチュアリスム」という系譜の源泉におけるかどうか、それで何か意味があることが言えるか、については、懐疑的にならざるを得ない[10]。

さて、このポール・ジャネは、一八八〇年代に『哲学史。諸問題と諸学派』という大部の教科書的著作を刊行している[11]。その最終章「十九世紀におけるフランス哲学」には、「スピリチュアリスム学派（école spiritualiste）」という項目が用意された。「コンディヤック学派」「神学派」「実証主義学派」と並べてのことだ。どういった説明がなされているかを見よう。

この学派の特徴はこうだ。（1）完全に神学から独立している、（2）一切の哲学の諸原理を、心理学のうちに見出す、（3）デカルト哲学のイデアリスム的かつスピリチュアリスム的な伝統を刷新する。主な代表者は、ロワイエ゠コラール、メーヌ・ド・ビラン、クーザン、テオドール・ジュフロワ。

挙げられるのは世紀前半の哲学者たち――言わば「スピリチュアリスム」以前のスピリチュアリスト――だが、ここで注目しておくべきは、ジャネが最初に掲げた「神学からの独立」という規定である。革命後のフランスでずっと問題であったのは、「哲学」の自律性であった。宗教を否定する気はない。神学と哲学が、神の存在や魂の不死の肯定などに関して一定の合致に達してもいいし、達するべきだ。だがあくまでそれは結果として、である。

哲学は、哲学である限り、聖書や教会のドグマを論拠にはできない。使える「典拠」は、「心理学的観察」を中心としての諸々の経験である。これはクーザンが死守しようとした境界線、そしてジャネもラヴェッソンも保持した境界線だ。最初から哲学が神学の権威に従属することは認められないのだ。「何を力んでいるのか。中世でもあるまいし」と思ってはいけない。これは自明なラインではないのであって、実際、第二帝政下では、越境をためらわない教会勢力によって、「哲学」は公教育からほとんど抹消されかかったのである。

ここでベルクソンに目を移してみてもいい。この「神学からの独立」という規範が、彼においても、そのままに引き受けられている。最もキリスト教に接近する最晩年の『二源泉』においてすら、神学的テーゼにはほぼ何の考慮も与えられていない。原罪や救済といった概念が登場することはなく、三

(10) ベルクソンはジャネの最晩年の著作『形而上学原理（*Principes de métaphysique et de psychologie*, 2 vols., Delagrave, 1897）』について長い書評を執筆している（*Revue philosophique*, 1897, pp. 526-551 ; M, pp. 375-410）。スピリチュアリストであるジャネが、ビランを自分に続く系譜の源泉においたことをベルクソンも指摘しているが、これはあくまでジャネが構成した系譜についての解説であって、ベルクソン自身も同意見である、あるいは自らもその系譜に位置づけている、といった話ではない。かなり好意的と見える書評だが、ソルボンヌの教授に立候補するベルクソンやその周辺に、何らかの考えがなかったかどうか。判断は難しいところだと思う（邪推に見えるかもしれないが、一般に、当時の書評論文の担当者選択にはさまざまな背景的要因が伴う）。いずれにせよ、「フランス・スピリチュアリスム」の実像を捉える上では、ジャネが六〇年代になってから立てた「ビラン以来の」というストーリーをうのみにすることはできない。

なおベルクソンは、一九〇四年には、道徳科学・政治科学アカデミーのほうで、ラヴェッソンの追悼となる発表を行っている（席を継いだのである）。あたかも、それまでの「スピリチュアリスム」を見送る立場を任されたような、ベルクソンの位置である。

(11) Paul Janet et Gabriel Séailles, *Histoire de la philosophie. Les Problèmes et les écoles*, Delagrave, 1886.

位一体も問題ではなく、イエスという存在が何者であったかの神学的詮索も一切行われない。冷淡なほどだ。哲学者ベルクソンが語るのは、あくまで彼なりの、コスモロジックな「生命哲学」であり、生命進化の言わば先端部としての「神秘主義者」であって、彼が既成の神学的テーゼに従属することは、一度もなかったのである。マリタンやトマス主義的宗教者たちが投げかける批判（異端的誤謬だ）、あるいは誘惑（さっさと正統なる教義と合流せよ）に対して、ベルクソンは「哲学は、経験と推論以外のものによっては進まない」と言い続ける。

この厳格な線引きは、ベルクソン哲学を、そしてベルクソンという哲学者を理解する上で、決して軽視されるべきではない。ここには、「フランス・スピリチュアリスム」の基本的自己規定の継承があり、さらには、彼において「哲学という言説」の場所を規定する上での、重要な前提がある。

（3）「フランス・スピリチュアリスム」の拡散と消滅、あるいは再構成

十九世紀半ばのフランスにおいて「運用」が開始された「スピリチュアリスム」の語であるが、この世紀が閉じるのとほぼ同時に、ジャネもラヴェッソンもこの世を去る。

もともとがクーザン由来の「旗」であるから、わざわざそれを自分で掲げ直す若い哲学者はいない。ベルクソンたちの世代にとって、それは敬意を払うべきではあれ、やはりもう古くなった思潮の名称なのだ。だから、二十世紀に入れば、「我々はスピリチュアリストだ」という自覚を伴ってのスピリチュアリスムは、哲学界からは次第に消えていくことになる。「精神の哲学（philosophie de l'esprit）」という表現のほうが目立つようになり、あるいは「スピリチュエル」の形容詞のほうが便利に用いられ

たりもする。「生物学的生（vie biologique）」「心理学的生（vie psychologique）」の上の「スピリチュエルなる生（vie spirituelle）」、といった具合だ。スピリチュアリスムの « isme » には、古い固有名が結びつきすぎているのである。

ラランドの『哲学事典』を見てみよう(12)。二十世紀初頭のフランスの著名な哲学者たちによる検討と討議の作業を踏まえて編まれた事典だ。当の討議内容も収められているという驚くべき資料なのだが、そこには当然、« spiritualisme » の項目もある。だが、討議も踏まえつつのラランドの叙述は、結局、明快な定義には至らない。ラシュリエやブランシュヴィック（第三章などを参照）の見解や指摘もそれぞれに興味深いのだが、それぞれはもはや、各人の個性的な思想の開陳となっているのである。十九世紀後半の「スピリチュアリスム」は、彼らを育てる豊かな培地であったが、今やそれは、それ自体としては役割を終えて漠然とした諸規定のなかへ解体していくかのごとき印象がある。

狭いフランスの哲学界から離れて、もっと一般的な動向を見てみるなら、かなり以前から、新大陸も含めた世界の各地で、伝統的宗教の個別的な教義を離れつつ、むしろそのことによって一種の純粋性を求める志向が生じていた（例えばエマーソン、あるいはあれこれの神智学《テオゾフィー》）。哲学ないしその周辺でも、あえて「宗教なるもの」の一般的本質を探究しようとする「宗教学」的な言説がさまざまに成立し、そこで「スピリチュアリティ」という語が便利に用いられ始めるのが目にされる（宗教者も使用する）。日本でも、「霊性」という語が新たな用法を得て、融通無碍に使用されていく。

（12）André Lalande, (édité par), *Vocabulaire technique et critique de la philosophie*, 1926 ; PUF, 1991.

本書の関心はそうした経緯を追うところにはないので、ここまでにしよう。一つだけ言えるのは、かくして拡散し曖昧となった「スピリチュエル（精神的・霊的）」という概念から振り返るようにしてフランス哲学の展開を整理しても、あまり得るところはないだろう、ということだ。

フランスに戻るが、いわゆる「啓蒙」の時代以降、従来の宗教的世界観を否定し、具体的な社会変革を求める新しい思想が多様な形をとって登場してくる。ドルバックやエルヴェシウスらの唯物論や自然主義、サン＝シモン主義以降に多様化しつつ展開する社会主義、さらには共産主義など、この種の思想は「目立つ」（あるいは思想史家側の関心によって引き立たせられる）わけだが、しかし、哲学全体がそちらに一気に動いたわけではもちろん、ない。従来の宗教的世界観を維持しようとする立場は消えないし、キリスト教、あるいは特に同時代のカトリック教会を批判する社会主義者が欲したのも、多くの場合、無神論よりは新しい宗教である。人間を純粋な機械に還元することは、口で言うほど容易なことではない。神や魂を始めとした諸概念を、代替品の用意もなしに解体した上で、それでもなお道徳や倫理に土台を与え、社会的紐帯を再構築しようという企ても、そう簡単にはいかなかった。

かくして、唯物論的傾向を持つ思想家たちを取り除いてみたところには、それとは異なった哲学者たちのかなり大きな集合が残ることになる。当然のことだが、このスペースに置かれる者たちはいずれも、程度に差はあれ、身体機械に還元されない人間存在を肯定したままだろう。二元論は維持され、人間存在に固有の、意志的能動性や知性的独立性が強調されたりもするだろう。身体的快苦とは軸の異なる価値評定が認められ、何らかの超越的な基準までもが構想されるかもしれない。従来の信仰を維持する者たちも当然、ここに居場所を持つ。

要するに、再び単に、「マテリアリスム」に対する余白として「スピリチュアリスム」を規定するなら、そしてそれ以上の基準が用意されないのであれば、もはやそれは「何でも入る箱」にしかならないのだ。

こんなことでは、そこに入れられる哲学者たちそれぞれの努力や特異性については、後回しにされてしまうしかない。最悪の場合、一定の宗教的な価値観を有した研究者が自分の「味方」をここにかき集めて、「我ラノ数ハ多シ（*Nos numerus sumus*）」と宣言するだけの作業にすらなりかねないのだ。[13] だが言うまでもなく、哲学において問題なのは、支持者の数ではない。

またそうではなく、この「何でもあり」の中で一定の選択を行って、真の「スピリチュアリスム」の系譜を新たに提示するのだといっても、結局のところ、そんな作業は、当の論者の関心の反映以上のものにはならない。なぜビランが特権視され、クーザンとその弟子たちは軽んじられるのか。なぜ

（13）Jean-Louis Vieillard-Baron, *Le Spiritualisme français*, Cerf, 2021. ほとんど方法論的限定のないままに、多様な哲学者たちについての「物語（narration）」を重ねる大著である。彼は、「スピリチュアリスム」についてのジャネの限定（神学からの独立）を知った上で、それを自覚的に解除して話を始める。

続くページには有益な情報も多い。だが、ルイ・ボータンやアンリ・マレばかりか、ローマからやって来たあの頑迷なるヴェントゥラ——もう詳述はしないが、いずれも哲学に近くはあれ、かなり癖の強い神学者である——までそこに含めてしまえば、「フランス・スピリチュアリスム」という枠を用いる意味はほとんど消え去ってしまう。クーザン以後の「スピリチュアリスト」たちにとって、目の前の敵であった彼らと一緒にされるのは心外どころではあるまい。かくして、こんな雑な括りの結果として我々が読まされることになるのは、「宗教的傾向に好意的であったフランス哲学」なるものについての、博識なる羅列ということになるのである。いっそ別個に掘り下げたほうが、どんなに実り多い考察になることだろう。

デュルケムはスピリチュアリストに数え入れられないのか。[14] フィルターをかけること自体を否定したいとは思わない。いずれ不可避なことだから。だが、理由も明示しないで行っていいことでもあるまい。

以上が、予備的考察となる。

我々は、クーザン前後からベルクソンが生きた時代までの幅に「フランス・スピリチュアリスム」を限定する。それを自己規定に用いた上で哲学的議論を展開する者が確認できるからである。同じ理由で、神学者は排除される。これ以上のあれこれの固有名については、以下の各論を参照していただきたい。ベルクソンの背景に据えられるのは、そうした哲学者たちによって構成される集合である。彼らもまたそれぞれに、個性的な思想を展開させているのが見られるはずだ。

本書の構成

Ⅰには、必ずしもベルクソンを中心とせず、むしろ同時代的な状況を見渡す論考を配置した。ラヴェッソンを除き、おおむねベルクソンと対立する諸傾向の確認となる。ベルクソン哲学が身を置くことになる「場所」の概観でもある。

Ⅱには、よりベルクソンに即した読解を置く。Ⅰとあわせ、ベルクソンの言う精神《エスプリ》概念の特異性、ならびに精神が見いだされる「場所」の再規定が論じられる。

Ⅲの二章は、時代的コンテクストからは離れたところでの、より理論に即しての比較研究となる。相手はスピノザとフッサールの二人だけだが、ベルクソン哲学の相貌を浮かび上がらせる上では、それなりに有効な相手であると考える。

（14）唯物論を拒み、しかも個人的心理にも還元されない「超精神性（hyper-spiritualité）」として「社会」を語るデュルケム（『社会学と哲学（Émile Durkheim, *Sociologie et philosophie*, Alcan, 1924）』第一論文）だが、彼を、スピリチュアリストと呼ばない理由は何であろうか。「スピリチュアリストとしてのデュルケム」という視点に関しては、同書のブーグレによる序文、さらにはラランドの事典の前記項目も参照。

I

フランス・スピリチュアリスムの諸相

第1章　思考と動くもの——ラヴェッソンとベルクソン

はじめに——問題としての「思考と動くもの」

西欧におけるさまざまな哲学体系を特徴づけるために、「神」、「自己ないし魂・精神」、そして「自然」という三項間での布置——項の無視を含めて——に着目することができる。類型は多様だ。神の二つの被造物として第二・第三の項を並置する場合もあれば、前二者を特に密接に結びつけて「自然」はその背後に残す場合もある。「自己」から出発し、すべてをそこに基礎づけてもよい。もちろん端的に神を排除して、残された「自然」に「自己」を従属させて終わらせることもできる。当然、布置の変化に応じて、各項の内実もまた変更を蒙ることだろう。

さて、十九世紀フランスにおける一思潮を「フランス・スピリチュアリスム（spiritualisme français）」の名で呼ぶことがある。そこにおいてもこの三つ組は保持される。むしろ、危機にさらされた三つ組の維持こそがこの思想系譜の引き受ける課題だった、と言ってもよい。無神論は否定されねばならない。魂ないし精神としての自己には固有の存在が認められねばならない。しかし第三項、すなわち

「自然」についてはどうなのか。それは「神」ならびに「自己」に対してどういう位置にあるのか。ここに、フランス・スピリチュアリスムを揺動させる問題がある。「自然」とは私に並ぶ被造物であって、私が私の傍らに眺める対象に尽くされるのか、それともそこにはより内密な関係があるのか。被造物とされる「自然」は私を挟んで神と反対側に置かれるのか、それともその向こう側には再び神の姿が見えるのか。あるいはそもそも「自然」を最初からただ被造的自然（natura）という観点から捉えてよいのか、それとも生成的自然（physis）を語るいっそう古い伝統の中で理解すべきなのか。こうした問いにどう答えるかに応じて、三つ組が構成する布置が、そして「精神」の概念そのものが、大きく動くことになろう。このような問いを念頭に置きながら、我々は特に二人の哲学者に着目したいと思う。ラヴェッソンとベルクソンである。

彼らは、スピリチュアリスムの基本的な枠組みは保持しつつも、そこで意外とも言うべき光景を描くことになるのだが、それは、彼らが引き受けたある問題ゆえのことと見える。例えばこのベルクソンは、生前最後の論集に『思考と動くもの（*La Pensée et le mouvant*）』というタイトルを選んでいる。謎めいた表題である。思考と動くものとが対立させられているのか。思考一般にとって動くものとは何か、といった問いが想定されているのか。あるいはそれとも彼は、動くものとの関わりの中で変貌を余儀なくされていく思考の姿について語ろうとするのか。いずれの読みも可能だが、もしここでこの「動くもの」を、自ら動くあの「自然」（physis）の言い換えだと考えてみるならどうだろうか。この二人は、それぞれの仕方で、「思考と動くもの」という問題系に触れ、そこから彼ら独自の思想を展開することになったのではないだろうか。

もちろんこのように大まかな観点から言うなら、古代ギリシア哲学、中でもとりわけプラトンに続いたアリストテレスの哲学はすでに、まさに「思考と動くもの」をめぐる思想であったはずであろう。また我々の扱う時代に近接するところでは、ドイツ観念論において展開されたいわゆる「自然哲学」の構想なども当然想起される。実際、ラヴェッソンについて言えば、彼はそうした遺産を自分なりの仕方で引き受けながら、自らの思想に独自の形を与えていく。また、ベルクソンは他の哲学者からの影響関係を明らかにすることの稀な思想家だが、彼にも自分固有の歴史意識はあり、その中で「思考」と「動くもの」をめぐって規定されるところの自己定位は明らかに存在する。それを特徴づけるのは断絶の意識だが、それもまた哲学史に固有の時間性――そこでは年代史的な距たりが意味を喪失しながら、過去と現在が相互を照らし出す――の一つの姿であろう。それらが、本稿の主題となる。フランス・スピリチュアリスムの展開を背景にしながら、彼ら二人の思想を見ていくことにしよう。

1　ラヴェッソンにおける「自然」の哲学

「フランス・スピリチュアリスム」(1)

「スピリチュアリスム」の最低限の定義は単純なものだ。唯物論の否定である。「唯心論」とも訳される語だが、物質の存在が否定されるわけでもないので、単に「スピリチュアリスム」と表記しよう。しかしこの語が十九世紀に、「フランスの」という形容込みで用いられる際には、いくつかの限定が加わる。まず、この連語が確立するのは、ほぼ一八六〇年代になってからである。また、この呼称を引き受けるのは、個人的信仰はともかく、制度上は世俗のアカデミズムに属する哲学者である。つまり、精神（esprit）の実在を主張すると言っても、神学校出身の神学者による所説は、原則、ここには含まれない。

こうした事情を理解するためには、フランスにおけるアカデミックな哲学の成立過程を知らねばならない。

王政復古期から活動を始め、一八三〇年に始まる七月王政下で教育行政に深く関わることになったヴィクトル・クーザンは、国家による公教育の内部に哲学を定着させ、カリキュラムを定め、人事にも深く介入しつつ、今日まで受け継がれる〈制度としての哲学〉をフランスに確立した。しかし「哲学者《フィロゾーフ》」たちの十八世紀啓蒙思想に続いた大革命のなまなましい記憶が残る中、宗教から独立した「哲学」を社会的混乱の起源と見た聖職者は少なくない。「理性」の語そのものが批判対象となることすらあったのである。

このような状況の中でクーザンは、アンシャン・レジーム以来の教育権を保持しようとする教会とその「哲学」不要論に抵抗する一方、哲学を諸観念の発生論的分析、すなわち「観念学（idéologie）」に縮減する傾向からも距離を置き、ある一つの思想体系を採用した。時に揶揄含みで「公認哲学（philosophie officielle）」とも呼ばれるそれは、意識の内的観察という方法を特権視しながら、他ならぬ「理性」の保証のもとで、事実上キリスト教神学と親和的な形而上学的テーゼにまで到ろうとする。クーザンの学説には後でまた立ち戻るが、この哲学は、方法的にはスコットランド哲学と近く、目指すところにおいてはドイツ観念論に近いものだとさしあたり言ってよい。そしてまたそれは、過去の哲学史的遺産を重視し、そこから真理を、また誤謬においても貴重な教訓を、汲み取ろうと努める。クーザンはこうした自分の立場を「エクレクティスム」と呼ぶ（それは無原則な「混淆主義《サンクレティスム》」ではなく、歴史の中から真理を選別し総合していく作業を意味していた）。こうして、彼が率いる弟子たちの間で、魂の諸能力の分析と同時に、哲学史的研究が活発化する。ラヴェッソンも、こうした時代の中で哲学的キャリアを開始し、クーザンに認められた一人である。

ただ、この「エクレクティスム」の呼称は七月王政下の長い論争の間に摩耗してしまう。クーザン自身が、五〇年代には新しい旗を掲げることになる。それが「スピリチュアリスム」である。そしてナショナリズム意識が強まっていく中で、イギリス経験論ともドイツ観念論とも異なるフランスの伝統を示そうと、「フランスの」という形容詞がそこに付される。ただ、伝統と言ってもそれは例によってかなりの部分事後的な仕方で構成されたものであって、そのとりあえずの起源には、クーザンではなく、メーヌ・ド・ビラン（Maine de Biran 一七六六―一八二四）が選ばれることになった。六〇年代のことであり、ラヴェッソンはまさにこうした系譜の作成に深く関係した当事者である。何があったのかについては後に触れる。

『習慣論』（一八三八年）

さて、このラヴェッソンの著作の中で最も奇妙なものは、『習慣論（*De l'Habitude*, 1838）』であろう。[1]
第一部と第二部を合わせた全体で五〇頁にも満たず一四〇パラグラフにもならないこの博士論文は、

アリストテレスやカント、ビランたちの他にも、古今の医学者やファン・ヘルモント以降の生気論者たちに言及する註に支えられながら、恐ろしい速度で議論を進めていく。大枠を言えば、「第二の自然」と言われる習慣を「方法」として用いながら一つの自然哲学を素描している、ということは明らかなのだが、しかしその議論には見えない形で多くの前提が畳み込まれており、この書はさながら秘教的な暗号書のような相貌を備えている（事実、審査に際して、この論文はその型破りなスタイルによって論議をかもしたという）。

この種の書物の読解には回り道が必要だ。あらかじめ言うなら、極度に圧縮された『習慣論』の論述の背後には、（1）アリストテレス哲学の思弁的解釈、（2）ビランによって解釈されたライプニッツ哲学、（3）（シェリングのクーザン批判によって明確化された）概念的哲学の批判、（4）ビランによる習慣論の応用と延長、といった実に多様な要素が控えている。しかもまだこれですべてというわけではないのだ。ともかくも我々は『習慣論』から数年を遡り、いったん一八三三年から話を始めることにしよう。

出発点――アリストテレス形而上学

三三年――前年創設の「精神科学・政治科学アカデミー（Académie des sciences morales et politiques）」哲学部門代表を務めるクーザンが、古くからの形而上学的伝統を復興する意図を込めて、懸賞論文を募る。これが機会となる。若いラヴェッソンは、以前より親しかったクーザン派の哲学教師ポレ（Hector Poret）の勧めで論文を執筆し、本格的に哲学へと足を踏み入れていくのである。

アカデミーの課題は次の通りであった――「『形而上学』と題されるアリストテレスの著作についての批判的検討。(1)詳細な分析によってこの著作を知らしめ、著作の構成を決定すること。(2)この著作の歴史を示し、後に続く古代ならびに近代の諸体系への影響を指摘すること。(3)そこに見出される誤った部分と正しい部分はどこにあり、その中で今日でも生き残っている観念は何であり、我々の世紀の哲学の内部に採り入れるのが有益である観念は何であるのかを探求し論じること」。

設問自身の「エクレクティック」なスタイルに気付かれるだろうか。ともかくも、アリストテレスのいわゆるベッカー版著作集出版がようやく一八三一年、提出された課題の大きさは容易に想像されよう。しかしラヴェッソンは正面から課題に応え、期限となる三四年末に論文『アリストテレスの形而上学について(*De la Métaphysique d'Aristote*, 以下 R1834)』を提出する。そしてそれは、二編選ばれた受賞論文の一つとなるのである。

この論文はそのままでは公刊されなかった。また残念なことにと言うべきか、彼の考証や解釈は、その後の諸研究によって多くの部分が否定されている。しかしラヴェッソン自身の思想を理解する上では、この受賞論文は無視できない重要性を持つ。彼自身の哲学の出発点が、とりわけ課題の(3)への応答のうちに示されているからだ。

(1)『習慣論』には、多くのエディションがあるが、スタンダードとなるものが存在しない。参照箇所指示のために、以下、一八三八年の初版のページに、第一部/第二部の別と段落の通し番号を付す。例えば R1838, p. 4; I 5, は「初版四頁、第一部・第五段落」の意味である。

ドイツ観念論とライプニッツの影

この三四年論文で、ラヴェッソンはアリストテレス形而上学の全体をどう見ていただろうか。実のところ、彼の評価は相当に限定的だ。アリストテレスの神は、『形而上学』第十二巻（Λ巻）において確かに「生」として提示されているのだが、ラヴェッソンにとっては、ただ自らを思惟するこの神には、真の生命が欠けていると思われるのである。彼の判定はこうだ――「絶対者とは、絶えず自己展開し、永遠に潜在性から現実性へと移行し続けていく精神、あるいはむしろ力（Force）なのだ。そこにこそ、真のエネルギー（Énergie）、真の力能（Puissance）［ラヴェッソンはこれらの語を近代的な意味で用いている］、原因というものが見出される。アリストテレスはこうした概念にまでは達しなかった」（R1834, p. 167）。アリストテレスにおいては、神自身は絶対者として正しく構想されたのだが、この絶対者はその外に有限な世界を残して、不動のままに自己のみを思惟している。対してラヴェッソンが言おうとしているのは、本当の絶対者とは、有限な存在を自らの外に残す形ではなく、有限者をも包括した真の無限として考えられねばならないということである。もちろん無限の中に有限を融かし込めば済む話ではない。絶対者はただ自己を思惟し続けるだけではなく、「自己展開」しなければならない。そしてその展開の契機として有限者は無限の絶対者へと統合されねばならない。こうした運動にこそ、絶対者の「生」は存するべきだ、というのである。

若いラヴェッソンの問題意識に、ドイツ観念論の影響が見られることは明らかだろう。ただし、それ以上の限定――例えばヘーゲル、あるいはシェリングといった名による限定を加えることはできない。彼はヘーゲルの『哲学史』や、ヘーゲルに賛同しあるいは反発するドイツの古典学者たちによる解釈には触れているものの、『精神現象学』や『エンチュクロペディ』などを読んだわけではない。「自然哲学」や「絶対的同一性」といった語は口にしながらも、その漠としたアイデアを超えてシェリング自身の思想を、そして当時も進行中であったその展開を、リアルタイムに把握しているわけでもない。この時点で彼がひとまず自分なりに了解しているのは、無限と有限、神と世界とを、単に二つの並置されたもののごとくに理解してはならず、両者を内的に結合する固有の論理が必要とされているという点、ただこれだけなのである。

さて、右に引用した一節には「力」や「エネルギー」「ピュイサンス」といった語が登場していた。こうした語の選択はもちろん無意味なものではない。それは、ドイツ観念論的な問題設定を受け止めつつ、それに答える手がかりをラヴェッソンが誰に求めていたのかを示すものなのである。参照されている先は、ライプニッツなのだ。ただしここでも彼の知識が間接的であることはテクスト上で確認できる。仲介となったのは誰か。意外にもそれは、メーヌ・ド・ビランなのであった。

メーヌ・ド・ビランの哲学

ここでビランの思想にごく簡単に触れておく必要がある。生理学とも強く結びついた同時代の「観念学」から出発した彼の思索は、いくつかの段階を経て変化していくのだが、彼固有の思想が確立する「ビラニスム」の時期における主張は、おおよそ次のように要約できる。

（1）「事実」を考察するには絶対的に異質な二つの観点、内的観点と外的観点とがある。

（2）感覚論（十八世紀半ばにコンディヤック（Étienne Bonnot de Condillac 一七一四－一七八〇）が立てた哲学説）

とその直系たる観念学、そして自然科学一般は、あくまで外的な観点からのみ諸事実を扱う。この場合ひとは、天体の運行や化学反応を観察するのと同じ仕方で、感覚や観念の振舞や結びつきを、言わば三人称的に、論じるわけである。この観点においては、「因果性」ないし「原因」の観念は、諸現象の観察から出発した考察のあとで推定されるだけの仮説となる。

（3）しかし我々にとっての真の「初源的事実（fait primitif）」は、内的な観点においてしか捉えられないものである。それは、私が意志的な「努力（effort）」を行う、という事実である。そして同時にこの努力は、常に「抵抗」——さしあたりは私固有の身体、後にはいわゆる外的事物——に対しての努力である。「内奥感（sens intime）」にじかに与えられるこの事実が、私の全経験の出発点であり条件である。そこにおいて「原因」は初めから私の／私という一人称の意志として、推定される仮説などとしてではなく、端的に与えられている。因果性を初めとして諸科学が用いる概念は、実のところ、この初源的事実から派生し、抽象されたものにすぎない。またこの観点からすれば、外的観点からする客観的世界の認識そのものが、私の意志的努力を通じて初めて成立してくるものなのである。したがってビランの思想は、多くの点で、「カテゴリー」の導出の試みとも理解され得る。しかし彼においては、あれこれの悟性概念は、あくまで、この私が身体を持ちながら意志を行使しているという原事実から導き出される。この意志の「努力」こそは、私が成立し、その私に対象が与えられてくる最初の条件となる事実であるのだから、言わば〈事実的かつ実質的なアプリオリ〉の位置にあることになるわけだ。そしてこの「私」とは、観照的主観である以前に、身体を有した実践的主体なのである。

ただし注意しておこう。我々が足を止めた一八三三年において、以上の「ビラニスム」は、哲学者のサークル内ではそれなりに知られていたものの、いまだ著作の形では公開されていない。ビランの生前に刊行されたのは実に僅かなものであった。まず『習慣論（思惟能力に対する習慣の影響 *Influence de l'habitude sur la faculté de penser*, 1802. 以下 Biran 1802）』であるが、これはまだ彼が観念学の影響下にある時期に書かれたものであり、確かにそこで彼はすでに「努力」や「抵抗」を語ってはいるのだが、それを「内的」な観点から絶対的な出発点とする立場は確立されておらず、彼の考察には、心理学的観点に生理学的観点が絶えず侵入してくる。もう一つは、彼が固有の立場を確立した後に事典項目として執筆した『ライプニッツ哲学説の叙述（*Exposition de la doctrine philosophique de Leibniz*, 1819）』という文章である。若いラヴェッソンがライプニッツの諸概念を受け入れたのはここからである。三四年に、クーザンの編集でビランの著作集が刊行され、『心理学の基礎』と呼ばれる著作のための遺稿が新たに公表されるが、論文執筆中のラヴェッソンがそれをすでに目にしていたという証拠はない。

メーヌ・ド・ビランによるライプニッツ

「初源的事実」の哲学者であるビランに、ライプニッツ哲学はどのように映っただろうか。十九世紀初頭であるからライプニッツ哲学の全貌はまだ隠されていたとは言え、そのロック的経験論の批判、弁神論、そしてモナドロジーと呼ばれる体系は周知のものであった。しかしビランは、「内的観点」から哲学は出発しなければならないと確信している。その彼にしてみれば、予定調和説や最善説は、独断的な仮説以上のものにはならない。また、私は自分自身の意志的努力から開示され構成されてくるものだけを経験できるのであるからには、生得観念もまた、必要な反省を介さずに前提されてしまった怠惰な仮説となる。

だが、ライプニッツが掲げる「力」の概念については話は別であった。ビランの観点からすれば、この概念は少なくとも次の二つの論点へと、正しく結びつけられている。

第一に、デカルトが考えたのとは異なり、物体的実体は「延長」をその主要属性とするわけではない。デカルトは世界をただ幾何学的に、数量的に計られる外延量から構成されるごとくに考えていたが、ライプニッツはそれを動力学的に改編する。幾何学的延長は、実在の根本的要素ではないのである。そして心身の相互作用をめぐるデカルト以来の難問は、物体の存在を受動的な延長から解放し、それを初源的事実の一項をなす「抵抗する連続体」として再把握することで、ようやく了解可能なものとなるはずである（この点、ビランはライプニッツ自身の思想――モナド間の実在的相互作用の不在――から大きく離れる）。ただしそのためには精神の側でも同じ種類の概念変更が必要であった。これが次の第二の点となる。

デカルトは「われ思う」（je pense = cogito）の命題において、この「われ」を「思惟するもの」（res cogitans）として規定した。実を言えばデカルトも「力」の概念を、心身結合という事実から得られてくる還元不可能な原初概念としてはいたのだが、しかしライプニッツのモナド説によれば、個体的実体としてのモナドは、自らに固有なディナミスムに沿って展開し、次々と表象を自らに与えていくものとされる。表象的な思惟に対しては、その基底として、私自身の能動的活動性（activité）が存在しているのだ。すなわち、「われ思う（je pense）」以前の、「われ意志す・われ行為す（je veux, j'agis）」――外的原因からの刺激を待たずに自ら発動する固有の原因性の下に、私の個体的存在は捉え直されることなる。

こうした観点からビランがライプニッツの著作の中で重視するのは、「実体」の語で、諸規定を受け入れる受動的な基体ではなく力（vis）を考えようとする小論『第一哲学の改善について、そして実体概念について（*De prima philosophia emendatione et de notione substantia*, 1694）』と、機会原因説に抗して被造物自身のうちに働き（energeia）・努力（nisus）・力（vis）を認めようとする『自然そのものについて、あるいは被造物の内属的力と作用について（*De ipsa natura sive de vi insita actionibusque creaturarum*, 1698）』であった。個性的、あるいは選択的な読解ではある。しかしこの読解が、ラヴェッソンへと引き継がれていくのであった。

アリストテレス哲学の力動論的展開

三四年のラヴェッソンは、以上のライプニッツ読解を自らの文脈へと接合しながら、アリストテレス哲学を超える体系を素描してみせる。諸実体は個体なのだが、それは（この私のごとく）力として個体化されている。そして彼は、「努力」や「力」の概念に、無限と有限との内的な結合原理を見出そうとする。実際、ライプニッツはアリストテレスの「エンテレケイア（entelecheia）」を、単に完成済みの「完全実現態」のみならず、「努力（effort）、コナトゥス（conatus）」をも意味する語へと改鋳していた（『弁神論』八七節など）。「力」や「努力」において、〈途上〉と〈終局〉とは内的に結びついており、ひいては有限と無限とは静的に並置されることなく運動の契機として織り合わされている、ということになるのである。ラヴェッソンは言う――有限な諸実体は無限を潜在的に包含（envelopper）しつつ自らの力を通じてそれを展開（développer）していく。無限実体は、それもまた不動の純粋な現実態であることを止め、「生の運動（mouvement de la vie）」の主語＝主体へと捉え返される。

近代的な転換と言ってよいだろうか。ともかくもこうした新たなパースペクティヴにおいては、現実態（acte）はむしろ働き・行為（acte）へと読み替えられ、潜在性（puissance）も規定以前の単なる可能態を超えた力能（puissance）に変貌する。運動変化は単に終局点に届いていない未完成や欠如の印にとどまるのではなく、終局点との関連を維持しつつ、一定の積極性を持つようになる。

かくしてラヴェッソンの結論の一つはこのように記される――「あらゆる実在の至高の原理とは力（Force）であり、そこにおいて無限と有限とは生の運動のうちで絶えず相互に差異化しまた同一化する」（R1834, p. 270）。これは極めて思弁的な命題だが、しかし、我々の経験からまったく切り離されたものではない。この「力」は外的現象の観察からではなく、あくまで我々が自分自身のうちに経験する努力の経験から理解されねばならない。そのことをラヴェッソンはこう確認する――「真の方法は、精神の自らへの回帰のうちにある。そこにおいて精神は自らを、その力能と展開のうちで、能動的原因・絶対的力として把握するのだ」（R1834, p. 270）。「ビラニスム」の言う原因・力とはすでに離れつつはあるものの、弁証法をも連想させる先の命題――実際、この三四年論文では、「弁証法」の語が幾度も積極的に用いられている――は、このように、我々の内的経験をその言わば原本として書かれたものなのである。

先にも述べたごとく、彼のアリストテレス論にはドイツ観念論的な問題意識が確かにある。別の言い方をするなら、中世スコラ哲学によって注釈され標準化されたのとは相当に異なるアリストテレス像が、ここには描き出されている（事実、ラヴェッソンはトマスの読解をほとんど取り上げず、世紀後半からのトミスム復興の動きとも無縁なままであった）。しかもそこには同時に、ひそかな形で、自己の内奥を見つめ続けるメーヌ・ド・ビランの哲学が重ね書きされていたのである。このような内的経験への依拠は、その後展開していくスピリチュアリスム、あるいはフランス哲学一般に、独特の色調を与える要素となっていくだろう。

だがまだ我々は『習慣論』読解への途上にある。三四年の処女作と、三八年の『習慣論』との間には、大きな溝が横たわっているのである。

以上見てきたような思想を、ラヴェッソンは結局公にはしなかった。彼は三七年になって、アカデミーの課題の（1）、すなわちテクスト上の考証と『形而上学』の体系的提示の部分だけについて、全四巻予定の第一巻として、独立した形での出版を行う。そこで彼はアリストテレス哲学を、因果関係ならびに存在の諸階層が支配する「自然」と、類種関係ならびに三段論法の構造が支配する「思惟」との照応によって成り立つ体系として描く。それぞれの系列の最も下には、感性的直観の対象となるあれこれの個体が配され、最も上には、自然（客観）における万物の原因でありかつ思惟（主観）の最高の原理である神が、「知的直観」（ラヴェッソンはそう語る）の対象たる絶対的個体として掲げられる。壮大な、そして過剰なまでに整然とした構図ではある。ともかくもアリストテレス解釈に関する限り、彼はここでひとまず結論に到達したと見てよい。また四六年には、課題の（2）、すなわちその後の歴史的展開を扱う第二巻が刊行される（続く第三・四巻は結局予定のままに終わった）。しかしこの第二巻の叙述は古代末期、新プラトン主義までの哲学史に限られている。万物の原理を物質に求めていた自然哲学者に対して、ピタゴラスは数を、プラトンはイデアを掲げ、非物質的な原理へと正しく歩み始めたのだが、そこで原理はいまだ単に抽象的・一般的なものでしかなかった。アリストテレスこそは、個体的で実在的な真の原理にまで辿り着いたのだが、その後の歴史でこの貴重な成果は失われていく、といったストーリーが語られる。しかし、三四年に素描されたラヴェッソン自身の思想は、もはやそのままの形で現れることはなかった。いったい何が生じたのだろうか。――シェリングの介入である。また少し遡って、ことの経緯を説明しよう。

クーザンの「理性」概念

クーザンは、ロワイエ゠コラール(Royer-Collard 一七六三―一八四五)の代講として一八一五年から哲学を講じ始めた(このように、ポストは保持したまま弟子たちに講義を委ねるのは当時普通のことである)。クーザンは自分の哲学のために、ロワイエ゠コラールも好んで依拠したスコットランドのトマス・リード(Thomas Reid 一七一〇―一七九六)、そしてメーヌ・ド・ビランに加えて、ドイツ観念論を積極的に利用する(「絶対者 l'absolu」といったタームがフランス哲学に登場するのは彼以後のことである)。だが、彼の形而上学は、十八世紀哲学の要請を受け入れた上で構築されるものであった。哲学の出発点は「観察」、ただし「意識」に与えられる全事実の観察でなければならない、というのである。こうしてクーザンは、意識に与えられている事実を三種、列挙する。すなわち、感覚的事実、意志的事実、そして理性的事実の三つである。感覚論者は第一のものに気を奪われていた。ビランは第二のものに正しく着目したが、しかしまだ第三の事実を正当に扱わなかった――これが彼の見立てである(ビランであればこのような平板な並置には抗議することだろう）。

さて、第一の事実は外的世界を示し、第二の事実は能動的な自我の現象を与える。ところで第三の理性的事実とは何か。それは、経験の「ここ」と「今」の特殊性を超える真理を我々が今ここで理解できるという、考えてみれば驚くべき経験のことである。そしてそうした真理には、論理学や数学の命題のみならず、「現象とは実体の現象である」「あらゆる現象は原因に対する結果である」といった命題も含まれる。クーザンに言わせれば、そうした諸命題は、我々の意志が発動し、それを吟味したり懐疑に付したりする以前に、すなわち我々の経験が人称的なものとなるそれ以前から、端的に、直接的に、まさしく真理として与えられている。理性とは、普遍的な真理それ自体を非人称的なままに覚知する能力なのである。

実体性や原因性に関わる命題を当の命題自体に適用すれば、そうした真なる命題の源泉として、神的実体とその知性――そこが真理の本来の場所である――が導かれるだろう。諸現象に適用すれば、実体としての外的世界の実在性、実体としての自我の実在性が確保されるはずだ。しかもそれらにもさらに原因があるのだとすれば、我々は不可避的に、無限な原因かつ実体であるところの絶対者にまで到らざるを得ない。自然と精神とは、この絶対者＝神から生じた、並行する二つの被造物だということになる。

このように、経験論的な「観察」という出発点は保持したままで、しかし「理性」という道――そこには当然「神への媒介者としてのロゴス」という古くからの観念が重ねられている――を通じて、最終的には形而上学に、ひいては神学的テーゼにまで辿り着こう、というのがクーザンの理論であった。彼は、一八年講義ですでに提示していたこの説を、一八二六年の『哲学的断片（*Fragments philosophiques*）』序文であらためて展開する。

クーザンは二八年、パリに招待したこともある友人ヘーゲルの理論を自分なりに利用しながら、人類史の精髄を哲学史に見てとるという歴史哲学を講じる。一八二〇年のベリー公暗殺以後に保守化した王政下、いったん講義停止の扱いを受けていたクーザンであったが、ロマン主義的な思潮とも結びついた自由主義の高まりの中で彼はギゾーと共に講義再開を許されたのである。反響は目覚ましいものであった。こうして彼は七月革命後、哲学の制度化に尽力することになったわけである。

シェリングからの批判と「ディアレクティック」の放棄

さて、実を言えば、クーザンはドイツを訪れ、ヘーゲルたちとも交友があったとはいうものの、ドイツ観念論の複雑な展開について正確に理解していたわけではない。彼はカント以後のドイツ観念論の展開を「自然哲学」にのみ見ており、しかも『哲学的断片』第二版（一八三三年）で、ヘーゲルは先立つシェリング哲学を発展させ豊かにしたのだと称賛してしまっていた。三四年に出版された『断片』の独訳にシェリングは序文を寄せるのだが、当然、シェリングの筆致は極めて批判的なものとなる。

クーザンに関して言うなら、彼が行っているのは、由来の怪しい大前提を持ち出して、観察された現象から「実体」や「原因」へと遡るという試みにすぎない。そしてこうした道においては、「実体」にせよ「原因」にせよ、何ら積極的な仕方で把握されようがないはずだ。何ら規定が与えられないままに、Aという現象に対しての実体、Aを生み出した原因、と言われるだけの話なのだから。理性は、そうした形而上学的存在が「ないわけにはいかない」と繰り返すだろうが、それは当の存在の現実存在の積極的証拠にはならない。「観察」に基づくという彼の哲学――その出発点が適切だともシェリングには思われないのだが――は、実際には、三段論法を利用する単純な論理主義以上のものではない。そのような方法では、決して現実存在には到達できないのだ。そして――と批判は続く――同じ意味で、ヘーゲルの弁証法もまた、最初から最後までこの論理と存在との隔たりを無視したまま繰り広げられる虚しい詐術なのである。シェリングは、「存在可能なもの」「存在せねばならないもの」までにしか到達しない理性的・概念的哲学を「消極哲学」と呼び、対して「存在するということ」、まさしく現実存在にまで達する「積極哲学」を構想していたのだが、その観点からして、弁証法論理は、そしてクーザンのより平板な論理は、いかにしても、目標たる絶対者そのものには到達しようのないものとして批判されていたわけである。

ラヴェッソンはいち早くこの序文を目にし、批判点を彼なりの仕方で理解した（なおこれに前後して、彼はシェリングの「神話の哲学」の構想にも触れている）。これ以後、ラヴェッソンはきっぱりと「弁証法」一般の概念を捨ててしまうことになる。アリストテレスによるイデア論批判からすでに手にしていた論点ではあるが、実在を個体性の側に割り振った上で、それを概念や論理では押さえきれないものとするのである。かくして、三四年の論文で自分の素描した哲学からは、弁証法的な要素を抜き取らねばならない。実際、三七年刊行のアリストテレス論では、プラトン的方法としてのディアレクティケーが完全に否定的な扱いを受けており、善のイデアに関して残っていた肯定的評価は姿を消してしまう。その後彼が「論理的（logique）」の語を使う時、それは一貫して「現実存在に届いていない」という意味である。そして、三八年の『習慣論』は、まるで話をあらためて開始するかのように、それまでアリストテレスに即しても徳論に関して軽く論じられるだけであった主題、すなわち「習慣」を、取り上げることになるのである。

ここで指摘しておけば、フランス哲学に見られる「弁証法」と呼ばれるもの一般への否定的な態度のルーツは、おそらくここに見出されよう。実際、運動の実在性を掴むために「弁証法」は無力であるという判定、「弁証法」とは概念的対立でもって生成を再構成しようとする虚しい試みにすぎないといった評価は、ベルクソンがはっきりと引き継ぐものであり、あるいはまたドゥルーズにもかすかに受け継がれるものであるだろう。

さて、背景についてはほぼ確認が済んだ。『習慣論』に向かうことにしよう。

『習慣論』――「習慣は第二の自然である」

二部に分かれる『習慣論』の第一部では、世界における生物個体の形成が、アリストテレスの『魂について』の構図を背景としつつ、自然史的に語られる。百回投げ上げても、石を習慣づけることはできない。物質に習慣はない。しかし、未規定で等質的な拡がりの中に、自らのフォルムを持ち、個体性を備えた存在が立ち上がってくる。生物である。物質にはありえなかった習慣現象は、それらの個体において成立する事象なのだ。環境に応じて、あるいは人間に飼い馴らされるにつれて、動植物は自らの素質的な様態（disposition）を変化させることができる。そしてその変化は、大きく見る限り、外からの受動性を和らげつつ自己安定性を保持し、内からの自発性や活動性はこれをいっそう高める、という法則に従っている——と思われる。

だが第一部の最後で彼は述べる。「ここまでは自然（nature）は我々がただ外から眺める光景であった」。我々がこの観点から目にできるのは、外に現れる顕在的な働き（acte）だけである。観点を変更する時である。第一部で繰り返される「と思われる」を解除すべく、意識の内側から、習慣を考察し直さなければならない。そこで把握されることが期待されているのは、存在の内的なディスポジション、潜在的な力能（puissance）であり、習慣の「いかに」と「なぜ」であり、単に「外から眺め」られるのではない別の「自然」なのである（R1838, p. 15 ; I 42-43）。

だがそれは、神が設定したという「人間の自然本性（human nature）」のことではない。そしてまた、内的意識の対象として、内的自然とでもいった別の光景が端的に開けるわけでもない。ラヴェッソンはいったいどこに赴こうとしているのか。

習慣は何を果たしているのか

彼は『習慣論』第二部に入ると、急ぎ足で判明な意識の諸条件を叙述していく。その条件は「一と多の総合」だが、実際にはこの総合は通覧する構想力の運動によってなされる。一瞬カントに触れるこうした考察は、しかしすぐさまビランに引き継がれていく。この運動は原初的にはまさしく生ける私の身体運動であり、運動を遂行しながらそれに外延的統一を与えるのは、私の意志とその内包（強度）的統一である。意志は、さまざまな抵抗に出会いながらそれらを総合し、自らに対置された項、すなわち対象的意識内容を、構成する。ラヴェッソンはひとまず「内的観点」から、意識の内的明証において、判明な意識の実質的条件を指し示してみせるわけである。

だが、これはまだ習慣ではないし、自然でもない。習慣はそこにどのように関わってくるのだろうか。

一方で受動的経験は、反復によってその強度を減ずる。ラヴェッソンの考えではこの時、外的刺激と、それを受容する感覚器官の間に、チューニングのような現象が生じている。感覚器官にはその都度一定レベルの「トーン（ton）」が備わっているというのはビランのアイデアであった。このトーンと外的刺激との差が感覚を生む。だから、外的刺激の反復継続によってトーンが当の刺激によるそれに近づけられると、感覚はそれによって弱いものになる。知らずしらずのうちに慣れてしまうわけである。そればかりかこの時、感覚器官には、引き続き同じ外的刺激を待ち受け、予期する傾向までもが生じてしまう（同じ曲を何度も聴かされた後のように）。意識下で進むこの過程、そしてその結果が、習慣である。

また他方、能動的運動は、反復によってますます容易になり、努力感を伴わない自動運動に近づいていく。ビランが言うように、自我の意志的努力は必ず非我を抵抗する対立項として持っているのだが、習慣はこの場合、対立項の持つ対立性を減少させ、それを馴致し、意志の道具へと化していく。そればかりか習得された運動は、意志なしに、自然に遂行されようとする傾きを備えるに到るのである。この過程そのものが意識や意志の外で生じることに注意しなければならない。例えばトレーニングを反復することは意識と意志の管轄に属する。しかし、それを通じて身体が一定の正確な運動や反応を習得してくれること自体は、意志の直接の対象にはならないし、実際できない。だが習慣は、意志の手の届かないこの間隙を埋める。

このように習慣とは、判明な意識の外で働くものであり、そしてまた、能動受動の対立を減じていくことで判明な意識の条件そのものを解消してしまうものである。そしてそこに成立するのは、我々の感覚や行動に内在する傾向性であり、あれこれの具体的力能であった。我々の今ここでの顕在的な振舞（acte）の変化も伴いながら、習慣は同時に、持続する潜在的な存在次元（puissance）での変化を生み出しているものなのである。だから誤解してはならない。ラヴェッソンが「内的観点」を選ぶのは、内的意識の明証性を探すためではないし、「われ意志す」の原事実を確認するためでもない。彼がここで探求しているのは、逆説的にも、そうした明証が次第に消滅していく過程であり、人称的意志の原事実を取り巻いている謎めいた暗がりなのである。それを、顕在的（actuel）なものから潜在的（virtuel）なものへの歩みと形容することも許されよう。

自発性としての自然

さて、「習慣とは第二の自然である」（R1838, エピグラフ）。では、習慣を言わば通路として明かされていく「自然」とは、どのように特徴づけられるだろうか。『習慣論』第二部の残りの部分は、この点を論じていく。そしてラヴェッソンの論述は、次の諸点を示すことに向けられる。（1）習慣とは目覚めた意志の単なる消失ではなく、むしろ意志本来の志向の実現であり完成であること。（2）そこに働いているのは意志ではなく自然な自発性であること。（3）実は自発性の方が意志を可能にしている原理であること。意志とは判明な人称的意識の、そして対象的な認識の条件であったことをいま一度確認した上で、以下、順を追って簡単に説明してみよう。

（1）かつてベルクソンはラヴェッソンの『習慣論』を解説しつつ、習慣とは「精神的活動が化石となった残滓」なのだと述べていた。ベルクソンにとっては、習慣とは単に意志が減弱し惰性化したその痕跡にすぎない、と思われたのである。しかし、それはラヴェッソンの考えることではない。受動的習慣は、私の受動性を減ずる方向に働く積極的意味を有していた。そしてまた、意志的努力の反復の後に自在となった運動において消えたのは努力の意識であって、目指されていた行為は十全に達成されている。それはむしろ私の自由の完成なのである。

ただ注意すべきだが、ここで「自由」とは、単に複数の形式的な可能性に面していることではなく、何かは分からないがともかく何かを開始できるということでもなく、実質的な意味で、私が多様な現実的力能を有していることを意味している。ある運動的習慣を有する以前には、私はどうにでも振舞えるように思われるが、実際には乳児のごとく、何も意図的には行えない。「われ意志す（je veux）」は、限定されないままではほとんど無力と区別がつかないのだ。行為する実践的主体としての私は、具体的に規定されたあれこれの「われなし能う（je peux）」の奥行きを備え、そこから顕在的な行為へと自らを限定できて初めて、自由を手にしていると言えるのである。そしてこの力能＝潜在性（puissance）を規定し形成していくものこそ、習慣に他ならない。

（2）意志的努力という初源的事実においては、〈自我＝意志〉と〈非我＝抵抗〉との二項が区別されつつも不可分なものとして与えられている。その上で、自我に対してあれこれの複雑な表象が構成されていくのだが、そうした表象と、自我の実質となる意志そのものとは、相変わらず区別されたものであり、またそうでなければならない。この二元性は、「私の」と名付けられる経験の普遍的構造である。したがって我々の意志もまた、常に、自らとは異なるものとしての目的を自らの前に有しそれに向かうという対向的構造、「対」象（*ob-jet, Gegen-stand*）的構造を有している。

ところが、習慣は、受動的場面においても能動的場面においても、この主客の隔たりを埋める方向に働くものであった。意識事象の条件であった対向的構造は消失していく。意志はすでに目的に達し、表象する主観は表象された客観対象に一致してしまったかのごとくとなるのだ。同時に、二元性の印であった努力の感情は限りなく弱まり、判明な意識はその成立条件を奪われていく。しかし聞いていた騒音が止むわけではなく、私の手は動き続けている、あるいはいつでも自然に動く用意ができている。経験からは「私」＝人称性が消えていくが、しかし私を取り巻く能動受動の作用は働き続けている。あるいはむしろ、その作用から、能動か受動かという対立的規定が脱色されていくのである。ことは自然に起こり、自然に果たされていく。習慣によって、我々はそうした境位へと漸近線的に接近していくのだ。

こうした境位において働くものを、ラヴェッソンは「意志（volonté）」と区別して「自発性（spontanéité, R1838, p. 28 ; II 42）」と呼ぶ。「自発性」という訳語ではことさらな意欲の語感が残る、というのであれば、「自然性」と訳してもよい。習慣という現象の原理は、この「自発性」に見出される。そして「自然」とは、このような「自発性」の概念を通じて理解されねばならないものなのである。

（3）ここまでの話では、習慣は表象的意識の後、意志の後に、生じてくる現象であった。しかしラヴェッソンは問う——意志的努力は抵抗を含意するが、他方、抵抗は努力にしか現れない。これは循環ではないか？始まりはどこにあるのか？「ビラニスム」の時期のビランであれば「それに答える術はない」と言うだろう。——努力とは「初源的」事実であって、我々はそれ以前に遡ることはできない。「外的観点」からすれば、意志が発動する直前の条件を記述することはできる（ただしそれは「条件」にすぎない）。「内的観点」に留まるならば、意志の始まりを問うことはできない。初源的事実の〈以前〉は端的な闇だからだ。

しかしラヴェッソンはここでビランによる一八〇二年の習慣論を再び参照する。それはまだ「ビラニスム」の段階に到っていない時期に書かれたものであることに注意しなければならない。ビランは、その習慣論のある註で、後年の彼であれば遮断するだろう問い、すなわち意志の始まりの問題を自ら立てていたのであった。そして彼はその問いに、「いかなる後天的認識からも独立し、本来の意味での意志からも独立した、非常に実在的な内的力（force interne）」としての「本能」をもって答える（Biran1802, Azouvi 版全集, pp. 138-139）。この「本能」による運動が最初の努力感を与え、そこから意志を目覚めさせるというのだ。ビラン哲学の展開を知る我々の目からすればいくぶん皮肉なことに、ラヴェッソンは初期ビランのこうした暫定的な考察を採り上げて、「ビラニスム」的な意識のさらに〈以前〉へと、探求を進めることになるわけである。

ここで言われる「本能」そのものは、もちろん習慣ではない。それはすでに自然に属する。しかし、「意志から独立した内的力」としてのその働き方は、我々が習慣において知っているものではないか。習慣とは「後天的な自然、第二の自然」だが、「それは自らの最終根拠を初源的自然のうちに有している」。それはまた「所産的自然」であり、「能産的自然」を徐々に明かしていくものだ——スピノザ的タームを用いながらラヴェッソンはこのように語る。「第二の自然」が、我々の意志に先立って働いている自然そのものの存在様態を我々に教えるのである。習慣こそは自然哲学のための「唯一の方法」(R1838, p. 32 ; II 54) だと言われるのは、この意味においてである。

「実体的観念」としての習慣、そして自然

自然のうちには、「私が」と語る人称的意志は存在していない。前提となる主客の対立構造がないからである。同様に、自然の「内的力」は、自分の前に目的を立てて、そこに向かう、というふうには働かない。その意味でそれは「盲目」だとも言われる。しかしそれは、通常の表象的意識の構造を持っていないというだけの話である。この力は、それなりの仕方で、「漠として説明しがたい了解と言い表しがたい志向」を含みつつ働く。ここに、目的表象とそこに向かう力、といったずれはなく、行為の観念と行為そのものとの隔たりも存在していない。習慣となった意志的運動は、だから、思考と行為がすでに一体となった境位、思考が実在と一致する点、すなわち「実体的観念 (idée substantielle)」ないし「実在的直観 (intuition réelle)」(R1838, p, 29 ; II 45) と呼ばれるべきなのだ。

我々は習得された力能においてその種の「直観知」を有している。泳ぐことを知っているとは、泳ぐことの観念を持つことではなく、泳ぐこと、実際に泳げることである。同様に、自然の「力」にはある種の、すなわち表象や観念とは異なる様態での知が内在している。そしてその知には、表象的な思考や意志では到達しえない解像度と正確さが備わっているのである。ダンスでも車の運転でも、例

は何でもよい。何かを習得する際、我々はあるべき動きをイメージし、幾度も練習を行う。生理学的に言うならば、目指す運動が実現されるためには、無数の筋肉が然るべきタイミングと強度で収縮弛緩しなければならないはずである。しかし我々にはそれらの細部を思い描くことはできないし、思い描いたところでそれらをいちいち意志で直接コントロールできるわけでもない。我々の意識は、漠としたままに留まる目的を表象できるだけである。話は身体運動に限られない。一般に、悟性は実在の輪郭だけを把握し、意志は目的だけを表象し、技術は完成状態だけを目指す。それらが残し抱える間隙を埋め、実在のうちに根付かせるものこそ、習慣である。

そして自然は、意志が登場する以前から、生ける有機体のただ中で、同じように働いていたのだ。単純に見える生物の中でも、我々の想像を絶する微細な過程が進行し、それらが全体として一つの有機体をそのように維持し、働かせている。そこには人間的な意味での知性も意志もない。しかしそこには生きて働く「実体的観念」が存在し、表象的構造を持たない「実在的直観」が存在している。だから、自然を擬人化してはならない。このような「自然」のほうを根底として、意識的な努力が、表象的な思考が、そして目的表象への志向が生まれてくるのであるから。ここではむしろ、我々の実体的存在を「自然化」しなければならないのだ。表象的な思考や意志とは、「自然」から呼び出された審級であり、また実際、習慣という「自然」によって補足され引き継がれなければ、悟性的思考も、技術的製作も、さらには道徳性すらも、実効性を持ち得るものではない。それらを実在に再着地させてくれるもの、それが習慣なのである。

ラヴェッソン的「自然」と目的論

しかし思えば、アリストテレス主義とは、自然を「目的因」で説明するものではなかっただろうか。そして近代は自然からこの目的性を追放し、機械論的な自然観へと到達したのではなかったのか。もしラヴェッソンがスピリチュアリストとしてアリストテレス主義を継承するのであれば、彼の自然哲学は、結局のところ、失効した古い目的論的世界観の再興でしかないのではないか。

――然り、自然の目的論は保持される。だがこの「目的論」という語をあまり単純に考えてはならない。自然の中に「目的」を導入する仕方は多様であり、その含意も一通りではないのだ。ある場合には、我々の生――そこには悲惨なものも含まれる――を、究極目的の下で正当化するような議論もありえよう。歴史認識においても、最終的救済やユートピア的社会体制などの到来が志向される場合には、目的論がどうしても先に立つ。こうした側面から捉えられる限り、「目的論」は、先取された調和と統一のもとに、現実における差異や対立、矛盾や相克のリアリティを軽視する観点を意味せずにはいまい。場合によっては、この私の存在が、「目的論」によって私のあずかり知らぬ台本に書き込まれてしまい、それによって私自身が何かよそよそしいものになると感じられることもあろう。さまざまな理由で、目的論は嫌悪の対象ともなるわけである。

通常言われることによれば、アリストテレス哲学は古典的な仕方で目的論を説いたものである。不動の動者として、神は万物が言わば恋いこがれる究極的な目的因であり、神を中心として万物は階層的に秩序づけられている。おそらく、アリストテレス哲学そのものと、キリスト教が改編したそれとの差異は丁寧に区別されるべきだろうが、ここでは『習慣論』のラヴェッソンに話を限定し考察を進めよう。繰り返せば、彼は自然の目的論を認めている。だが、それはいかなる目的論であり、そこで言われる「目的」とはいったいどのようなものであっただろうか。

ここで注意されねばならないのは、『習慣論』が本論冒頭ならびにその末尾で、この書物全体の枠組みのようにして、同じ命題を反復していたことである。第一部にはこうある――「存在の普遍的法則、その根本的性格とは、その存在様態のうちにあり続けようとする傾向性である」(p. 5 ; I 7)。そして全体の末尾――「習慣の本質をなすディスポジションと、習慣を生み出す原理とは、唯一の同じものである。すなわちそれは存在の原初的法則、その最も一般的な形態、つまりは存在を構成する働きのうちに存続し続けようとする傾向性である」(p. 48 ; II 95)。

気付かれるように、これはスピノザの『エチカ』における「コナトゥス(conatus＝努力)」命題――「おのおのの物は自己の及ぶかぎり自己の存在に固執するように努める」(第三部定理六)、「おのおのの物が自己の存在に固執しようと努める努力はその物の現実的本質に他ならない」(同定理七)――である。アリストテレスやライプニッツに共感を示した哲学者の言明としては意外かもしれない。しかし実は、三四年論文においても、ラヴェッソンはスピノザを批判しつつも、しかし彼の「コナトゥス」概念――すなわち個物が自らに固有の「努力」を行っているという発想――だけは高く評価していたのである(R1834, p. 251)。

解釈史において、スピノザ哲学は単一実体説として、個物からその固有の存在と能動性を剥奪する理論だと長らく理解されてきた。ビランもまた、その点でスピノザを批判していた。私の個体的な意志の努力は否定しようのない事実であり、スピノザの理論は、マルブランシュの機会原因説と同様に、結局はこの意志する私のリアリティを奪うものと見えたのである。彼がライプニッツに共感を示すとすれば、それはライプニッツがその複数実体説によって個体的意志のリアリティを肯定しているからであった。そしてラヴェッソンは、ビランからこの論点を引き継いでいたのである。だから彼の目には、スピノザにおいても、個物の本質をその自己の存在への努力と見なす命題だけは、それとして重要なものと映ったのだ[2]。

個体化する力の目的論

とすればどういう話になるのだろうか。個体的な諸存在は目的論的に方向づけられている。だがその「目的」とは何か。それは神であるが、この神とはあらゆる受動性、未規定性、質料性を免れた存在であり、絶対的な個体である。だとすれば、有限な諸存在は、具体的に言って何を目的としているのか。ここでラヴェッソンが「コナトゥス」概念を持ち出している以上、答は次のようなものになるしかあるまい――自らの個体性を保持し、強化し、そのようにして、この上なく個体的な神にいっそう似たものになること。

だからラヴェッソンの自然は、自らに内在する動向、すなわち個体化への欲望によって、貫かれて

(2) ただし、ラヴェッソンがスピノザを愛読していたとは思われない。スピノザ自身への肯定的評価は、その後の彼の著作や遺稿においても、いっさい見られないからである。現状、もはやこれ以上追求するすべはないが、ラヴェッソンが依拠するのは、「ヘルダーというフィルターを通じてのスピノザ」だったのではないか、という仮説を立てておく。

いるのである。魂を動かすものとしてアリストテレスが述べていた「欲求（olexis）」をラヴェッソンは « désir » と写しつつ、意志以前に働いている自然を形容する語として採用する。この欲望する自然は、未規定で個体性を有しない質料から、規定され限定された〈自己〉を有する有機体を産出していく。鉱物界から植物界、動物界へと進む古典的な階梯において強まっていくのは、感覚や知性である以前に、存在の個体性なのである。そしてその存在が根本的に「力」であるとすれば、その存在にあれこれのディスポジションと力能（puissance）が備わっていくことは、その「力」が規定され、そのことによってますますその個体性を強めていくこと以外の何ものでもない。意志が顕在的に働き、あれこれの目的表象へと向けられるその下で、「習慣」はそれを支え、そして引き継ぎながら、力である我々自身のいっそうの個体化という真の目的を休みなく達成しているのだ。

かくしてラヴェッソンにおいて、ビラン的「力」は、広い意味で〈歴史化〉された欲望とその力能へとその姿を変える。また、ライプニッツの実体＝モナドが、創造の時点ですでにそれを個体化する無限の諸規定を備えたものであったとすれば、それに対してラヴェッソン的な存在は、自然として活動し続けながら、刻々と自らを個体化していくものであったのだ、と言ってもよい。そしてこれが、自然に内在する目的なのだ。有限な諸存在は無限の絶対者を模倣しようとするが、しかしそれは無限の個体性の模倣なのであって、だから諸存在はそれぞれに固有の仕方で、「その存在様態のうちにあり続けようとする」のである。

したがって、技術的製作や王権的統治を暗黙のモデルとするような、あまりに人間的な目的論のイメージは捨てなければならない。ある種の目的論は、有機体の精妙な構造に驚き、そこにはその設計図を書いた知的製作者がいるはずだと考え、有機体とは、その製作者が描いたプランが実現されたものであると思い描く。しかしラヴェッソンにはその種のデザイン論的議論は存在しない。あるいはまた別の目的論は、世界全体が共通の善に向けられており、一見悪と見えるものも全体の最善の統治のためには正当化されると考える。しかし再び、『習慣論』にはその種の弁神論的議論は存在しない。そこにおいて語られるのは、個体化する自然の自発性だけなのであり、個体すべてに分有される目的があるとすれば、それは当の個体性を維持し高めていくということに尽くされている。

この目的論を具体化し遂行しつつあるものとしてラヴェッソンが挙げるのは、人間ばかりでなく、あれこれの動物や植物、さらには原生動物であり、驚くべきことだが、鉱物の結晶ですらあった（参照先はヘルダーである）。しかしその理由は明らかであろう。それらはそれぞれに、未規定性を脱して自らの個体性を保持し、「自己の存在に固執する」存在なのである。議論には、飲酒など悪癖と言われよう習慣も登場する。ある種の病気までも、自らに固有な展開を有し、あるいは遺伝を経て幾度も同様に発現する限り、そうした個体的存在を有するものとして描かれる。個体間の有機的共働は保証されていないし、解体にも到る個体内の葛藤の存在も容認されている。つまり、テクストに即する限り、『習慣論』には、人間中心的な価値の追認や弁神論的な動機は、いっさい存在していないのだ。ここに読まれるのはむしろ、絶対的な神を設定するがゆえにかえって人間的観点から解放された自然哲学であり、個体性こそを存在の別名とするがゆえに共通で同一の目的から諸物を解放する独特の目的論なのである。ラヴェッソンは一貫して、ギリシア以来の哲学とキリスト教的な神学とを、対立はさせないまでもあくまで哲学者として区別し続けるが、この『習慣論』は、その彼の思想が最も異教的エレメントに接近した著作だと言ってよいだろう。

2　精神の変貌――ベルクソン

「フランス・スピリチュアリスム」（2）

さて、ラヴェッソンは四〇年発表の書評論文「現代の哲学 ハミルトン氏『哲学断片』（Philosophie contemporaine. *Fragments de Philosophie* par M. Hamilton）」で、決定的にクーザンから離れる。彼はビランを掲げつつ、対してクーザンを真の「内的観点」を知らないままに思弁的夢想に進もうとしているとして、ハミルトンというこのスコットランド学派の末裔と共に、否定し去るのである。これは決別状のごときものであった。この後彼はクーザン派とははっきりと距離を置き、古代神話や芸術の研究に取り組んでいく（後年彼は、ルーブルの学芸員としてサモトラケのニケの修復等にも深く関わる）。だがそれは決して哲学の放棄を意味しない。シェリングが神話の哲学に進んだのを追うように、ラヴェッソンは彼なりに、我々の通常の意識には与えられることのない絶対者の顕現を、神話や芸術作品のうちに求めていったのである。

七月王政の崩壊と共に政治的基盤を失ったクーザンは、「スピリチュアリスム」の旗を掲げたまま、六七年に逝去する。ラヴェッソンは、第二帝政フランスの威信を賭けるパリ万国博覧会のために依頼された『十九世紀フランス哲学についての報告（*Rapport sur la philosophie en France au XIXe siècle*, 1868）』を発表し、そこで残酷にもクーザン哲学を雄弁なだけの「半端なるスピリチュアリスム」と呼び、歴史的に葬る。メーヌ・ド・ビランを真の出発点とする「フランス」・スピリチュアリスムが構成されていく。一九〇〇年に死去するまで、ラヴェッソンは続く世代に大きな影響力を持ち続けた。その下で、七〇年代には、ラシュリエ（Jules Lachelier 一八三二－一九一八）の『帰納の基礎（*Du Fondement de l'induction*, 1871）』、ブートルー（Émile Boutroux 一八四五－一九二一）の『自然法則の偶然性について（*De la Contingence des lois de la nature*, 1874）』、八〇年代にはセアイユ（Gabriel Séailles 一八五二－一九二二）による『芸術における天才についての試論（*Essai sur le génie dans l'art*, 1883）』といった著作が生み出されてくる。

彼らはいずれも、第二帝政期に力を増してきた思潮、すなわちコント（Auguste Comte 一七九八－一八五七）以来の反形而上学的な実証主義《ポジティヴィスム》や、仏訳もされるビュヒナー（Ludwig Büchner 一八二四－一八九九）流の唯物論、そしてそれが引き連れてきた決定論的で機械論的な自然観に対抗し、それぞれの仕方で、自然における目的因の存在を主張し続ける。絶対視されている科学法則の非必然的性格が主張されたり、有機体の構成から思考の組織化、芸術作品の造形までを司る生命の有機化的力動性が主張されたりするだろう。ここではもう細部には立ち入るまい。我々の観点からすれば、彼らの主張にそれほどの新しさは見られないからである。自然の「目的論」は、美や善と呼ばれる超越的目的へと向けられている、といった意味で理解され、ラヴェッソンの『習慣論』がその異教性において示していた過剰は縮減され、実質上ほとんどアナーキーと接するに到るあの〈個体化の目的論〉は馴致されてしまった。生成的自然（physis）はすっかり被造的自然（nature）と化し、その運動は創造者のもとへの遅ればせの復帰に還元されるかのようなのだ。

ただそれでも、例えばラシュリエは目的論的生命を「自由」への歩みと見なしつつ、この「自由」の本質を、新たな有機的形態や観念の創造に見出していた。決定論の否定だけによって定義されるのでもなく、既定の目的への従属へと回収されるのでもない自由概念がそこには垣間見られる。あくまで目的論的に解釈されながらも、自然の生成は、もはやただ「個体化」ではなく今度は「創造」(被造性ではない)という要素を組み込まれることで、既定の目的への単純な服属から再び逃れ、あらためてそれ自身の積極性を認められつつあるのだ。

さて、ベルクソンはもう一つ後の世代に属する。彼の特異性は、彼が従来のスピリチュアリスムに対して行う数々の切断に存している、とさしあたり言うことができる。そもそもが「スピリチュアリスム」の旗も耐用年限を迎えつつある。もちろん、二元論的に確保される精神の実在性、我々の自由、といったなじみのスピリチュアリスム的主題は、彼においても引き継がれ、そしてその限りで彼は確かにフランス・スピリチュアリスムの中に位置づけられる。だが、そこで語られる「精神」とは何のことであり、「自由」とは何のことだっただろうか。著作の中で実質的に際だってくるのは、連続性であるよりもむしろ断絶なのだ。ただしそれは、彼が直近のスピリチュアリスムを言わば跳躍台として用いつつ思想を形成したという意味ではない。彼には彼固有の課題があり、それが彼の哲学全体を駆動している。それは端的に言って、生成変化を否定や欠如への迂回なしに思考するという課題であり、直近との世代との断絶はただ、この課題を引き受ける中で結果的に生じたものにすぎない。

ベルクソンの「知性」論

ゼノンの逆説についての考察から彼の哲学が開始されたことはよく知られている。運動は実在するはずなのに、それをきちんと「思考」しようとすると運動が否定されてしまう。問題は古いものだ。運動を取り逃す思考様態をベルクソンは、『物質と記憶（*Matière et mémoire*, 1896）』までは主に「悟性（entendement）」、『創造的進化（*L'Évolution créatrice*, 1907）』以降では特に「知性（intelligence）」と呼び、それがどのように働き、何を目指しているのかを論究する。簡単に言ってしまえば、人間知性は、生成についてそれを不動の諸要素に分解したり、完了済みの全体にパッケージングしたり、ともかくもそこからまさしく生成の性格を排除することをその基本態勢としている。アキレスの走りをわざわざ並置されたストップモーションにして、それが動かないとか、コマはいくらでも小刻みにできてしまう（からには、理論的には撮影も上映も不可能になる――有限の時間内に無限のコマは送れないから）等々と論じたてる。また、我々の心理状態は、要素的な諸観念間の作用の複合から計算可能な結果として決定済みのものである、と思い描く。あるいはまた進化には定まったプランがあり、進化過程はその遅らされた実現、つまり本質的には残務処理のようなものだと想像する。

なぜ知性はこのような態度に固執するのか。それは、もともとこの知性は、生成界の中で、一定の実践形態、すなわち製作（fabrication）のために形成されてきた能力であるからだ。この種の実践の最初には何らかの必要が、埋めるべき空虚が、つまりは欠如がある。そこで我々は、「こうすればこうなる」というパターンの出現を重視し、そこからプランを構想し、それを目指して、操作可能な材料を切り出し、組み合わせ、道具として使用しつつ、何ものかを手に入れ、必要を満たそうとする。こうした一連の操作に便利な作業台となるのが等質的空間の表象であって、知性は、知覚所与や諸概念を「もの」のようにそこに並べ、意のままに操作し、リアルタイムの生成とは別のところで事物の変転をシミュレートし、その帰趨を予期し、支配する（多くの場合、思考と呼ばれるのはこうした操作のことである）。ことさらに科学者でなくとも、実在を言語記号に写すだけで、我々は多様な生成を固定し既成概念に押し込めているのだ。そしてそうやって初めて我々は何かを「掴んだ」と感じる。それはただの比喩ではないのであって、掴む手が象徴するような技術的営為と、知性による洗練された現実「把握」とは、もともと地続きのものなのである。

ベルクソンは『物質と記憶』から『創造的進化』に到る時期に、以上の観点を確立する。一見、身体的利害に左右される感覚から解き放たれて、客観的な認識を与えると期待されてきた人間知性が、すでに内側から一定の実践的関心によって規定されている、というこの主張は、多様な反応を引き起こす。神への通路ともされてきた「知性」がごく地上的なものとされてしまったと見えただけではない。人々が信頼する科学的認識の価値を相対化してしまうものとも思われたからである。立ち入って考察すれば厄介なところだが、少なくともベルクソン自身はこの後者の点に関し、そのような意図を持ってはいない。確かに知性は徹頭徹尾、此岸的なものとされた。しかし生物学的進化の過程で、この世界に備わるある側面――空間的図表に転写でき、また規則的な反復が見られる側面、つまりは（ベルクソン的意味で）「物質」的な側面――に接し、そこで言わば鍛えられてきたものであるからこそ、知性が与える認識は、単なる恣意的・規約的な構築物ではなく、むしろ実在そのものの姿を近似的にではあれ与えるものと考えてよい。これが『創造的進化』の主張であった。

確かに知性認識に関するベルクソンの見解は、ある意味では「プラグマティズム」的なものだが、この形容では緩すぎてあまり役に立つまい。実際、フランスでもパースのプラグマティズムは早くから紹介されており、この語は『創造的進化』の時期には幾何学や力学における規約性の議論とも関連しながらすでにかなり流行していたのだが、そこにはまたニーチェの思想なども流れ込み、誰にも正確な意味の分からぬタームと化してしまっている。ただ確かなのは、ベルクソンにおいては、我々の便宜的規約によって真理とされたようなものは初めから真理と呼ばれることがない、ということである。知性は行為への関心に駆動されてはいるが、しかし彼に言わせれば、夢想ならともかくも、行為(action = pragma)こそは「非現実なものの中で動くことはできない」。プラクシスとは、我々の便宜的選択の場である以前に、実在に否応なく接触してしまっている現場のことであって、その意味で「プラグマティック」に形成された知性は、自らの出生地である物質界を離れない限り、絶対的なものを与え得る。だが当然、話はそこでは終わらない。

人間知性が生み出す形而上学

実践上の根本態勢から規定されている知性は、単に、物質相手に道具を用いつつ製作を行うばかりではない。この知性には、我々の思弁を一定の方向に導き、かくして自らに固有の形而上学的体系を生み出す力が備わっているのである。しかしその体系は、決して無害なものではない。

「哲学」は、古代ギリシア以来すでに、そうした体系に傾く人間知性の歩みを辿り尽くしていた。『創造的進化』第四章は述べる――「プラトンからアリストテレスを(そればかりかある程度まではストア学派を）経由してプロティノスへと展開した学説の基本線には、偶発的、偶然的なものは何もない」（EC, p. 315）。大胆な見解ではある。古典語にも堪能で（アリストテレスの「場所」概念について書かれた博士副論文、テキスト用に詳細な註と共に編まれたルクレティウス抜粋などが想起される）、コレージュ・ド・フランスでも現代哲学講座に移る前にはギリシア・ローマ哲学を講じていたベルクソンである。古代哲学の起源の複数性、展開の多様性はもちろん認めた上で、それでも彼はそこに、人間知性が自然について形成するところの、ごく自然な形而上学が一貫して示されていると言う。それはどういったものか。

人間の通常の行為の出発点には、不満足が、欠如の感情がある。知性は製作によってその空虚を埋めるように働く。我々の行為は、空虚から充実へ、無から存在へ、という方向を向いている。しかし、そこで最初に言われる「空虚」や「無」とは、我々の欲求に相対的なものにすぎない。実際には（残念だが）「違うもの、別のものがある」という事態を、「ない」という言い方で表現するわけである。こうして人間知性には、無のほうこそが存在に先行しており、あらゆる存在は、無を克服してやっとそこに存在できるに到っている、と見えることになる。

かくして、「なぜ何ものかがあってむしろ無ではないのか」という問いが生まれる。これに答えようとして我々は、「なぜ」を説明しつつ存在を支えてくれる何らかの原理に遡ろうとする。そして原理自身もまた自分の足下にひそみ続ける自らの無という可能性を克服しなければならない以上、最後に持ち出されるのは、無を決定的に克服する力を有すると思われる必然的存在である。自らの永遠の本質に存在を含むもの、つまりは近代哲学で「自己原因」と称されるものが呼び出されてくるゆえんである。名はどうあれ、この究極の原理は、無時間的なものとして、論理学や数学が扱うのと類似の本質のものと思われることになる。

生成界の位置もここからすぐさま決定されてくる。ベルクソンの見るところ、人間知性の自然な道行きに従って、ギリシア哲学は一定の結論に到っていた。つまり、「完全性」の度合いの存在論と、そこにおける生成の依存的性格である。説明不要のものとしていったん無が前提されていれば、10を措定すると10と0との間の数がすべて手に入るように、究極原理と無との中間段階がすぐさま手に入る。すなわち「神が措定されるや、言わば自動的に、神的完全性（perfection divine）から、下っては『絶対無』（rien absolu）までの、あらゆる存在の諸段階が実現される」（EC, p. 323）という暗黙の公準、これがギリシア哲学全体を支えているというのだ。イデアと「非存在」との間、あるいは純粋形相としての不動の動者とまったく規定を欠く質料との間に、諸存在が立ち並ぶ。この「間」、神的完全性への「負量」の加算によって定義されるものこそ、生成という、不完全態における存在である、というわけだ。そしてその生成界に目を向けたところで、やはり知性は、多彩ではあれ各自が自己同一的な形相を備えた「もの」ないしその諸「状態」だけを掴み、それらが交替することに生成は存するのだ、と見てしまう。積極的規定はそれらの諸状態の側に属しているとされるのだから、諸状態がそれでも生成に巻き込まれていること、それらが交替継起することは、それ自体としては規定しようのない否定的事態にしか見えない。生成はいつまでも、存在における欠如分の露呈、存在の中への無の侵入以上のものとしては思考されないままである。

こうして、存在と、無と、生成から構成された形而上学的シェーマが手に入る。そしてさらに、存在から無に到る諸段階を上から見れば作用因的系列が、反対に下から見れば目的論的系列が、それぞれ手に入る。いずれにせよ生成は、〈不動の存在（起源・目的）マイナスα〉、ということになるわけである。

不動性を頂点に置きながら、我々の生きる生成界を単に二重の欠如（もはや・いまだ）によって規定する以上の構図は、新プラトン主義にも、発出と回向ないし還帰という別の形においてではあれ、やはり引き継がれるだろう。それればかりか、ここでは詳細に立ち入らないが、ベルクソンは同じ構図のひそかな存続を、スピノザにも（講演『哲学的直観』）、あるいはフィヒテにも（一八九八年の『人間の使命』講義）、指摘できると言う（再び大胆な見解ではある）。もちろん描かれるコスモロジーは実際には多様だろう。しかし常に「自然学的なもの（フュシス的なもの le physique）は論理的なもの（le logique）によって定義されることだろう」（EC, p. 327）。生成を超越した彼方に、生成の起源ないし目的が置かれ、生成はそこに従属したままになるだろう――この一般的結論は揺るがないと見える。

疑似観念の批判から生成の肯定へ

さてしかし、もし以上の議論すべてが、根本的な誤解に基づいているとしたらどうだろうか。ベルクソンが言おうとするのはそのことである。権利上無が存在に先行している、あらゆる存在は無の克服を含意している、といった前提が根拠のないものだとしたらどうか。そしてそれには実際根拠がない、あるいは人間知性にとってはそれが自明に見えるという以上の根拠がない、というのが、『創造的進化』第四章で「無の観念」を吟味にかけるベルクソンの結論であった。

「絶対無」の観念とは、「すべての存在」の観念に、さらに否定の操作が加えられて作られたものである。だからそれは無を表すどころではない。確かに実在の一部分に関して、例えば今ここに食べ物は「ない」、とは言える。しかしそこには必ず別の何ものかが存在している。端的に存在するものを肯定するかわりに、失望等のゆえに、あるいは誰かの判断を訂正するために、人間知性は不在との関係で事態を表現する。否定とは、実に人間的な――というのはこの場合、存在を自分の実践上の関心から出発して描くということだが――所作なのだ。その操作を全面化できると思うところに「絶対無」の観念が生じ、翻って「なぜ何ものかがあってむしろ無ではないのか」という問いが生じるが、これらもまた実に人間的ななり行きである。時に深刻な口調で告げられるこうした語や問いに対してのベルクソンの対応は、実に淡々としたものである。そこにあるのはただの「疑似観念」、「疑似問題」だというのだ。

だとすれば、絶対無を克服するために持ち出された存在の究極原理というものも、無用になる。時間の浸食を蒙らない永遠のうちに必然的に存在するという神とは、まずく立てられた問いへのまずい解答、余計な問題への余計な回答でしかない。そのような超越的な神への直接間接の依存なしには何ものも存在できない、などと言う必要はないし、神との関連で自らの存在にあらかじめ十分な理由が与えられねば事物は決して存在には到れない、といった条件を設ける必要もない。仮想された絶対無に対し、仮想された「神的完全性」を持ち出して、その上で後者を起源や目的としつつ辛うじて無の上に宙づりになったものとしてこの生成界を捉える必要などないのである。

人間知性が有する実践的性格を、そして「無」の観念がその根に隠し持った同じ実践的性格を指摘することを通じてベルクソンが達するのは、こうした結論である。いまや「自足する実在とは、必ずしも持続に無縁な実在なのではない」と述べてよい、すなわち、生成する自然それ自身に自足性を求めてもよいのだ。「その時、絶対者は我々にごく近いところに、そしてある程度まで我々のうちに、顕現することになる。それは心理学的本質のものであって、数学的論理的本質のものではない。それは我々と共に生きている。我々と同様、しかしある面から言えば我々より限りなく自らに集中し集約されて、それは、持続している」(EC, p. 298)。

こう述べる『創造的進化』のベルクソンは、従来の伝統からすでに相当に離れている。それだけではない。宇宙のあちこちに今日でも新たな世界の湧出が見られるとし、彼は、そうした連続する湧出の中心として、神を語ろうとするのである。「このように定義されてみれば、神にはすっかりでき上がったところなど一切ない。それは止むことのない生、行為、自由である。そしてこう考えられれば、創造というものも、神秘ではなくなる。我々は自分で自由に行為するや、自らのうちにそれを経験するのであるから」(EC, p. 249)。創造は世界の始まりにおける神の特権ではない。我々自身が生成のなかで創造者なのであり、神もまた目下創造中だというのだ。当然、神学者たちは敏感に反応する。これは汎神論でなくて何なのか、というわけだ。

しかし我々としてはその種の判定は控え、ベルクソンが従来のスピリチュアリスムからずいぶん遠いところにまで来ているということだけを確認しておく。

創造としての自由

スピリチュアリスムの基本命題の一つは、精神の「自由」であった。だがその内実は論者によりさまざまである。ベルクソンによってそこに新たに充填された意味は、先の引用文に見られるように、「創造」である。

彼は「他のようにもできた」といった自由概念を採らない。「他のように」という「可能性」は、それ自体、あたかも生成から身を離して、生成の進む複数のコースを目にできるかのように思いなす人間知性が構築した表象でしかないからである。我々が複数の選択肢を表象することは事実だが、しかしそういった表象を持つこと自体は、自分の選択そのものが複数の可能性から選ばれることを保証しない（こうしてひとは難問に陥っていく）。ベルクソンは、そうしたレベルで自由を確保できるとは最初から思っていない。ある行為が自由と言われるのは、実際には生じなかった別ケースの亡霊がそれを取り囲んでいるおかげなのではない。「自由は、行為そのものが持つあるニュアンスないし性質のうちに求めねばならない」――最初の著作『時間と自由』でそう述べていたベルクソンは、やがてその「ニュアンスないし性質」を、新しさあるいは創造性として規定するようになる。自由とは創造に他ならないのだ。

もちろんこれは、理論的にも実践的にも容易な立場ではない。人間知性は新しいものの出現を前にして、必ずそれを既知の要素へと分解し、新しさを還元解消するように働く。実際、「新しさ」の積極的定義ほど難しいものはあるまい（定義できたとすれば、新しいものの新しさは既知のものとなってしまおう）。しかし例えば、それまで存在しなかった生命種の出現、未聞の芸術作品の登場を、誰があらかじめ知っているのか。すでにどこかで――「神的完全性」のレベルで――すっかり規定済みで待ち構える可能存在が、その出番になって世界に降りてきたとでもいうのか。そうではない。ベルクソンはここでも、生成を、生成の外に用意された「可能性」の次第次第の「実現」と見なす態度を否定する。あらかじめ可能性が用意されているわけではない。現実を前提にして、知性がそれを一般化し、日付を消し、組み合わせることでやっと生じるのが「可能的なもの」なのである。可能は現実に先立たない。むしろ逆であって、新しいものを生み出す生成は、その現実的創造において、当の新しさの可能性をも、事後的に生み出すのである。

ただしかし、すべての生成が等しく新しさに与《あずか》っているわけではない。我々が常に創造的自由を享受しているわけではないのだ。生成の仕方にも事実上多様性の幅があり（ただしそれは「神的実在性」と「絶対無」との間にアプリオリに確保されたあの幅なのではない）、予見の枠を出ない仕方での反復的生成、ないしそれに落ち込んでいこうとする傾向は、この世界の中に確かに存在している。人間知性はまさに、生成界におけるそうした種類の「動き」を掴む。それが、物質性（matérialité）である。

だから自由は、我々にとってはあくまで、達成の約束や保証のない課題のようなものに留まる。もちろん、我々という生成は、微弱なものであれ過去を常に引き連れて継続するがゆえに、まったく同じ状態に戻ることはありえず、そこに最低限の新しさは常に確保されている。しかしそれ以上の創造に関しては、あらかじめ何かを言うことはできない。独特の意味で、これはもはや実践的問題なのだ。ただ、ここでもこの「できない」は、裏面からではあれ、生成自身の創造的性格を表現するものだということは言っておかねばならない。まだすべてに決着はついておらず、すべては与えられ終わってはいない。すべては生成しつつ、未来に開かれたままになっている。完了（parfait）よりも未完了（imparfait）の方が限りなく豊かなのだ。人間知性にとってはいかに逆説的に聞こえようとも、不動の神的「完全性（perfection）」の〈無限〉に収まり得ない実在性が、生成の〈無際限〉には備わっているのである。

こうして、ベルクソンにおいて「精神（esprit）」の概念も従来とは相当に異なったものとなる。一九一一年の講演『意識と生』で彼はこう述べている。「明らかに一つの力（force）が我々の前で働きながら、自らを桎梏《しっこく》から解放し、同時に自分自身を超え、まず自分が持っているものを、ついで持っていないものまでをも与えようとしています。精神を定義するのに他の仕方があるでしょうか？ そしてもし精神的な力があるとして、それが他の力と区別されるのは、自分自身が含んでいる以上のものをおのれから引き出してくる能力によってでなければ何によってだと言うのでしょう？」（ES, p. 21）。――精神は、「われ思う」などから定義されてはいない。自分を超えていくこと、自分が今持つ以上のものを生み出していくこと、すなわち創造的に生成していくありさまこそが、精神の定義なのだ（だから反対のありさまは「物質」とされるわけである）。ベルクソンの「スピリチュアリスム」の根本主張を把握するには、ここを押さえねばならない。

結び――あらためて、「思考と動くもの」

我々は、「フランス・スピリチュアリスム」と括られる思潮の中で、特に際だった姿を見せる二人の哲学者を取り上げた。実を言えば、事態はそう単純ではない。『習慣論』以後のラヴェッソンは、異教の神話を変わらず重要視しながらも、神からの世界の創造、そして世界から神への復帰、という古典的な図式に回帰する。大きく見る限り、ベルクソンもまた、『創造的進化』以後、創造主／被造物の図式でこの生成界を理解するほうへと傾いていく。

彼らのこうした歩みをどのように評価するかは我々次第である。しかしいずれにせよ、我々が以上で強調した側面において、スピリチュアリスムは、「自然」という我々の謎めいた同伴者に引き寄せられながら、創造者である神を頂点とする「神－魂－自然」あるいは「絶対者－精神－自然」の判然とした階層を乱しつつ、この三項を互いのうちに含め合うことになる。この攪乱をもたらすのは、ラヴェッソンにおいては「個体化的生成」としての実在概念であり、ベルクソンにおいては「創造的生成」という実在概念であった（ただ、この二つの発想は、一定の操作を行うならば、おそらくごく近しいものとなるはずである）。そうした彼らの思考において、自ら動く自然は、その調和において神を指し示す象徴記号に留まるものではない。神の超越性は生成運動する自然の内部にじかに引き戻され、魂固有の存在もまたそうした自然の中に位置づけられることになるのだ（二人とも、精神を「力」の語彙で語ろうとしていたのはそのためだと見られよう）。「自然」が神化されるのか、神が「自然化」されるのか。伝統的なキリスト教神学を背景とする「公認哲学」としてのスピリチュアリスムにとっては、それ自体が回避すべき問題設定であるに違いない。しかしラヴェッソンもベルクソンも、まさにこの問いに取り組み、あるいはそれに否応なく巻き込まれてしまったのである。

「動くもの」の位置をめぐるこうした問いの中で、「思考」なるものの姿も、変貌を余儀なくされることだろう。その志向において対象化された存在に対面するのではなく、存在そのもののうちに根を下ろし、それ自体が一つの働きないし力能と化すような思考。生成を「もの」として掴み固定するかわりに、むしろその創造性の中に自ら身を挺していく思考。「動くもの」としての自然は、我々の思考をその運動の中へと引き込んでいく。そしてその時思考は、実在を眼前に表象しながらの操作であることを止め、それ自体が実在と化し、あるいはそれ自体が創造的生成とならざるをえなくなることだろう。

思考が帰属すべきは、永遠不動の「神」なのか、それとも生成していく「自然」なのか。同等に古い選択肢ではあろう。いずれにせよ、フランス・スピリチュアリスムの系譜の中で、我々が取り上げた二人があらためて引き受けたのは、まさにこの問いだったのである。

第2章　J・S・ミルとフランス・スピリチュアリスム

ミルと、フランス・スピリチュアリスム――やや奇妙に思われる考察かもしれない。メーヌ・ド・ビランに発しラヴェッソンを経てベルクソンに至るという、まったくフランス的な思想系譜と、あのミルとの間に、いったい何の関係があるというのか。

確かにミルと言えば、実証主義《ポジティヴィスム》の祖であるコントとの長続きしない交友はよく知られたものとして想起されよう。しかし、一八四〇年代におけるそうしたエピソードを超えて、より広い文脈において、ミルがフランス哲学の展開に何らかの大きな役割を果たした、などということがいったいあるのだろうか。

ある、というのが我々の主張となる。現在、ミルという思想家は、もっぱら『自由論』、あるいは功利主義や代議政治をめぐる諸論考の筆者として受け取られることが多い。実際、我々の扱う時代においても、フランスにミルが翻訳紹介されたのは、まずはそうした著作からではあった(1)。彼自身も言っている――『自由論』は、私の他の著作のどれよりも長く生き続けることだろう、と。

しかし彼はこう付け加えていたのである、「『論理学』はあるいは例外となろうが……」[2]。そして事実、この『論理学体系（*A System of Logic*）』の著者としてのミル、あるいは『ウィリアム・ハミルトンの哲学の検討（*An Examination of Sir William Hamilton's Philosophy*）』（以下『検討』）の著書としてのミルという存在は、その後もかなり長く影響力を有することだろう。もちろん多くの場合、それは批判対象としてのプレゼンスではあった（フッサールの『論理学研究』も想起されるところだ）。だがそれにしても、例えばベルクソンが最初の著書で引くミルの著作は『論理学体系』ならびに『検討』であったし、社会学の方法論を述べるデュルケムが批判対象として選ぶのもミルの『論理学体系』であった。フランスにおいて、こうした認識論的・科学論的な側面におけるミル哲学の受容は、おおよそ世紀末までは継続していると見てよい。

では、その受容はどのように、どのような文脈の中で行われたのか。

我々の考察範囲はほぼ一八六〇年代に収まるが、これをさらに便宜的に区分するなら、（1）主に『論理学体系』の間接的導入とそれに対するリアクションがトピックとなる六五年までの時期、そして（2）『論理学体系』の仏訳がようやく出版され、またミルが論争書として『検討』を新たに刊行する六五年以降の時期、これら二つの時期を設定することができる。我々の関心を惹く事態は、この六〇年代にほぼ収まる。先取りして言うなら、それは、「フランス哲学」ないし「フランス・スピリチュアリスム」といった概念が、イギリスの哲学者ミルを一つの対照項としつつ、そのアイデンティ

（1）ミル主要著作のフランス語への翻訳は以下の通り。翻訳された順序で並べる。

Principes d'économie politique (trad. par Dussard et Courcelle-Seneuil), Guillaumin, 1854.
　＝『経済学原理』*Principles of Political Economy*, 1848.
Le Gouvernement représentatif (trad. par Dupont-White), Guillaumin, 1862.
　＝『代議政治論』*Considerations on Representative Government*, 1861.
La Liberté (trad. par Dupont-White), Guillaumin, 1864.
　＝『自由論』*On Liberty*, 1859.
L'Utilitarisme, publié dans *la Revue nationale*, (le 10 août, le 10 septembre, le 10 octobre, 1865).
　＝『功利主義論』*Utilitarianism*, 1863.（雑誌発表は 1861）
Système de logique (trad. par L. Peisse), Ladrange, 1866.
　＝『論理学体系』*A System of Logic*, 1843.（上記翻訳は六五年の第六版に基づく）
Auguste Comte et le positivisme (trad. par G. Clémenceau), Germer Baillère, 1868.
　＝『オーギュスト・コントと実証主義』*Auguste Comte and Positivism*, 1865.
La Philosophie de Hamilton (trad. par É. Cazelles), Germer Baillère, 1869.
　＝『ハミルトン哲学の検討』*An Examination of Sir William Hamilton's Philosophy*, 1865.
De l'Assujettissement des femmes (trad. par É. Cazalles), Guillaumin, 1869.
　＝『婦人の隷属（女性の解放）』*On the Subjection of Women*, 1861/1869.
Mes Mémoires. Histoire de ma vie et de mes idées (trad. par É. Cazelles), Germer Baillère, 1874.
　＝『自伝』*Autobiography*, 1873.
Essais sur la religion (trad. par É. Cazelles), Germer Baillère, 1875.
　＝『宗教三論』*Three Essays on Religion*, 1874.
L'Utilitarisme (trad. par P.-L. Le Monnier), Germer Baillère, 1883.
　＝『功利主義論』（前掲）

翻訳を経ないミルの著作については，*Collected Works of John Stuart Mill*, University of Toronto Press, 1963-1991 によって参照先を指示する。CW- の後のローマ数字で巻数を示し，ページを付す。

（2）J. S. Mill, *Autobiography*, CW-I, p. 259.

ティを固めていくことになる、という事態である。ただ単に、ミルがフランスに受容されたという事実をなぞることが問題なのではない。我々が論じたいのは、この受容のディテールの忘却であり、それがもたらした結果である。この忘却を通じて、例えば「フランス・スピリチュアリスム」などといった系譜の自明性も固められることになったのではないか。こうした問いを正当なものとして掲げることができるように準備を整えること、我々はそれを望んでいる。

先の便宜的時代区分に従いながら、順に考察を進めることにしよう。

1　ミルとテーヌ　反スピリチュアリスムの戦略

論理学における経験主義とその論争的意義

ミルの『論理学体系』のフランスへの導入に関して重要なのは、テーヌ（Hippolyte Taine 一八二八－一八九三）の活動である。彼は六一年に小論『イギリス哲学。ジョン・スチュアート・ミル』[3]でミルの議論を紹介する。この紹介は簡潔でありながら正確であり、ミル自身が「このように僅かなページの中で、私の書物の内容についてこれ以上厳密で完全な観念を与えることはおよそできることではありません」とテーヌに感謝を書き送っている。[4]さらに六四年にはテーヌは『イギリス実証主義』と題された著作を出版する。[5]こちらは紹介にとどまらず、テーヌ自身の批判的考察を付したものとなる。

さて、テーヌは、最初の六一年の論文において、人間の自由の問題、あるいは道徳（精神）科学の方法などを扱った『論理学体系』の最終巻にはほとんど触れず、ミルの経験主義的な認識論を中心に紹介を行う。そこでポイントになるのは、認識の成立において「アプリオリ」な諸要素は不要である、という論点だ。

ミルにおいて「帰納」の守備範囲は全面的であって、一見アプリオリに見えたり実在そのもののうちに基礎を持つと考えられたりする「定義」や「公理」は、いずれもすでに、帰納の所産である。「定義」は語の意味の定義であるか、さもなければセットになって経験される諸性質の束についての記述であり、一定の実在の内在的本質といったものを把握するものではない。数学や論理学の「公理」も、ミルにとっては必然性を有しない経験的命題である。確かに我々は、その種の命題について、その否定を考えることができない。しかし我々がそこに動かしがたい必然性を感じるということは、当の命題がそれ自体としてアプリオリな必然性を有することの証拠にはならない。思惟可能／不可能というのは、単に現在の我々の思考のありさまに相対的な基準でしかないからだ。そして我々が何をどのように思考するかというその様式は、単に「連合（association）」によって形成され説明される事柄であり、それ以上のものではない。同様に、三段論法において大前提として用いられる一般的命題

（3）Hippolyte Taine, « *Philosophie anglaise. John Stuart Mill* » in *Revue des deux mondes*, 1er mars, 1861, pp. 44-82.

（4）Letter to Hippolyte Taine (March 15, 1861), in Mill, CW-XV, p. 722. ミルは、友人であり自著の仏訳者でもあるデュポン＝ウィットにも、こう書き送っている——「テーヌ氏の論考は書評として傑作です。私の論理学体系の学説をこれほど深くまた完璧に理解して示した人はいませんでした」(Letter to Charles Dupont-White (March 15, 1861))。

（5）H. Taine, *Le Positivisme anglais*, Germer Baillière, 1864.

も、一般的真理という特別な何かを叙述しているのではない。それは単に、個別的な諸経験をまとめる省略的表記なのである。だから三段論法も、実は、一般から特殊への推論なのではない。ひとが三段論法的推論において実際に行っているのはむしろ、問題となるある事例が、既知のものとして束ねられた別の諸事例と同類のものであるか否か、という事例解釈である。人間一般の可死性という一般的真理がまず把握されるべきものとして存在し、その上で、すでにそこに含まれていたソクラテスの死の可能性が取り出されその正しさが保証される、のではない。ここにあるのは、特殊から別の特殊への発見的推論であり、それは定義や公理や普遍的前提などに基づくことなく、むしろそれらをすら形成しつつ進む認識拡張的な作業なのである。この作業が、「帰納（induction）」と呼ばれる。

ミルの立場が多くの単純ならぬ問題を孕んでいることは見易いが、我々はその点には立ち入らない。重要なのは、ミルのこうした見解が、クーザン（V. Cousin）たちの「アプリオリな心理学」あるいは「超越主義」を敵として述べられる、という事実である。例えばミルは、ベイン（Alexander Bain 一八一八－一九〇三）が本格的に連合主義的心理学を展開して見せた『感覚と知性（*The Senses and the Intellect*）』（一八五五年）ほかを書評しつつ、以前からの論争のポイントを明確に整理している。[6] クーザンは「理性（reason / raison）」という特別な能力を立て、それは必然的で普遍的な観念や諸命題（実体性や因果性の原理、時間空間の無限性、あるいは一般に無限を含意する諸観念）の直接的認識を与えると主張していた。クーザンたちは、そこを土台にして、魂や神についての形而上学的な理論を組み立てたわけである。対して、ミル自身やベインは、そうした一見還元不可能で自明な認識要素はさらに分析可能であり、起源を問い得るものだと考える。もちろんその起源への分析が至る先は、必然性や普遍性を有しない諸経験と、それら相互での抗いがたくはあるが結局は偶然的な「連合」である。

それにしても、以上のような分析が可能であるためには、還元不可能なものがそれでも「連合」の所産である、という（一種矛盾して見える）命題が認められなければならない。しかしこの主張は、ミルにとっては特別奇妙なものではない。化学的結合において個々の要素には見られない性質が全体として生まれるように、多数の要素の「連合」から、「独自（*sui generis*）な現象」が生じることに不条理な点はない。連合主義心理学の祖とされる十八世紀のハートリー（D. Hartley）以来、それは確立済みの事実であり、当の一見還元不可能な現象についてもその生成過程を検討することで、それが諸要素から構成されたことを「高い確実性」で推定できるのである。「連合心理学が、上位の（higher）心的状態の多くは一定の意味において、下位の（lower）ものの展開と所産だと見做していることは疑いなく本当である[7]」。

この時代において「連合主義」という立場に託されていたこうした論争的賭金には、よく注意しておこう。のちのベルクソンによる批判、あるいはゲシュタルト心理学による批判などだけから見れば、「連合主義」は、自己や精神というものについての描像をめぐる一つの（いびつな）立場にすぎないと思われてしまう。しかし実際には、そこに賭けられていたのは、我々の「経験」や「意識」がいったい何を直接把握しているのかという問題であった。「直接的」に見える「直観」と言われる認識源泉

（6）*Bain's Psychology* (1859), in Mill, CW-XI, pp. 341-373.

（7）*Ibid.*, p. 348.

には、どれほどの信頼性を認めるべきなのか。「経験」や「意識」を出発点とした上で、従来の形而上学はどれほど維持可能であるのか――「連合主義」という立場が殊更に主張されるその背後にこうした諸問題が常に存していたことは、忘れられてはなるまい。この背景があるからこそ、以下見ていくように、ミルたちの心理学に対してフランスのいわゆるスピリチュアリストたちの反応は極めて論争的なものになるのである。しかし対するミルもまた、フランスの「混濁した形而上学(muddy metaphysics)[8]」についてうんざりした口調で語っていた。そうした形而上学者たちの反論はいつも曖昧であり、ミルやスペンサーの議論とコントの学説との区別すらできない程度のものにすぎないというのである。

以上のような文脈を辿ってみるなら、テーヌがミルの論理学をフランスに紹介したその意味合いもはっきり見えてこよう。五七年に『十九世紀フランスの哲学者たち[9]』を出版し、クーザンたちの重々しげな形而上学に対して軽快な文章で嘲弄に満ちた批判を行ったテーヌは、もともとスピリチュアリスムに対しては言わば「札付き」の論敵であった。当然、テーヌも、「無限」の観念が、直観的かつ絶対的に与えられながらあらゆる有限な認識の前提かつ基礎をなしている、などとは考えない。そしてクーザン的形而上学のアキレス腱がそこにあることを彼は正確に把握し、その点をこそ攻撃しようとしたのである。「私はクーザン氏に反対して結論する、必然的命題や無限である対象の観念は、経験によって獲得された概念や判断についての抽象(abstraction)もしくは分析(analyse)から引き出されてくる、と[10]」。必然性や無限の観念を還元不可能なものとして受け入れ、それらは実際に必然的で無限であるような存在からしか由来し得ないと考えるエクレクティスムの思想(それは一種の神の存在証明だ）は、こうしてその土台を奪われることになろう。ミルの導入は、こうしたテーヌ自身による批判を、より体系的な理論によって補強する意味を持っていたわけである。

テーヌの二重の哲学

ここで少しテーヌ自身の思想に触れておく必要がある。注意すべきだが、それはミル的な経験主義にはおよそ尽くされない。彼は早い時期から、ヘーゲル、あるいはそれ以上にスピノザの思想の影響を受け、自分なりの「形而上学」の構想を抱き続けている。ここは詳細な論究の場ではないが、次の点だけは確認しておこう。[11]

テーヌ自身の発想においては、多様な経験的諸事実が我々の知り得る最終的な事象なのではない。それらはさらに遡れば、一般的な概念存在から構成されるものであり、究極的には万物は「永遠の公理（axiome éternel）」の自己展開の所産として理解される。「定義」も、ミルとは異なって、その自己展開＝事物の産出を映す「発生的定義」である限りにおいて、事象に即したものとして再肯定される。

（8）Letter from J. S. Mill to H. Spencer (April 3, 1864), in D. Dancan, *The Life and Letters of Herbert Spencer*, Methuen, 1908 / Routledge, 1996, p. 114.
（9）H. Taine, *Les Philosophes français du XIXe siècle*, Hachette, 1857.
（10）*Ibid.*, p. 170.
（11）もう少し詳しくは、拙論「テーヌのスピノザ主義」、上野修他編『スピノザと十九世紀フランス』（岩波書店、二〇二一年）、七三－九五頁。

論理的流出論とでも名付けられようこの学説は、五七年の著書以来、テーヌにおいて変わらぬ思想である。「ここに至ってひとは、おのれのうちに、自然（Nature）についての概念が生まれてくることを感じるであろう。さまざまの必然性の階層関係によって、世界は唯一不可分の存在を形成する。すべての存在はその四肢なのだ。諸事物の最高の頂、もはや手の届かぬ光輝くエーテルの最高点で、永遠の公理が告げられる。この創造的な法式の反響は長く続きながら、その汲めど尽くせぬ波動を通じて、巨大な宇宙を構成する……」(12)。重力とその法則が、無限に多様な諸現象を説明し、実際に生み出しているのと類比的に、宇宙の全事象は「永遠の公理」から派生し、またそれによって説明される、というわけである。そしてその「公理」とは、人格神などではなく、もっぱら世界の必然的進行の原理である非人間的な存在なのだ。

このようにミル的な連合主義は、テーヌにおいては、厳密な決定論と重ね合わせられる。本来、「連合主義的心理学」と「決定論」とは、必ずしも重なりはしない。ミルの例を見れば明らかであろう。彼の自由意志論は曖昧であり、意志の自由を扱うわけではないという『自由論』はいったん脇に置くとしても、それでも『論理学体系』第六巻の人間の自由を容認する議論は、そしてその議論と『検討』第二六章における従来の自由肯定論への執拗な批判との関係は、かなり厄介な問題を残していよう。しかしミル自身が諸事象の必然的決定を単純に肯定するような論者ではないこと、これだけは確実である。にもかかわらず、世紀末のフランス哲学においては「連合主義」と「決定論」はほとんど不可分だと見做され、その観点から批判されている（ベルクソンの最初の主著を見れば明らかであろう）。この本来異なる二つの理論を結びつけたのがテーヌ──「ある文明、民族、世紀とは、自己展開する定義（définitions qui se développent）である。人間とは、一つの歩く定理（théorème qui marche）である」[13]と早くから記していた決定論者――である可能性は高い。

スピリチュアリストたち

ミルとスピノザの奇妙なアマルガムとしてのテーヌ。クーザン以来、経験論や汎神論への対抗として自らのアイデンティティを守ってきたスピリチュアリストたちに対しては、まさに最悪の結合である。批判は容赦のないものとなる。カロ（Elme Caro 一八二六―一八八七）は『神の観念とその新たな批判』（六四年）で、テーヌ哲学を人格神否定の「自然主義（naturalisme）」として批判し、ジャネ（Paul Janet 一八二三―一八九九）は『哲学の危機』（六五年）において、テーヌの学説は本質的にコンディヤックの古い感覚論の焼き直しにすぎないと述べる。[14]ここでは、比較的密度の高いカロの議論を簡単に見ておくことにしよう。

（12）Taine, 1857, p. 361.

（13）*Ibid.*, p. 354. 決定論をミルと結びつけるテーヌについては次も参照――「私はと言えば、絶対的な決定論者です。私が依拠するのは、物理学的実験でありまた心理学的観察です。これに関しては私はあなたにスチュアート・ミルの『論理学』、そしてとりわけ『検討』の参照をお願いすることしかできません。それは良識と力、明晰さをそなえる傑作です」(lettre à Mme C. Coignet (le 18 oct., 1867), in *H. Taine. Sa vie et sa correspondance*, tome II, Hachette, 1904, p. 345)。

（14）E. Caro, *L'Idée de Dieu et ses nouveaux critiques*, Hachette, 1864 ; P. Janet, *La Crise philosophique. MM. Taine, Renan, Littré, Vacherot*, Germer Baillère, 1865. 長くソルボンヌで教えたこの二人は、スピリチュアリスムの精力的な擁護者であった。

カロがテーヌとミルを批判するために動員する論拠は多岐にわたるが、敢えて大きくまとめるとほぼ次の二点となる。（1）意識されざる自己撞着。テーヌは、クーザン的「理性」や、実体的自我や、目的因を捨て去るつもりで、実は別の形でそれらを自分の議論に再導入している。（2）認識論の不備。ミルは認識拡張的な判断として「帰納」しか認めず、テーヌはそれに加えて（冒険的にも）、諸事象の背後には同一性関係ないし等価関係を保持したままの論理的な展開が生成因として存在すると考えるが、我々の認識はそのような、総合的だが経験的でしかない判断と純論理的な分析判断とに尽くされるものではなく、いわゆる「アプリオリな総合判断」の次元もまた存在するのであり、そこにおいて「実体／性質」や「原因／結果」といった関係は、ただの全体／部分の分析的関係や、経験的に確認される恒常的並存の関係とは異なる内容を持つものとして掴まれている。

例えば、「抽象」によって経験的事実から一般的な必然的命題が得られるとテーヌは言うが、しかしそれはまさにクーザン以来「理性」と呼ばれてきた能力の働きそのものではないか。あるいは生物種の定義であり、かつ諸器官の発生と機能がそれに向かって組織されているものとしてテーヌは「原因としての類型（type-cause）」の概念を語っていたが、[15]それはまさに従来「目的因」と呼ばれてきたもののことではないか。テーヌは自我を諸状態の織り成す「連続的全体（tout continu）」[16]だと言うが、しかしこの連続性と全体性こそ、これまで「実体」と呼ばれてきたものの性質ではなかったのか。また、実体と性質との関係は、決して等質的な二項の関係ではない。それはむしろ現出についての原因／結果の関係であり、そしてそれは、テーヌが言うように論理的導出としても描ける法則／事実関係のようなものとはそもそも別種の、本性上異質な項の連結であり、しかも原因性とは本来、我々の意志においてありありと経験されるように、単なる外的継起には尽きない内的繋がり、積極的産出関係(génération)、力(force génératrice)といったものを意味している……。

カント(アプリオリな総合判断)でも、ビラン(原因としての自我)でも、あるいはライプニッツ(目的因、力、連続性)でも、とにかくミルを否定できるのなら誰の学説でも構わない、とでもいったまさに「折衷主義」的な態度ではある。だがそれがかえって浮き立たせるのは、ミルとテーヌの立場がスピリチュアリスムにもたらし得る極めて重大な「危機」への、カロたちの強い防御意識であろう。

なお、ミルを否定せねばならないという一種の強迫は、より若いスピリチュアリストにおいても見られる。ラシュリエである。彼は五六年以降、ラヴェッソンの個人的な指導を受けていた。「哲学」のアグレガシオンが廃止され意気阻喪するラシュリエだったが、エコール・ノルマル文学セクションの視学官を務めていたラヴェッソンは、この優秀な若者をさまざまな形で支えていたのである。六二年には、ラシュリエは次のように師に書き送っている――「もうあとほんの二パラグラフで、ミル氏をばっさり切り捨てられるでしょう。つまりだいたい仕事の半分に辿り着いたことになるわけです[17]」。ミル批判がその「半分」を構成するというこの「仕事」が『帰納の基礎(*Du Fondement de l'induction*)』と題される博士論文として完成するにはまだ七年近くの時間がかかるが、このように若きラシュリエの

(15) Cf. Taine, 1857, pp. 347-352.
(16) *Ibid*., p. 243.
(17) Lettre de Lachelier à Ravaisson (le 6, oct., 1862), in *Recueil de l'Institut*, p. 105, cité par G. Mauchaussat, *L'Idéalisme de Lachelier*, PUF, 1961, p. 22.

問題は、徹底的なスピリチュアリスム批判を含意するミルの帰納主義を逆にどう覆すか、という点にあったと見てよい。そもそも「帰納の基礎」とは、ミルの『論理学体系』のある章の表題（Book III, ch. 3. "On the Ground of Induction"）そのものであって、そこでミルは有名な「自然の斉一性（uniformity）」の概念を提出していたのだが、ラシュリエは、この「斉一性」の存在こそはすべての帰納が可能になるその大前提であるのに、ミルはそれについて何の保証をも与えていないと判断し、そこから自説の構築に進んだわけである。[18] ここにも、ミルの学説の屈折した影響を見ることができよう。

2　スピリチュアリスムとしてのフランス哲学

『ハミルトン哲学の検討』

フランスでそうした反応が生じている間に、ミルは『検討』を出版する。これははっきりと論争を意図した書物であった。このハミルトン論は、「敵の陣営に戦争（guerre）を仕掛ける」ものであり、「きっとエクレクティスム派ならびにドイツ派の形而上学者たち（métaphysiciens de l'école éclectique et allemande）は、その点に関して私を許しはしないことと思います」[19]、とミルはリトレに書き送っている。

思えば、ハミルトン（William Hamilton 一七八八－一八五六）とは、フランスのスピリチュアリスムの展開にとって忘れられない名である。クーザンの哲学に反対する彼のリアルタイムの反応は、クーザンが自らの著書で言及せざるを得ないほどの内容を持っていた。それだけでなく、一八四〇年にハミルトンの論文を翻訳して出版したペス（L. Peisse）は、ハミルトンの口を借りつつ、クーザンを厳しく批判した。さらにまた、このペスに対するラヴェッソンの書評論文は、ハミルトンと併せてクーザンをも否定しつつ彼固有のスピリチュアリスムを世に問うと共に、このクーザン批判によって、彼を長い不遇に追い込むものであった[20]。このように、かつてフランス哲学に大きな波紋を呼んだハミルトンという哲学者が、今度はミルによって、再び呼び起こされたわけである。

ハミルトンの基本命題は「人間的認識の相対性」である。認識は主観と対象との関係においてしか生じ得ないのだから、こちらに左右されない対象それ自体の絶対的認識は我々には許されていない、

（18）おそらくミルであれば、こうした問題設定こそがすでに一つの誤解なのだと述べることだろう。「斉一性」の原理が担う役割は、ラシュリエが「基礎」に要求するそれとは、もともと異なっている。帰納の基礎として言われる「斉一性」の原理はそれ自身帰納によってしか得られない以上、ミルの議論は循環ないし論点先取である、とラシュリエは批判するが、ミルがそもそも「循環」や「論点先取」が問題になるような論理的先件として「帰納の基礎」なるものを考えていたかどうかは疑われてよい。そこにあるのは、認識の「基礎」ないし「基礎づけ」というものについての、まったく異なった二つの発想ではあるまいか。

なお六四年には、ラシュリエはカロの著作の書評において、テーヌを批判しつつカロやラヴェッソンの思想を忠実に反復している（cf. *Revue de l'instruction publique*, le 16 juin, 1864, in J. Lachelier, *Œuvres*, tome I, Alcan, 1933）。彼の思想がカントの影響を受けて大きく変貌するのは、ほぼ六六年以降のことである。

（19）Letter to É. Littré (May 11, 1865), in Mill, CW-XVI, p. 1047. ただし、ミルが直接批判したい相手は、マンセル（Mansel）を筆頭とするイギリスの形而上学者・神学者であった。

（20）フェリックス・ラヴェッソン（杉山・村松訳）『十九世紀フランス哲学』（知泉書館、二〇一七年）、「解説」を参照。より詳しい検討のためには、拙稿「反啓蒙のロジックについて――ラヴェッソンの事例から」（『啓蒙と反啓蒙――一七四〇－一八三〇年代フランスにおける近代哲学の発展』（平成十一年度－平成十三年度科学研究費補助金（基盤研究（C）（1））研究成果報告書　課題番号11610007））。

というわけである。ミルは、ハミルトンのこの発想を（そしてほぼこの発想だけを）引き継ぎ、徹底化する。確かにハミルトンも、この「相対性」の公理に反するという理由で、無限や完全といった「無条件者」についての「知（knowledge）」を主張するクーザンの学説を否定していた。ミルと同じ見解である。しかしミルが見るところでは、ハミルトンの立場にはまだあまりに絶対的な、しかし根拠を持たない諸要素が残存している。認識不可能な境位に対して、ハミルトンは「信（信念、信仰 belief, faith）」という、認識とは別のアクセス路を残したままであるし、また例えば物質そのものは知覚できなくとも、そして第二性質は我々にとってのみ存在するものであっても、それでも第一性質だけは物質ないし外界そのものに属する何かだと考えられている。対してミルは、対象についての「知」なき「信」は不可能だと言う。かつてラヴェッソンも同じことを語っていたのだが、ラヴェッソンにおいては「知」が肯定され「信」も二次的には救われていたのに対し、もちろん、ミルのほうは反対に「知」を否定し、あわせて「信」に認められていた固有の意義を破棄してしまう。また、物質の属性についての直接的知覚、という意識の証言は疑い得るし、空間や時間はアプリオリに考えられるといった説ももちろん不当な速断であり誤謬である。こうした破壊的作業を支えるのは、先に見たように、観念連合という道具立てであった。

さて、翌六六年になると、かつてのハミルトンの仏訳者ペスが、今度はミルの『論理学体系』を翻訳する。この翻訳には以前のような論争的序文などは付されていないが、しかしこの翻訳そのものがいかなる効果を目指して行われたものか、それを理解しない者はいなかっただろう。[21] そして六九年には『検討』が仏訳される。翻訳者はカゼル（É. Cazelles）であり、この翻訳には、かつてのペスを想起させるような、批判的かつ論争的な訳者序文が用意されている。我々が知る限り、このカゼルの名はほとんどフランス哲学史からは抹消されているが、六〇年代以降の思想状況において彼が果たした役割は、おそらくテーヌやリボー（Théodule Ribot 一八三九－一九一六）たちのそれに匹敵するだろう。だが、彼の位置取りを考えるためには、まず先に六八年のラヴェッソンによるミルへの対応を見ておく必要がある。(22)

(21) ジャネのコメント――「付言すべきだが、ハミルトンの批判書よりいっそう重要な著作である『論理学体系』が、『ハミルトン論文集』の翻訳者であったルイ・ペス氏によって、先ごろ翻訳された。一八四〇年の翻訳［ハミルトン論文集のこと］にこの透徹した精神の持ち主が添えた序文が、当時、哲学における最も注目された文章の一つであったことはいまだに記憶されていよう。ミルの『論理学』に彼が同じように序文を付さなかったことは、残念である」（Paul Janet, « Mill et Hamilton », in *Revue des deux mondes*, 15 octobre, 1869, pp. 947-948 note 2）。

(22) 本書内では、このペス（Louis Peisse 一八〇三－一八八〇）ならびにカゼル（Émile Honoré Cazelles 一八三一－一九〇八）について詳細な紹介をすることはできない。ペスは医学を学んだ後、医師にはならず、同時代の医学や哲学について自由な論評を行った著述家である。哲学における形而上学や、医学における生気論（モンペリエ学派）には批判的。カゼルも医学を学んだ後に哲学に関わり、一八七〇年代にはミルやスペンサーたちの著作を精力的に翻訳する。その後は行政の道に進んだ。

この時代の思想的なマッピングのために付記しておくならば、スピリチュアリスムに対抗する陣営の一角にこうした医学関係者のグループを配置しておくことができる（彼らの多くは、生気論を拒否して生理学的医学を支持する「パリ学派」に属する）。あのリトレもまた、大きく言えば医学から哲学へというキャリアを歩んだ一人であった。これに限らず、十九世紀哲学と医学との関連については、研究すべき課題が多く残されている。

ラヴェッソンによる「フランス哲学」と、ミルの排除

ラヴェッソンの『十九世紀フランス哲学』は比較的よく知られた著作だが、そこに見られるのは、ミルへのほとんど留保なき批判である。先に簡単に辿ったように、ミルの認識論においては、認識の原理となる生得的要素が見逃され、事物における必然的な繋がりも失われる。ラヴェッソンに言わせれば、これは一切の堅固な基礎を自ら放棄する「懐疑論（scepticisme）」である。[23]

だが興味深いことに、この『報告』のラヴェッソンは、コントやテーヌをミルと同一視して終わりにはしない。「十九世紀フランス哲学」というものが存在し、そこには当然コントやテーヌも含まれなければならない。ラヴェッソンは、前期コントにおける「実証哲学」を還元主義だと誤解しつつ否定しながらも、しかし後期の人類教などの思想についてはそれをむしろ積極的に評価する（リトレとは正反対の選択である）。テーヌに関しても、ミルから引き継がれた方法としての「分析」は否定的に語られはするが、しかし先に見たような形而上学、ただしその内容ではなく一般的な志向だけは、評価の対象となる。つまり、イギリスの哲学者ミルに対する偏差においてこそ、コントもテーヌも初めて肯定され、「フランス哲学」という一つの大きな流れの中に位置づけられるわけである。他方、ミルのほうは、フランス実証主義者コントの「弟子（disciple）」という扱いを受けることになる。

さらに、「上位の（higher）心的状態の多くは一定の意味において、下位の（lower）ものの展開と所産である」としていたミル的な連合主義の発想は、ラヴェッソンにおいては、「上位（supérieur）のもの」を「下位（inférieur）のもの」から説明できると考える「マテリアリスム」以外の何ものでもない。もちろんこの場合「上位のもの」とは、テーヌが自己展開する「公理」として思い描いたような空虚

な論理的存在ではなく、この上ない完全性によって満たされた実在的個体であり、自由かつ人格的な神なのではあるが。考えてみれば、アリストテレスの形而上学をドイツ観念論的な枠組みで解釈しつつ哲学的キャリアを開始したラヴェッソンの思想ほど、「エクレクティスム派とドイツ派の形而上学者」に「戦争」を仕掛けようとするミルと正面からぶつかるものもあるまい。まさしくそれに応じるように、ラヴェッソンは、実際のフランス語圏の多様な諸思想からミル的な要素を差し引きつつ、「フランス哲学」のアイデンティティを対抗的に提示したのである。「上位のもの」――目的因であり作用因であり形相因でもある活動的完全存在――は、いかなる意味でも「下位のもの」から生じず、説明もされない。むしろ精神や生命、物質などすべての存在は「上位のもの」から、もちろん究極的には神から、生まれ、また説明されるのだ。そしてこれが現に「十九世紀フランス哲学」が全体として向かっている方向である。こうして彼の有名な予言的文章が記されることになる。「多くの徴候からして、スピリチュアリスム的な実在論ないし実証主義《ポジティヴィスム》（réalisme ou positivisme spiritualiste）と言うべきものの優越をその一般的特徴とする哲学の一時代を、ごく間近なものとして予見することができよう……」[24]。

カゼルという媒介者

「……彼の究極的な目標は相当に広い範囲に渡るものです。まずはあなたと私を手始めとして、

（23）F. Ravaisson, *La Philosophie en France au XIXe siècle*, 1868, p. 65. 邦訳、九十頁。

ハートリー以後の一連の連合心理学者（Association Psychologists）のすべてを、フランスで出版するというのです。しかもカゼル博士はジェルメール・バイエール（現代哲学（Philosophie Contemporaine）シリーズの出版もとですが）に、彼自身によるベインとあなたの翻訳を出版するための同意をとりつけています。私は彼の能力についてはとても好意的な意見を持っています。彼の哲学的意見はまったくのところ経験学派のものですし、彼が自分の引き受けたものについては遅れることがなく、意志をもって取り組み最後までやり遂げるということは、私は自分の例から知っています[25]」。

スペンサーに宛てたミルの手紙の一節である。実際、その後カゼルはスペンサーの『第一原理』やベインの『感覚と知性』を初めとした一連の著作の仏訳を極めて精力的に続けていくことになる。ミルが『検討』によって仕掛けようとした「戦争」は、このカゼルによってフランスへと本格的にもたらされたと見てよい。

彼の手による『検討』の序論は、前半部においてはミルの立場を要約する。「認識の相対性」の原理は貫かれるべきであり、その帰結は、超越的なものについての思弁の停止ないし放棄である。カゼル自身は、「認識不可能なもの（Inconnaissable / Unknowable）」についての単に象徴的なアプローチを「宗教」に割り振り、可能な認識全体についての体系化の作業を「哲学」に割り振るという立場、つまり『第一原理』のスペンサーの立場を支持している。「宗教」の位置取りに関してはミルはまた別の見解を持っていようが、ともかく、「哲学」は絶対者をこそおのれ固有の特権的対象とするのだ、といった従来の哲学観は、否定されるわけである。しかしまさにこうした否定、「認識不可能なものについての思弁」の放棄によってこそ、ようやく宗教と科学は対立することを止め、それぞれの領分に落ち着きつつ「平和条約」を取り結ぶに至ったのである。[26]

しかしカゼルは、こうした確認の後に述べ始める――「フランスでは、万事まったく違う風に進んだ」。フランスにおいては、科学と哲学の間の「忌まわしい断絶」が続いており、その哲学は「スピリチュアリスム学派となってしまった」。概念の道を否定して、心理学以外に形而上学に至る道はないと述べた点で、クーザンは（シェリングに対して）たぶん正しい。しかし彼は、この移行があると言っただけで、証明は果たさなかった。「意識のうちに、世界と神を、つまりは有限と無限、実在と実在化された理念とを同時に把握する能力を恣意的に置いて、その後に我々はそれらの対象をみな直接的直観によって認識するのだと語るのは、引き出したいものを最初にそこに入れておくこと」であり、これではヒュームやカントの批判に耐えられはしない。しかしクーザンは、哲学教育という制度において覇権を握り、その曖昧な思想をむしろ広めてしまった。[27]

「スピリチュアリスム」の展開は、さらにこう辿られる――スピリチュアリスムの内部では「かな

（24） *Ibid.*, p. 258. 邦訳、三三七頁。この « un réalisme ou positivisme spiritualiste » という語はやや謎めいているが、前期コントからミルに繋がる「実証主義」、すなわち「下位」のものに精神を還元しようとするマテリアリスム的な実証主義ではなく、精神という「上位」の存在の実在を肯定し、そこから諸存在を捉えていく、という立場のことである。『十九世紀フランス哲学』のラヴェッソンの試みは、「実証主義（positivisme）」という名を、シェリングの「積極哲学（positive Philosophie）」にも重ねながら、スピリチュアリスム的形而上学の側に奪還しようというものであった。

（25） Letter to Spencer (December 1, 1866), in Mill, CW-XVI, p. 1218.

（26） *La Philosophie de Hamilton*, traduit par É. Cazelles, Germer Baillère, 1869, préface, p. XXXI.

（27） *Ibid.*, pp. XXXII-XXXIV.

り早い時期から二次的な相違が現れてはいた。それは学派の諸傾向そのものを批判するのではなく、むしろ方法の射程を超えて進もうとするものであった……この学派内部の動きは、最近になって目覚ましい展開を示し、この学派の何人かの擁護者による最近の出版物において姿を現した。彼らは絶対者に向かう道として、クーザンとは別の、よりよい仕方で、心理学を用いようとしている。彼らを満足させるのは、もはやエクレクティスムの（彼らが言うところの）半端なスピリチュアリスム（demi-spiritualisme）ではない。彼らが熱望しているのは一つの十全で生けるスピリチュアリスムであり、それを確かなものとする基礎として、彼らは意識における自由な力の直接的覚知を持ちだそうとしている……」[28]。

念頭に置かれているのは、誰よりもまずラヴェッソンであり、おそらくはまた、この時期からビランを特権視していくポール・ジャネでもあろう。だが、カゼルの見るところでは、「今までのところ、スピリチュアリスムの名を独占しようとするこうした哲学的総合はまだ緒に就いたばかりである」。そこには方法的な展開もないし、相変わらず議論は曖昧である。ラヴェッソンたちの試みは、「確固とした目的のない努力、ほとんど神秘主義に至ってしまいかねない努力」にすぎない。確かに「この学派の残滓から、近い将来において、一人の思想家が生まれてくる」と予言してもいいし、その思想家によって「我々の時代に欠けているもの、すなわち思弁と科学との離別を終わらせるような哲学」が与えられると期待しても構わない。しかし、それはラヴェッソンが信じる道によってではない。意識に与えられるという「内的実在（*réalités intérieures*）」は、哲学的には使いものにならないのであって、フランス哲学は、ハミルトンやミルが駆使する種類の「推論」と「批判」の力なしには、もはや進展不可能なのである。[29] 確かに、コント以来の実証主義が目指していたのも、まさにスピリチュアリスムの乗り越えであった。しかし、フランスの実証主義は、しばしば認識批判、概念批判を欠き、それゆえにかえって、実証主義は容易に形而上学（さらには「人類教」のような宗教思想）に転じてしまう。ミルたちの優位はまさにここに現れるのであって、「連合主義」として成立する彼らの認識批判は、実証主義的哲学にいっそう堅固な土台を用意するものなのである。

このように述べるカゼル自身がどれほど自分で問題を考え抜いたかは明らかではない。「正当な仕方で帰納された一般命題（généralisations légitimement induites）」[30] というものが存在すると素朴に信じ、それに哲学の未来を託している彼が、問題をあまりに簡単に考えていないかどうか、それも当然疑われてよい。ミルに対してヒューエルが早くから気づいていた事実と理論との不可分性という論点は、フランスでもやがてデュエムやポアンカレを経由して、経験主義的認識論の限界を巡る新たな議論へと繋がっていくことだろう。だがそれはまた別の話である（第四章に譲ろう）。我々はすでに六十年代の終わりに達しつつある。

この後、イギリスの哲学を導入するという形でのフランス・スピリチュアリスム批判の作業は、まったく衰えずに継続する。テーヌは『知性論』を発表し、自説に改めて詳細な形を与える。この時

(28) *Ibid*., p. XXXVII.
(29) *Ibid*., pp. XXXVIII-XXXIX.
(30) *Ibid*., p. XLVII.

期、まだ若きリボーもまた、ミルやベイン、スペンサーたちの学説に強い共感を持って注目し始めており、その最初の成果は『現代イギリス心理学』に示されるだろう。彼らは共に、形而上学と結託したままで実体主義的な「能力」心理学の形態から脱することのないこれまでのエクレクティスム的「心理学」を否定して、心的「現象」（実体ではない）のみを扱う独立した一実証科学として「心理学」を再規定する戦略を採る。普仏戦争後の混乱が一段落すると、カゼルもスペンサーの『第一原理』仏訳を、これまた優れた序論——スペンサー本人から称賛され、七四年には英訳もされる——を付して出版するだろう。

他方では、ラシュリエの『帰納の基礎』がようやく公刊される。またカロは、制度的な大学の哲学を長く規定するフランクの『哲学事典』（第二版）に追加された「ミル」の項目を執筆し、ミルの哲学を「この上なく絶対的な現象主義」と名付けつつ、以前からの定型的批判を固定する。

こうした対立は長く続くだろう。やがてその中から、スペンサーへの傾倒から哲学的経歴を開始し、カゼルが求めた科学との連携を自分に課しつつ、しかも同時にラヴェッソン的な「実証的」スピリチュアリスムを実現しようと試みる思想、つまりベルクソン哲学もまた生まれてくることになるのである。(31)

暫定的結び

一般に、学説上の内的な類似性・連続性がそれほど存在しないにもかかわらず、複数の思想が束ねられるのが見られる時、そこに想定すべきは、強力な対立項の存在であり、当の系譜形成の反動的性格であろう。そもそも「スピリチュアリスム」の語は「マテリアリスム」に対抗しつつ遅れて成立したタームでもあり、そして十九世紀後半においても「フランス・スピリチュアリスム」は、その外にある思潮への対抗として成立し継承されている。この語は、クーザンの時代以降、スコットランド学派とドイツ観念論という二つの思潮を既成の参照項としてやっと成立したものなのである。そのように外面的境界線によって周囲から区切られただけのクーザンの思想は、当然固有の明確な内容を有することがなく、状況によっていくらでも主張を変える。——古くからの批判だが、おそらく同じことを「フランス・スピリチュアリスム」という思想系譜全体についても言うことができる。本章が確認してきた経緯は、その一つの証左となろう。「フランス」も「スピリチュアリスム」も、示差的あるいは対抗的な意味を充填されつつ用いられたタームだ。そして我々が辿った時期、これらの語が排除する場所には、ミルという哲学者が存在したのである。

我々が扱った論者たちにおいては、すでに哲学の国境がほとんど自明なものとして前提されている。ミルの思想を「イギリス実証主義」として紹介したテーヌは、その軽やかな文章の途中で、仮想対話

(31) ここで列挙された、ミルに関わる七〇年代初頭の諸著作は次の通り。
H. Taine, *De l'Intelligence*, Hachette, 1870.
Th. Ribot, *La Psychologie anglaise contemporaine*, Ladrange, 1870.
H. Spencer, *Les Premiers principes* (traduit par É. Cazelles), Germer Baillière, 1871.
J. Lachelier, *Du Fondement de l'induction*, Ladrange, 1871.
E. Caro, "Mill (John Stuart)" in A. Franck et als, *Dictionnaire des sciences philosophiques*, Hachette, 2e éd., 1875.

者のイギリス人にこう語らせていた――イギリスの「国民精神（esprit national）」というものがあり、それはベイコン、ホッブズ、ニュートン、ロック、ヒューム、ハーシェルといった名前によって示される。すなわち、「実証的かつ実際的で、事実の上を飛翔することなく、常軌を逸した道を試みない」精神、「人間の頭から幻想や野望、夢想を追放する」思想傾向である。[32] だがおそらくこうした所作は、隠された統一性を有する「フランス哲学」というものを語ろうとしたラヴェッソンの所作の厳密な鏡像であると見ていいだろう。この二人は、対極的な位置から、しかしほとんど同じことをしているのだ。

冷静なミルは、こうしたある意味安易なラベリングに関して、早くからテーヌに注意を与えていた。イギリスの哲学が経験主義的な傾向一色で塗りつぶされているわけではない。イギリスにも「アプリオリ」な論者はいくらでもいたのであり、彼らにとっては、経験の哲学とはむしろコンディヤック以降のフランス啓蒙思想を意味するものだったのだ。「……ここ［イギリス］では経験の哲学はフランスのものと見做され、あなた方はというとそれをイギリス的と見做しているわけです。私の考えではどちらも間違いです。世界の到るところで、反作用の法則によって二つの体系は互いを追って交替し続けるものなのです。実際、ドイツも今日ではアポステリオリな学説へと傾いています」[33]。だが本章が見てきたように、他ならぬこのミルの哲学こそが、「フランス・スピリチュアリスム」という固有の思想系譜が存在してきたかのように思われてくる、そのすぐれた対立的媒介となったのだった。

系譜構成の常として、この種の媒介は記憶から抹消されがちである。そして、さまざまな対立的状況の忘却ないし軽視は、当然の相関項として、例えば「フランス・スピリチュアリスム」なる系譜関係の過剰な評価を連れてくる。気がつけば、フランスという閉じた地理的領域の中で、ビランのドメスティックな継承によって成立しまたアイデンティファイされる「思想系譜」が存在するということが自明視されることにすらなる。[34] おそらく、それによって、多くの思想がそのうちに孕む過剰、さまざまの思惟の可能性が、見逃され、見失われているのだと思う――我々にとっても、そして当の思想家たちにとっても。そうした経緯を解きほぐすためには、まだ多くの作業が必要となることだろう。

(32) Taine, 1861, p. 67.
(33) Letter to Taine (March 15, 1861) in Mill, CW-XV, p. 723.
(34) 「はじめに」を参照。

第3章　ラシュリエと「フランス・イデアリスム」の形成

カント哲学は容赦なく従来の形而上学を破壊した。魂の不死や神の存在を証明することは不可能である。世界についても、推論だけでは諸々の二律背反に達するだけである。フランス哲学は、長い間このカントの哲学を、「懐疑論」の一変種として、もっぱら否定的に受け止めた。実在そのものの認識は不可能であって、我々に許されているのは主観的な見せかけの知だけだ、という絶望的な主張に見えたのである。もちろんこれは、「超越論的」問題構制を理解しないゆえの誤解である。

ただそれにしても、一切の認識を感覚に還元する十八世紀的な哲学を論駁しようとする者たちにとっては、カントはやはりそれなりに評価すべき存在でもあった。感性とは別個の悟性とその概念がなければ通常の経験すら成り立たない、というカントの認識論は、コンディヤック以後のいわゆる「感覚論」、さらにはその延長としての唯物論的な思想に対して、強力な反駁となるとも見えたからである。

カントに対する両義的な受容は長く続く(1)。ここでは、スピリチュアリスムの立場からカントを積極的に受け入れた哲学者として、ジュール・ラシュリエ（Jules Lachelier）を取り上げ、彼が打ち出した立場を、「フランス・イデアリスム」として整理する。同じくカントに発しながら、いわゆるドイツ観念論とは異なった性格を、それなりに有しているからである。実際、同時代の哲学、そして一九三〇年代以降のフランス哲学の展開を正確に理解する上でも、ラシュリエに発するこの流れを無視することはできない。

以下、前半では、この「フランス・イデアリスム」を規定する命題をラシュリエに即して明確にする。後半では、それを参照軸としつつ、ラシュリエの周囲に関する哲学史的瞥見を試みる。

1 『帰納の基礎』におけるラシュリエ的イデアリスム

ラシュリエが自らの哲学を示したのは、一八七一年の博士論文『帰納の基礎』においてである。[2] 最初にこの論文の概要を確認しておく。――いかにして帰納は可能か。「自然の斉一性」を不当に先取するミルの経験論は、懐疑論にしか到らないとして、見捨てられる。普遍的真理の覚知を掲げるクーザン的理性主義も、当の超現象的な合理性を現象内部に置いてよいという適用可能性が確保されないとして、無力を宣告される。第三の、そして唯一の解決方法として、「カントが導入した」仮説が採用される（FI, p. 46）。精神によって思惟される限りで、実在はすでに知解可能性を内包している、という観点である。ところで、この知解可能性には、二種類のものがある。機械論的な「因果性

(causalité)」であり、「目的性（finalité)」である。この両者は、アプリオリなものとして、思惟の条件でもあり、かつ、存在の意味でもある。帰納は、この「因果性」と「目的性」を具体的に規定しようとするものであって、原則的にその権利は保証済みである。

少なくない疑念を呼んだ議論である。帰納推論とはそこまで必然的なものではなく、本質上蓋然的かつ可謬的な推論でしかない。あるいは、その正体は仮説的演繹なのであって、「帰納」という特別の推論形態があるわけではない。ラシュリエは、強すぎる帰納概念を勝手に立てて、それについて「いかにして」と問い詰め、必要もない「基礎」を提示しただけなのではないか。出版直後から、若い友人であったラビエ（É. Rabier）が率直に問うとおりである（L, pp. 90-97）[3]。

加えて言うなら、「目的性」概念の導入もまた奇妙だ。周知のようにカントにおいてこの概念は『判断力批判』になってようやく論じられたもので、自然認識に関して「因果性」は構成的だとしても、この「目的性」のほうにも同等の権利があるとは言われない。カント読解からラシュリエのよう

（1）フランスにおけるカント受容史については、豊かな研究の蓄積がある。最近では、フェディによる大著がある。Laurent Fedi, *Kant, une passion française 1795-1940*, Olms, 2018. また、特に政治（学）的な文脈でのカント哲学の影響を整理するものとして、Jean Bonnet, *Dékantation. Fonctions idéologiques du kantisme dans le XIXe siècle français*, Peter Lang, 2011 を挙げておく。

（2）ラシュリエの著作のうち、『帰納の基礎』（*Du Fondement de l'induction*, Ladrange, 1871）と論文「心理学と形而上学」（« Psychologie et métaphysique », in *Revue philosophique*, 1885, pp. 481-516）については、以下それぞれ FI と P&M の略号、ならびに著作集（*Œuvres*, 2 vols., Alcan, 1933）内のページ付けで参照箇所を指示する。また略号 L で『書簡集』（*Lettres 1856-1918*, hors-commerce, 1933）、略号 CL で『論理学講義』（*Cours de logique*, *École Normale Supérieure 1866-1867*, éd. par J.-L. Dumas, Édition Universitaire, 1990）を指示する。

な主張が示されるとしたら、それはあからさまな誤読であろうし、そもそも近代以降の自然科学はこうした「目的性」の排除において成立したはずだったのに、とも言われるはずだ[4]。

だが、こうした反応はすべて正当だろうか。ラシュリエとて、自分が考える「基礎」を踏まえれば、それだけでは疑わしい帰納推論が全面的に信頼できるようになる、といったばかげた話をしているわけではない。「我々が観察できるのは、ごくわずかな事実だけであり、我々の帰納と推測には不確実なところが多い」(L, p. 85)。彼が「基礎」と呼んでいるのは、個々の帰納推論の正当化や蓋然性向上にそのまま持ち出せるような、新たな一つの証拠のことではないのだ。ここを誤解するから、ラビエは「そんな基礎はいらない」と応じる。だがむしろラシュリエは、そこにおいて初めて個々の帰納推論が有意味なものとして成立し、そして個々の確証や反証の対象ともなり得る、そうした地平を確保しようとしていると見るべきではないか。

「他者」論とのアナロジーで説明してみよう。「あそこに見えるのは人影だ」「彼は悲しがっている」という個別の判断は正しかったり誤っていたりする。独我論的な疑いを試みることもできる。しかしそれらの経験的な個々の判断や態度はすべて、まずもって私に対してある地平がすでに開かれていることを前提とする(ハイデガーなら実存範疇たるMitseinを言うだろう)。この先行的な地平がなければ、個々の他者の現れも、逆にまた独我論的疑いも、孤独感といった経験も、そもそも成立しない。「他者と共にある」という地平ないし存在次元は、だから、一群の経験のアプリオリな根拠をなしている。そしてこの地平は、個々の経験のほうからいっそう確実なものとされたり、否定されたりはしない。また反対に、この地平が開かれているからといって、そのおかげですぐさま、個々の他者認識の内実や確実性が豊かに裏付けられていくということもない。

ラシュリエが探究しているのは、同種の、先行的な地平の意味規定ではないか。すなわち彼は、「帰納」と言われる作業が、その失敗も含め、まずはそもそも有意味なものとして成立し得る場所、つまりは超越論的アプリオリを見定めようとしているのだ。個々の客観経験やその検証を可能にする先行的地平を分析している第一批判のカントに向かって「なるほど。それで、新しい天体がいっそう見つかったりしますか」と求める科学者がいたら滑稽だろう。ラビエの反論は、この点を理解し損なっている。

（3）ラビエ（Élie Rabier 一八四六－一九三二）は、早くからラシュリエに目をかけられた一人。この議論の、ラビエ側での「延長戦」としては、次を参照。Élie Rabier, *Leçons de philosophie, II. Logique*, 2ᵉ éd., Hachette, 1888, pp. 150-160.
補足しておけば、十九世紀において、「帰納（induction）」という概念に共通了解が成り立っていたわけではない。例えばカトリック神学者・哲学者であるグラトリは「帰納」を「有限から無限への飛躍」とするが（Alphonse Gratry, *La Logique*, Douniol, 1855）、我々の多くにとってこの概念は「強すぎる」と見えるだろう。反対に、一般者を立てずに済ませようとするミルの「帰納」は、「弱すぎる」と感じられもするだろう。「帰納とは何か」がすでに問題なのであって、『帰納の基礎』第一節が長々と「帰納」の特徴づけを強いられるのはそのためである。

（4）ボーフレは講義でラシュリエを解説しつつ、こう嘲弄する。「カントがあれほどはっきり区別していた二つの原理［機械的因果性と目的論的因果性］の両方を帰納の基礎に置くという彼の混乱は、実際のところはおそらく一つの子供じみた方向転換（une embardée juvénile）であるが、もちろんこれは大目に見てよい。科学的研究というものをほとんど知らずに四十歳になった哲学者のそれだから」（Jean Beaufret, *Notes sur la philosophie en France au XIXᵉ siècle*, Vrin, 1984, pp. 36-37）。これは一九五六－五七年に高等師範学校準備学級でなされた講義だが、こうした揶揄を通じてのフランス・スピリチュアリスムの全面的否定ないし抑圧は珍しいものではない。『シャトレ哲学史』第六巻（*Histoire de la philosophie*, sous la direction de François Chatelet, tome 6, Hachette, 1973）も参照。今日からすれば、これ自体、フランス哲学史の一こまである。

ではこの地平、「帰納」にとってのアプリオリとは何のことか。事柄からすれば当然のことだが、それは、主観的な夢まぼろしではない「客観」世界の存在、である。いくらか説明が必要だろう。ラシュリエの観念論は、「存在（être）」と「思惟（pensée）」についての先行的規定に基づいている。必ずしも明示されていないので、裏側から考察してみよう。テキストを通覧してみると、彼において「存在」の対立者は、「無」ではなくむしろ「幻（illusion）」「夢（rêve）」である（CL, p. 122 ; L, p. 83, p. 88 ; P&M, p. 202）。すなわち、「存在」というのは、何よりまず「それ自体における存在」、主観の一変様としての夢や幻ではなく客観対象的な存在（être objectif）のことだと理解されているのだ。それが「本当の（vrai）」存在である。

では、「思惟」の対立項は何か。それは例えば、脈絡と統一を欠く「狂気（folie）」（CL, p. 51）であるが、さらに、単に何かを表象しているだけということ、あるいは何らかの現象を知覚しているだけのこと、ですらある。「私が思惟（pensée）という語で言おうとしているのは、表象（représentation）という純粋に主観的な現象のことではない」（CL, p. 80）。狂気や夢においても遂行され続けるというデカルト的《 cogitare 》ではなく、また、相手を選ばないままでの「……についての（de ..., von ...）」という対置構造を有しただけの意識でも足りない、ということだ。ラシュリエにおいて、「意識」はそのまま「思惟」なのではない。「思惟（pensée）」として認められるのは、本当に存在する客観対象についての意識だけなのだ。

いずれも狭すぎる、と言われることだろう。しかしラシュリエがそこに自分を見出している問題状況をよく理解しておくべきだ。十八世紀末から広く見られるのは、「もの自体」の追放という動向である。現象と表象の時代、とも言える（我々はここで、カントとコントをいったん同じ視野に収める必要がある）。しかし、背景に控えていた「もの自体」という参照項から引きはがされて諸現象が一様な平面上に展開させられたそのただ中で、「真」をどう語り続ければよいのか。無限に並存する「そう見える」だけの中で、我々がそれでも何かについて「本当に存在する」「本当は存在しない」という区分線を引くことができ、実際にも引いているのなら、それはいかにしてなのか。ラシュリエは、これに答えようとしている。

esse = percipi は成り立たない。私に知覚されているだけでは、それが夢、私の精神側の一変様でないとはまだ言えないからだ。esse = percipi が基本的に主客の対面的二項関係にのみ即している（主観S・に対しての・現象P）のに対して、ラシュリエは、諸現象側での繋がりを本質的なものと見ている。つまり、主観Sを前にしつつではあれ、あくまで現象P1・P2・P3……間での総合的関係、ということだ。先取りして言えば、この諸現象の総合的統一こそ、「客観対象」の真なる実在の意味をなすのであり、しかもそれが同時に、そこに関わる主観側の一貫した存在、脈絡ある「思惟」の保証にもなっているのである。

では、この現象P1・P2・P3……間での総合的関係とは何か。それがまさに、ラシュリエが特権視する二つの関係、「因果性（causalité）」と「目的性（finalité）」だったのだ。前者は継起的諸現象（特に機械的運動）、後者は類・種ならびに全体・部分の構造をなす諸現象（特に有機体）に関わるが、いずれにしても複数の現象間の関係についての範疇である。私の前に立てられ、偶然的な通覧や連合によって並べられるだけでは、諸現象は主観的な夢の水準を抜けられない。しかし私をよそにして、諸

現象の側で必然的な「因果性」が成立しているとすれば、そこには「それ自体」なる存在がある、というわけである。(5)

では「目的性」についてはどうか。確かに疑いの目が向けられるところであり、自然には目的性が、という古いスピリチュアリスムに与しているだけだ、という読みがなされがちだ。実際、生命世界の目的性と創造性を語る『帰納の基礎』の最終部は、師のラヴェッソンの自然哲学の継承であり、さらにはベルクソン的な生命哲学の先駆けだとも読まれてきた。(6) 遠目に見ればそうだが、『帰納の基礎』の文脈は異なる。ラシュリエの議論に「目的性」が導入されるのは、何よりもまず、主観的な夢ならぬ客観存在のアプリオリな意味規定という、これまで見てきた問題系においてのことなのだ。

先ほど説明の道具に「他者論」を持ち出したが、それをもう一度使おう。「目的性」はいったい客観世界認識のアプリオリだろうか、と問うラビエに、ラシュリエはこう問い返す――「あなたの犬の生命を構成するのもまた、あなたの意識の統一なのか?」(L, p. 88)。単純ながら、意味深い反問だ。主観側の総合と意味付与が経験対象を構成するのなら、「他者」の経験は不可能になってしまうのではないか、という例の《他者論のアポリア》が話題になっていることが気づかれよう。ラシュリエがここで言っているのは、目的性の肯定は、対象の「それ自体」についての肯定に他ならないということだ。犬は、私のほうから生きた犬という対象として理解されるがゆえに生きているわけではない。それ自身が、私とは無縁のところで自己と周囲を組織している。それが、そこに犬という他者が存在している、ということだ。そのような存在こそは、私の思うままにならない法則性ゆえに「実在する」とされる機械論的物質世界よりも、さらに強い意味で、私の「外」の、客観的実在であるはずではないか。そして、こうした存在がそれとして与えられるためのアプリオリが、「目的性」なのだ。問題は相変わらず「真なる存在」を規定するアプリオリであって、神に目的づけられた神学的世界観が直接の論題になっているわけではない。

だから、カントに対する誤読だ、あるいは現代科学への無理解だという批判に対しては、ラシュリエのほうにも言い分はあるのだ。あなたの世界には、機械論的因果で結ばれた現象以外のものは存在していないのか。それぞれの内部に自分の目的を備えて生きる存在は、主観的な仮象以上のものにならないと言うのか。そう問うなら、むしろ一切の目的論の排除のほうがグロテスクな抽象にも見えてこないだろうか。

さて、ここまでは、因果性と目的性が「真なる存在」が与えられるためのアプリオリであることを見てきたが、しかし先にも触れたように、ラシュリエは同時にそれらがまた「思惟」の条件であるとも述べていた。「確立しなければならないのは以上二つの法則であり、そのために、もし仮にそれらが存在していなかったら、人間の思惟は可能ではなかっただろうことを示そう」(FI, p. 49)。——思惟の外には何も与えられない。対して、思惟が存在するや、そこには必然的に因果性や目的性も与えられ、つまりはすでに真なる存在の地平、客観世界という場は開かれている。もし経験に関して「帰

(5) カントがその『プロレゴーメナ』(§18)で、「知覚判断(Wahrnehmungsurteil)」と「経験判断(Erfahrungsurteil)」を区別したのも、基本的には、この論点を説明するためであった。前者は、表象の主観的連合の言表にすぎないが、後者は客観の側での結合、例えば因果関係を表現するものである。

(6) Léon Husson, « Les Aspects méconnus de la liberté bergsonienne », in *Les Études bergsoniennes*, vol. 4, Albin Michel, 1956.

納」が可能であるのならそれは、この地平が最初から、帰納が求める法則性によってそれと規定されているからである。繰り返せば、個々の事例について誤謬の可能性はどこまでも残る。しかしそれを誤謬と見なし、あるいは訂正を行えるのも、この地平内部での話である（孤立した主観的な「夢」には、反証力すらない）――『帰納の基礎』の議論は、こうした「存在」と「思惟」との共軛性というテーゼの下に進められている。

ラシュリエの観念論の特質をはっきりさせるために、この「思惟」についてもう少し確認しておかねばならない。先ほどの引用からも窺われる通り、「思惟」は対象認識に先立って独立に特権的自存性を持つとは見なされていない。ここには、ラシュリエがカントから引き継いだもう一つの重要な論点がある。ラシュリエ的コギトは、デカルトのそれとは異なるのだ。

カントは『純粋理性批判』でこう述べていた。演繹論の、よく知られる箇所だ――

> 直観に与えられる多様に対しての統覚のこうした汎通的同一性は、諸表象の総合を含んでおり、この総合の意識によってのみ可能である。さまざまな表象に伴う経験的意識は、それ自体においてはばらばらで、主観の同一性への関係を持っていないからである。だから、この関係は、おのおのの表象に私が意識として伴うことによってはまだ生じない。それは、私がある表象を別の表象に付加し、それらの表象の総合を自ら意識していることによって生じるのだ。それゆえ、与えられた表象の多様を一つの意識において結合できるということによってのみ、私は、これらの表象における意識の同一性そのものを表象可能なのである。つまり、統覚の分析的統一は、何らかの総合的統一を

前提としてのみ、可能である。[7]

esse＝percipi において、主観たる « percipiens » は、知覚の瞬間ごとの交替に耐えられない。ラシュリエなら「狂気（folie）」だと言うところだ。[8]「私＝私」という分析的統一は、より堅固な総合的統一、つまり客観対象の統一を前提としなければ存立できない、というのがカントの主張である。「意識とは、何ものかについての意識である」とだけ述べてこの「何ものか」を放置するのでは、主客の関係、思惟と存在の関係をまだ十分には描けない。「何を思考しているのか」のこの「何」が規定されることなしに、思考は成り立たないのだ。しかしこの思考対象が一貫した統一的規定を持つものならば、思考もそれ自身統一性を有したものとなる――ラシュリエはカント読解から、とりわけこのような構図を取り出したのである。

ここまでを整理しよう。『帰納の基礎』の議論を支えるのは、次の二つのテーゼであった。

（1）主観の存在と客観の存在とは相即的であり、自己認識は客観認識と不可分である

（2）存在の本義、真なる存在の意味は、「直観に与えられていること」ではなく、「概念や形式を

（7）『純粋理性批判』第二版（B133）。

（8）「……我々はある意味では、思考の対象の上に、自分の統一性の意識を基礎づけている。／こうした論理的統一［連鎖的継起］こそは、我々の人格の同一性についての意識の真の支点である。さもなければ、外には非整合（incohérence）、内には狂気（folie）、ということになる。」（CL, p. 51）。

通じて総合され、理解されていること」である

この概念形式がカントの十二個のカテゴリーではなく、因果性と目的性であったことなどの論点は説明と再検討を求めるものであろうが、それもこの（2）という前提があっての話だ。実は、存在の意味のこの二分ないし分裂はカントのもので、つまり彼において存在は「感性的直観」に与えられることでもあれば、それをカテゴリーによる総合から構成される知解可能な対象のことでもあったのだが、ラシュリエはこの観点を引き継ぎつつも、結局「これ」としか呼べない「盲目」なる直観を捨て、「何」としての「客観対象」の存在論を優越させたのである。

本章の我々は、ラシュリエを発端とした「フランス・イデアリスム」という哲学史的ユニットを提案するわけだが、その骨格となるのはまさに、以上の二点となる。[9]

2 「フランス・イデアリスム」とその帰趨

では、ラシュリエとその周辺の哲学者たちとの間の布置を描き、諸々の対立が、先述の「フランス・イデアリスム」の二つのモチーフから規定されていることの確認に移ろう。その上で、この「フランス・イデアリスム」自身の継承について考えてみる。

メーヌ・ド・ビランとは対立する

まず、ビラニスムに対してはどうか。「単に知覚として与えられること」すなわち « percipi » は客観的存在を教えない、という論点は先に見た。しかし「私」とは意志であって、それに対する「抵抗」という経験は、私という主観の「外」を正しく開示するものではないのか。

クーザンからポール・ジャネにまで広く活用された理論だが、ラシュリエはそれに同意しない[10]。抵抗の経験は、抵抗の「何」を教えず、主観側の一変様以上のものである保証を自身に含まない。意志的努力は私の（実体性とは言わずとも）時間的統一性の根拠にならず、経験の総合が成り立ち得ない以

（9）以上の、『帰納の基礎』に基づく我々の読解は、ラシュリエ哲学の全幅を示すものではない。特に二つの問題が残されている。
①因果性と目的性という二つのアプリオリの素性の問題。それらは一見、認識主観側の制約として理解されているかに思われるが(FI, p. 46)、実はそれはラシュリエの真意ではなかった（L, p. 80）。彼が語りたいのは、認識主観のアプリオリであるよりも、存在自体のアプリオリであったのだ。しかしそのことは、一八八五年の「心理学と形而上学」最終部になって、存在自身の「生ける弁証法」から因果性と目的性が導出されるという道筋で、極度に圧縮された形で素描されたにすぎない。
②必然的な物質界と目的論的な生物界に加え、ラシュリエは第三の、神的な絶対的自由が支配する道徳的・宗教的次元を想定していた。だが結局彼はそれについて積極的に語る方法を持たず、一種の「象徴主義」に解決を委ねていたように見える。
以上の二点を、我々は追跡しない。いずれもラシュリエ自身が十分に展開しなかったところであり、それゆえに十分に継承され得なかった論点だからである。なお、①については、同時代のヘーゲル研究者であったノエルの評価（Georges Noël, « La Philosophie de M. Lachelier », in *Revue de métaphysique et de morale*, 1898, pp. 230-259)、②に関しては、Louis Millet, *Le Symbolisme dans la philosophie de Lachelier*, PUF, 1959 を参照。

（10）優れた論点整理として、Gaston Mauchaussat, *L'Idéalisme de Lachelier*, PUF, 1961, pp. 25-40. ビラニスムの観点からのジャネの反論については、Paul Janet, « L'Idéalisme de M. Lachelier », in *Principes de métaphysique et de psychologie*, Delagrave, 1897, tome 2, pp. 515-529.

上、総合を通じての個々の抵抗の概念的把握の道も閉ざされる。努力の感情において、意志に抵抗する項として「外・客観」が与えられると見えても、それをさらに客観的に規定する術がないのである。ビランは、言ってみれば意識の「直接与件」として主観的因果関係を示しはしたが、ラシュリエが求める客観的因果性、客観を可能にする因果性概念は、そこから派生してこないのだ。ビラン側には言い分があろうが、以上の判定が先のテーゼ（2）からの帰結であることは明らかだろう。

ラヴェッソンとも異なる

師のラヴェッソンについてはどうか。ラヴェッソン思想を簡単に要約することは困難だが、一八六八年の『十九世紀フランス哲学』では、例えば自然に関して「万物は規則的で恒常的でありながら、根本のところでは、意志的である」と言われる。意志・理性・思惟などが無頓着に併記されるせいで、彼の議論は曖昧だが、能動性（activité, action）や意志が優位になっていると思われる。意志は目的についての了解を含意し、そのことが思惟と言われる、という仕組みになっているから。能動的意志の超現象的な実在論が言われているわけだ。この点、同書末尾でショーペンハウアーが同時代の思想として評価されているのは、やや意外であるだけに、かえって示唆的である。

ラシュリエは一八八五年の論文「心理学と形而上学」（第三節）で、魂の抹消と唯物論に傾く「新しい心理学」に反駁を行っている。物質の運動は意識を生み出し得ないし、論者が最初から実在扱いする物質界そのものが、逆に意識なしにはその存在を保証されない、というタイプの反論である。だが、かくして先行的条件として確保されたと見える存在は、「生きんとする意志」であった。ラシュリエを満足させる結論は、ここにはない。我々がこのルートで到達するのは、真のスピリチュアリスムにはほど遠い「自然主義（naturalisme）」にすぎない、というのだ（P&M, p. 200）。この批判内にラヴェッソンが収まるとは言わない。しかし少なくとも、超現象的意志の「スピリチュアリスム的実在論」（『十九世紀フランス哲学』）は、ラシュリエには、カント以前への独断的退行と見えていた可能性は高い（v. FI, p. 91）。

ラヴェッソンのほうも、もちろんラシュリエを評価しつつも、その評価を次第に下げていく。ラシュリエがラヴェッソンを独断的実在論と見なしていたとすると、ラヴェッソンは逆に、ラシュリエの思想を、「現象主義」と呼び、ルヌヴィエ（Charles Renouvier 一八一五－一九〇三）と並べているのだ[11]。この並置は、明らかに非難である。真の実体を見失っているというわけだ。そもそもカント哲学には極めて冷淡なラヴェッソンである。晩年の彼は、もうベルクソンにしか期待できないと言うことにな

（11）ラヴェッソンのメモ――「さもなければ、現象主義（ルヌヴィエ、ラシュリエ）になってしまう（Autrement, phénoménisme (Renouvier, Lachelier)）」（Fonds Devivaise, ms. B, cité dans Dominique Janicaud, *Ravaisson et la métaphysique*, Vrin, 1997, p. 238）。

ルヌヴィエは、カント哲学の独特な受容に基づいて「新批判主義（néo-criticisme）」を説いた哲学者。「もの自体」の絶対的認識は不可能であるとする反形而上学の立場であるが、カントのアンチノミー論に関しては、無限や連続を否定し、自由を肯定する立場を選択する。プロテスタントであり、共和政を支持。自由主義的な政治哲学的論考も多い。在野で著作活動を続けると同時に、雑誌『哲学年鑑』、後に『哲学的批判』を長く主宰し、ベルクソンたちの世代にも大きな影響を与えた。十九世紀末フランスでは、表象や観念を構成する際に用いられているカテゴリーないし形式についての分析と整序という作業がかなり盛んになるが、こうした分析スタイルが普及する背景には、ルヌヴィエ哲学の浸透がある。表象の基本要素の分析についての大著で知られるアムラン（Octave Hamelin）は、直系の弟子の一人。

るだろう。

では、このルヌヴィエとベルクソンは、ラシュリエに対してどういう位置関係にあるのか。

ルヌヴィエ流のカント主義は認められない

ルヌヴィエのほうは、彼の雑誌『哲学的批判（*Critique philosophique*）』で『帰納の基礎』を取り上げ、検討を加えている。[12] 実に彼らしい批評だ――「因果性」については、ラシュリエはそれを客観対象のアプリオリの一つと見なしているが、実のところ世界の決定的因果などは悟性の虚構であり、自由意志があえてそう選択したことで認められているにすぎない、ということが見逃されてしまっている。対して「目的性」のほうは、自由を含意するものであって、その点ではラシュリエの見解は評価できる……。しかしながらラシュリエ自身は、現象世界における決定論自体を否定して自由意志の切断的介入を容認するこのルヌヴィエとは異なり、そうした選択意志の概念を初めから否定し、「自由」を別様に、機械的因果と両立するものとして、理解していた（FI, pp. 60-68, pp. 88-91）。

ラシュリエの側の話をすると、彼がルヌヴィエに批判的であったことは明らかである。カント的観念論の本旨は、ただ単に超越的実在としての「もの自体」を追放ないし断念したというところにあったのではない。その上で自分のようになお「真理」を求めないならば、現象を絶対視するだけの新たな独断論になるばかりだ（それがルヌヴィエだ）、というのである。[13] アンチノミーを前にしてのルヌヴィエの有限主義という選択は支持されないし、「自由」が現象世界の中での新しい因果系列の開始だという見解も認められない。自分の学生たちがルヌヴィエに影響され、反教会的な共和主義に傾いていったことも、保守的カトリックのラシュリエには不満であった。

ベルクソンとも対立する

ベルクソンについてはどうか。ラシュリエは、やはり「自然主義にすぎない」という方向から批判的評価を下す。彼はブーグレにこう語る――「意志より前に、何らかの〔知性由来の〕表象を置かなければならない。確かに自然界の順序においては、知性の発達は、生きんとする意志の必要から説明される。そこまでは、ベルクソンが正しい（Jusque là, Bergson a raison）。しかし人間においてはこの自然界の順序がひっくり返る。知性のほうが目的となるのだ。意志はもはや『汝の足台』にすぎない」[14]。ショーペンハウアー的な「生きんとする意志」ではなく、知性的思惟のほうに重点が置かれているのは明らかだろう。対するベルクソンは、その『創造的進化』において「エラン・ヴィタル」を「純粋な意欲（pur vouloir）」（EC, p. 239）と形容し、知性やその演繹や帰納という働きも、そこからの派生物、しかも本質的には消極的な派生物として、描いていた。

ベルクソンのほうも分かっていただろう。『進化』第三章は十分に、ラシュリエ的観念論への根本的な反論として読める。『帰納の基礎』が、客観対象の「それ自体」をなす総合的統一の確保のため

（12）*Critique philosophique*, vol. 1, 1872, p. 128, pp. 361-366, pp. 376-380.
（13）Lettre à Séailles (le 30 avril, 1905), in Fonds Lachelier, ms 4687, f. 54, cité dans Luc Fraisse, *L'Éclectisme philosophique de Marcel Proust*, PUPS, 2013, p. 80.
（14）*Œuvres de Jules Lachelier*, I, p. XXXVII. おそらく一八九六年の対話。

に「因果性」と「目的性」という関係概念を要求したのに対して、ベルクソンは初めから、概念的総合を必要としない「相互浸透」による質料的連続性を掲げていた。そしてその連続性すなわち「持続」という実在は、概念的総合によって進む知性的思惟の対象である以前に（機械論的因果も目的論も「生」には不適切なカテゴリーだ）、そして客観対象への参照を経ることなく（「運動はあるが、動くもの（le mouvant）はない」）、直観的な所与としてじかに感受されるのであった。対立は実に鋭いものだ。先に見たラシュリエ的観念論の二つの基本的テーゼの双方に、ベルクソン哲学は真っ向から対立している。若いベルクソンは『帰納の基礎』に感激して哲学の道を選んだ、最初の主著はラシュリエに捧げられた、クレルモン゠フェランからパリに戻ってくるよう促したのはラシュリエだった、といったエピソードは知られている。しかしそれを根拠にして、両者には思想上の近さもある、と推測するのはただの早合点である。

ラシュリエの継承者たち――「フランス・イデアリスム」の系譜

以上、周囲の思想との対立においてラシュリエの位置を判明にしてみた。そして、その境界を定め、際立たせるのは、先に確認した二つの基本的テーゼであるということもほぼ明らかとなったことと思う。では、こうしたラシュリエの立場を、今度はむしろ継承する流れというものは、存在するのだろうか。

もちろん「ある」というのが我々の主張である。では、誰の名を挙げるべきだろうか。すでに十分なヒントが与えられている――直観的な直接的意識の与件よりも客観対象と共に成立する知的意識を重視し、無媒介な自己認識は放棄して、概念と判断が構成する対象認識と、それを媒介とした反照的自己理解を唱える哲学者。ベルクソンとは鋭く対立するに違いない。ビランへの評価は限定的だろうし、ルヌヴィエにも冷淡であるはずだ。

明らかだろう。これは、ブランシュヴィック（Léon Brunschvicg 一八六九－一九四四）である。

ブランシュヴィックは、「新哲学」を語るル・ロワにベルクソンを重ねながら、彼らの直観主義に対して激しい批判を行った。また、ルヌヴィエについても極めて冷淡である。哲学史的著作『西洋哲学における意識の進歩』で、彼は判決のような断定を下す――「新批判主義とともに復活するのは、ピュタゴラスの数学的有限主義であり、プロタゴラスの個人的現象主義であり、エピクロスの自然学的偶然論である」[15]。ルヌヴィエの「新批判主義（néo-criticisme）」は、カント的合理主義の内部に、非合理的自由意志への信仰などを無根拠なドグマのようにして持ち込んでしまう退行にすぎない。この突き放すような判定は、続くページに記されるラシュリエへの賞賛とは、実に対照的である。さらに、ビランに対してのブランシュヴィックへの批判も、比較的知られているところだろう[16]。内的経験の所与であるところの「努力の感情」において主観的因果性ないし原因性が掴まれたとしても、そこからさらに進んで、客観的世界における客観的因果性ないし原因の存在を構成することはできないし、実際できなかった、というのである。

（15）*Le Progrès de la conscience dans la philosophie occidentale*, Alcan, 1927, tome II, pp. 593-594.
（16）*L'Expérience humaine et la causalité physique*, Alcan, 1922, ch. III-V.

確かに、ブランシュヴィックはカント哲学の批判者でもある。だがそれは、もっぱらカテゴリーの固定性と非歴史性に関わる批判であって、我々が提示した二つの基本テーゼ自体はそのままに継承されている。あるいは、ブランシュヴィックは「科学哲学者」ではないか、と思われるかもしれない。しかし彼にとっての科学史、すなわち客観存在の知識論とは、そのまま精神哲学に他ならなかった。さらに言えば、「客観対象」の存在論を一つの中心に置いた「フランス・イデアリスム」の特質は、こうしたエピステモロジー（科学認識論）との密接な連関にこそある、と見るべきだろう。

一九〇〇年前後にはベルクソンやル・ロワの直観主義的実在論との強い対立関係において、知性主義的な「イデアリスム」の旗を掲げたブランシュヴィックだが、一九二二年でも彼はこう述べている。

我々は一八九七年に、構築的なディアレクティックに批判的反省を対置させつつ、合理主義の方向を指示しておいた。精神の統一的活動と、経験の定義不可能な衝撃（choc）［フィヒテのAnstoßの訳語］とは、その反省においては「内部性」「外部性」の二つの形式を取ることになる。この二形式は、切り離して現実化しようとすると相互に矛盾するものになる。一者の神秘主義、あるいはもの「もの自体」の不可知論に消え去ってしまうのだ。しかし実際には、両者はその乗り越えがたい相関性と、その連帯性の果てしない生成とにおいて、認識と存在の全体を構成しているのである。(17)

主観と客観は、不可分な相関の中で知解可能な総合的統一を構成しながら、互いを照らし出すという関係に置かれている。この外には、見えない「もの自体」か、何とも語り得ない「直接与件」がむなしく置かれるばかりだ。だから、精神の自己認識、自身についての「何者であるか」の理解には、客観認識という迂回が不可欠となる。科学が特権的な論題になるのはむしろ当然なのだ。

精神は、科学のうちに自己を現す。精神を構成する諸カテゴリーは、科学に先立ち、また必要となれば科学なしで済ませられるようなアプリオリな演繹を可能にするのではない。むしろそれらは、科学的反省の終点として現れてくる。精神についての認識とその規定における一切の進歩は、科学の進歩に結びついている。(18)

我々は、ブランシュヴィックのこうした主張が、ラシュリエがカントから拾い上げた先の二つのテーゼの正確な継承に基づいたものであると見る。そしてこの彼の周囲を見れば、カントに影響を受けながら、ベルクソン的な直観哲学や、あるいはより広く経験論一般に対抗して「観念論」を掲げる哲学者たち、ブランシュヴィックと近い場所に定位される哲学者たちが、見出される。もはや雑な目印でしかないが、我々が考えているのは例えば、パロディ（Dominique Parodi 一八七〇－一九五五）、デルボス（Victor Delbos 一八六二－一九一六）、ラシエーズ＝レイ（Pierre Lachièze-Rey 一八八五－一九五七）である。ここにあえてもう一人加えるなら、それは、バシュラール（Gaston Bachelard 一八八四－一九六二）になる

（17） *Ibid.*, p. 610. 引用冒頭の「一八九七年」というのは、彼の博士論文 *La Modalité du jugement*, Alcan, 1897 のこと。
（18） « L'Idéalisme contemporain (1900) », in *L'Idéalisme contemporain*, Alcan, 1905, p. 176.

だろう。意外に思われるかもしれないが、デカルト的コギトには科学的認識は不可能であり、むしろ科学的認識の形成のただ中でしか精神の姿は捉えられない[19]、と述べるバシュラール——このブランシュヴィックの後継者、そしてベルクソンの批判者は、かつてラシュリエが開始した系譜の末端をなしているように思われる。ラシュリエのテーゼは、ブランシュヴィックにおいては、「科学」という巨大な客観認識との相関において、歴史的かつ集合的な主観の自己理解（「ホモ・サピエンスのモノグラフィー」）を試みる、という独特のエピステモロジー的形態を取ったのだが、バシュラールにおいても辛うじてそうした視角は保たれている。ただ、もうこのあたりが終端であろう[20]。

おわりに

以上、ラシュリエを出発点に置きながら「フランス・イデアリスム」の規定を試みた。このユニットを前景に据えて見れば、途中に触れたベルクソン哲学の意味や、ブランシュヴィックやラシェーズ＝レイを批判するサルトルやメルロ＝ポンティの世代のフランス現象学の背景、あるいはフランス・エピステモロジーの隠された系譜など、さまざまなことがいっそうはっきり見えてくるのではないだろうか。

いかにして以上の「フランス・イデアリスム」の枠を超えるか。別の存在論への突破口はどこに見出されるか。「思惟」と「客観対象」の相互反照が形成する一つの大きな「内在」の外を、それでも哲学が思考できるとしたらそれはいかにしてか。さまざまな問いと試行が、それぞれに、固有の思想運動を構成していくことになるだろう。

（19）初期の『新科学精神』（*Le Nouvel esprit scientifique*, Alcan, 1934）は、直接的経験とその相関者である同一的コギトに基づきようもないものとして科学的認識を論じる。「一切の新しい真理は明証にもかかわらず生まれる。一切の新しい経験は、直接の経験にもかかわらず生まれる」（p. 7）。「蜜蝋が変化するのなら、私も変化するのだ。［……］『コギト』の瞬間的な光に目が眩んで、『われ思う』の主語をなす『私』の恒常性をデカルトは疑おうとしない。硬い蜜蝋を感覚するのと、柔らかな蜜蝋を感覚するのがどうして同じ存在であるのか。二つの異なる経験において感覚されるのは同じ蜜蝋ではないというのに」（p. 168）。ここで当然想起されるのは、統覚の分析的統一は、何らかの対象の総合的統一を前提とする、というカントのあの主張であろう。

（20）ラシュリエを引き継ぐラインは、この一本だけではない。意識の「反省（réflexion）」を通路にして絶対者に接近する志向——おそらくラシュリエ自身には展開しきれなかった志向——は、ラニョー（Jules Lagneau 一八五一－一八九四）を通じて、また別の緩やかな系譜を構成する。こちらに配置されるのは、まずはアラン（Alain（Émile Chartier）一八六八－一九五一）だが、さらにナベール（Jean Nabert 一八八一－一九六〇）を置くことができる。やがて「反省哲学（philosophie réflexive）」と括られることになるこちらの系譜は、一般に宗教哲学的な色彩がいっそう濃いものである。この系譜の形成については、若きリクールがブランシュヴィックの指導下で用意した次の論文が、一つの基本資料となるであろう。Paul Ricœur, *Méthode réflexive appliquée au problème de Dieu chez Lachelier et Lagneau*, 1934 / Cerf, 2017.

II

ベルクソン的「精神」とその場所

第4章　精神の場所――エピステモロジーとスピリチュアリスムとの間で

領地やテリトリーに関する比喩が、哲学にはしばしば登場する。例えば、内的観察の対象である「自我（moi）」、ならびにその「諸能力（facultés）」関連の諸現象をもって、心理学の「固有の土地（domaine propre）」と呼んだのは、『哲学事典』におけるアドルフ・フランク（Ad. Franck）であった[1]。クーザン直系の哲学者たちは一般に、そうした言い方で、「精神（esprit）」の場所を確保しようとする。外的観察に依拠する生物学や生理学には手が届かず、簒奪することもできない領地がある。これが、「心理学＝魂の学」という場所、ひいてはスピリチュアリスムの、哲学の、居場所だというわけだ。

他にも領地を守る多くの方法があり、おそらくはその境界線の引き方そのものが、そこから確保される当の哲学自身を性格づけることだろう。我々が扱う時代のフランスにおいて、一つの典型的な手法は、複数の諸科学の間に、抹消不可能な区分線を引くことであった。物理学や化学などにすべてを

（1） Adolphe Franck, « Psychologie », in *Dictionnaire des sciences philosophiques*, 6 vols., Hachette, 1842-1851, tome 5, p. 280.

還元し、結果的に唯物論＝マテリアリスムを主張することになる企てに対しての、防波堤を用意するわけである。もちろん、用意された区画のどこかにスピリチュアリスム風の「精神」が必ず置かれる、というわけではない。実際、コントは、相互に還元不可能なものとして六つの科学を区分したが、数学から社会学に至る階層の中に、クーザン派の「心理学」の場所はない。だが、例えば『自然法則の偶然性（*De la Contingence des lois de la nature*, 1874）』のブートルーは、還元不可能性の壁によって土地を区分する戦略を、実に自覚的に、採用する。実在の広大な領野は、複雑さの度合いないし偶然性の度合いに応じて、階層的に区分されていく。土地の高さを変えると、新しい法ないし法則（lois）が出現し、そこでの支配的な秩序ないし命令（ordres）は変わるのだ（やがてひとはそれを「創発（emergence）」と名付けることになる）。コントとは異なり、ブートルーにおいてはまさにこうした区分を通して、「精神」の場所、スピリチュアリスムのための「固有の土地」は、保護される。

もしこの種の線引きの作業が、スピリチュアリスムの存立に密接な関係にあるのだとしたら、スピリチュアリスムと科学哲学とは、簡単には切り離せなくなる。ここでももちろん、科学哲学が必ずスピリチュアリスムに導く、というのではない。しかし、諸科学についての考察を回避できない、というこの自覚こそは、十九世紀以後の多くの哲学を支配するものであるはずだ。フランスにおけるスピリチュアリスム的哲学も、例外ではない。こうして、さまざまの交差が生じる。何と何が交差するのか。小さめに「科学論」と「スピリチュアリスム」と言ってもいいし、フーコーに倣って(2)、「知と合理性と概念の哲学」と「経験と意味と主体の哲学」のように大きく括ることもできよう。本稿では「エピステモロジー」と「スピリチュアリスム」の二語を用いておく。ただ、どうしたところでこういうのは回顧的かつ便宜的なラベリングである。我々としては、もとから曖昧に提出された概念を強引に厳密化する作業を引き受ける気はない。実際、こうした二つの立場をあまりに簡単に対立させてしまえば、それによって、フランス哲学の展開を実際に左右してきた経緯の多くが見逃されることになろう。具体相を見るべきだ。

エピステモロジーとスピリチュアリスムとの交錯——その一例として、十九世紀末の科学論上の論争を取り上げよう。その後で、それを踏まえつつ、ベルクソン哲学の特異性について再考を試みる。

1 「プラグマ」——エピステモロジーとスピリチュアリスムの合流点

「プラグマ（pragma）」の語を掲げながら、さっそく本題に入ることにしよう。一方で「プラグマティスム」へ、他方で同時に「行為（action）」概念へとつながる考察のラインを、まずは引いてみるということだ。

「行為」と言えば、ブロンデル（Maurice Blondel 一八六一－一九四九）とその大著『行為』[3]が想起されもしようが、我々がここで特に取り上げるのは、ル・ロワ（Édouard Le Roy 一八七〇－一九五四）である。

（2）Michel Foucault, « La Vie : l'expérience et la science » (1985), in *Dits et écrits II, 1976-1988*, Gallimard, 2001, pp. 1582-1595.
（3）Maurice Blondel, *L'Action*, 1893.（増永洋三訳『行為』（創文社、一九九一年））

ベルクソンの直系の弟子であり、コレージュ・ド・フランスでの後継者でもあったル・ロワだが、彼は、まさしく「プラグマ＝行為」の概念によってスピリチュアリスムとエピステモロジーとを密接に関連づけた哲学者であった[4]。

例えば自らの「新哲学」を語る彼の言葉を聞こう――「新哲学とは、正しく理解されるなら、感情の哲学でも意志の哲学でもない。むしろ、あるいはまさに、それは行為の哲学（philosophie de l'action）なのだ。ところで行為は確かに感情と意志を含んではいる。しかし別のもの、とりわけ理性をも含んでいるのである。〔中略〕光と真理が探し求められるべきは、最終的には、行為が魂を統一する運動そのもの（*mouvement même par lequel l'action unifie l'âme*）のうちにおいてなのである[5]」。

着目すべきは、真理、そして光、つまりは明証性の根拠に「行為」が置かれている、という点である。もちろん、「行為」といっても、物理的な運動が問題であるわけではない。今言われたように、感情、意志、理性といった諸要素を含み込みつつ、結局はそこに我々の生全体が選ばれ、示され、生きられる、そのような境位が語られようとしているのである。知の基礎、その明証性、その真理は、こうした意味での「行為」以外の根拠を持たない――「いかなる場合においても、生（vie）だけが基礎を与え、照らし、真理とする（vérifier）。〔中略〕結局のところ、唯一の試金石とは、生なのだ。まず、それだけでもう事実だと考えられたさまざまのイメージ、情感、感情、観念や行為など、絶えず我々によって生きられているものは、すべて明証的である。そしてまた、形相づける力を有する信憑、有効で堅固な推論、自発的な公理、幻覚や夢の亡霊とは異なる知覚物など、実践の試練に耐え、我々に同化（assimiler）され、我々の実質に転換され、我々の生の総体に有機化され得るものすべては、明証的である」[6]。

ここで想起されるのは、『プラグマティズム』におけるジェイムズの有名な一節であろう――「真なる観念とは我々が同化し、有効なものとし、確証し、検証〔真理化〕できるものである（*True ideas are those that we can assimilate, validate, corroborate and verify*）。偽なる観念とは、それができない観念のことである」[7]。もちろん、これはただの連想ではない。ジェイムズ自身が、この真理論を述べるに際して、優れた先駆の一人として、実際にル・ロワの名を挙げている。自覚的な引き受けなのだ。

さて、もともとのル・ロワの（いささかパセティックにも見える）フレーズに、何かエピステモロジー的な分析の伏在を見ることは難しいかも知れない。しかしながら、ル・ロワがこのような真理論ならびに「行為の哲学」に至るその手前に科学論的な諸考察があったこと、これは明らかな事実である。

（4）ジェイムズが『プラグマティズム』序文において参照すべき一人として挙げるのはこのル・ロワであった（W. James, *Pragmatism*, 1907, in *The Works*, I, Harvard U. P., 1975, p. 7）。
ここで深入りはできないが、この時代のフランスにおける科学論と、カトリックとの関係は慎重に検討されるべき主題である。ブロンデルもル・ロワも、デュエムも、信仰上から言えばカトリックである。学説と信仰とを安易に直結させてはならないが（それはデュエムがレイ（Abel Rey）から受けた不当な批評であった）、しかし科学論における規約主義ないしプラグマティスム的な立場が、実証主義や科学主義からの批判に苦しんでいた宗教側にとって無意味なものだったわけでもない。

（5）Édouard Le Roy, « Sur Quelques objections adressées à la nouvelle philosophie (1) », in *Revue de métaphysique et de morale* (*RMM*), 1901, pp. 316-317.

（6）*Ibid*., pp. 317-318.

（7）William James, *Pragmatism*, in *The Works*, I, Harvard U. P., 1975, p. 97.

固有名を挙げれば、ポアンカレ（Henri Poincaré）、デュエム（Pierre Duhem）、あるいはミヨー（Gaston Milhaud）——彼らもまた『プラグマティズム』のジェイムズによって名指されていた——による諸考察が、ル・ロワの立論の背景をなしているのだ。ル・ロワの観点から、科学論的考察がいかに「行為」のスピリチュアリスムへと延長されたのかを簡単に整理してみよう。

まず第一に、ポアンカレが非ユークリッド幾何学に関する考察から示したように、幾何学の基礎には「仮説（hypothèse）」、より正確には「規約（convention）」が存在する。またさらに力学においても、時間単位や空間的距離、慣性や加速度、質量といった概念ないし基本量は、経験に直接与えられるデータではなく、我々が規約的に定めるものなのである。デュエムも九〇年代初頭には、同様の論点を、例えば感覚質としての「熱さ（chaleur）」と数量としての「温度（température）」との対応に関して述べていた。この両者の間には「本性的な（*de nature*）関係は、いかなるものであれ存在しない」。それをあえて「対応させる」ことで、「一方は他方の記号（*symbole*）になり」、「この対応のおかげで、日常言語による命題によって言明されていた熱さに関わる物理的法則は、温度に関わる数学的命題によって記号的に翻訳される（traduite symboliquement）ことになる」。注意すべきは、ここでの対応と翻訳を支配しているのが、「辞書」のような「規約（convention）」だということだ。「フランス語の辞書が、対象一つひとつに名を対応させる規約の総体であるのと同様に、物理学理論において諸定義とは、物理学概念一つひとつにある大きさを対応させる規約の総体なのである(8)」。

だとすれば第二に、特にデュエムが強調することだが、科学的観察は、すでに一定の諸概念と仮説体系によってそれとして構成されていることになる。経験から理論への一方向的な基礎付け関係は存在せず、また両者の間に一対一の対応もない。単純な「検証」や「反証」の概念は、だから、抽象的なものとして捨てるしかない。デュエムの言い方に従うなら、理論とは諸概念が織りなす一つの「有機体（organisme）」のようなものであり、個々の実験は、当の理論の一定の部分の確証・反証を直接もたらすものではない。単独で理論の真偽を決する「決定実験」というものは、存在しようがないのだ[9]。ただし注意しておくが、先の規約主義的論点と、このいわゆる「全体論《ホーリズム》」的な見解とは、必ずしも滑らかに連続するわけではない。後者は、それなりに検証・反証の概念そのものは保持した上で、ただそれらが複雑な、そして蓋然性に強く左右される手続きであることをひとまずは述べるのであって、この点では、「規約」を端的に検証・反証以前の場所に置くという前者の立場とは異なるはずだからである。

最後の第三の点。科学理論の十全な基礎を経験に求め得ないのだとすれば、まさにそのことによって、精神の能動的な働きの重要性が強調されてくる。このことをいち早く述べたのは、ミヨーであった。「私が唯一望むのは、合理的認識の理論を研究する際に、通常されているそれ以上に、精神の自発的な活動（activité spontanée de l'esprit）を考慮に入れること、そして怖れることなくこの創造的活動（activité créatrice）に何らかの程度の偶然性と非決定性（quelque degré de contingence et d'indétermination）を認

（8）Pierre Duhem, « Quelques réflexions au sujet des théories physiques », in *Revue des questions scientifiques*, tome 31, janvier 1892, pp. 143-144.
（9）Duhem, « Quelques réflexions au sujet de la physique expérimentale », in *ibid.*, tome 34, juillet 1894, pp. 179-229.『物理理論の目的と構造（*La Théorie physique, son objet, sa structure*, Chevalier & Rivière, 1906）』に先立つ、いわゆる「デュエム・クワインテーゼ」の実質的な初出であろう。

めるところまでは行くことである」[10]。注意しよう。「偶然性」の語は特にブートルー以来なじみのものだが、今や偶然性は、科学の対象となる実在内部のほうには置かれない。さまざまの概念規定と規約設定、諸仮説の創造とそこからの選択といった精神の活動は、外的要因によって必然的に決定されてはいない。これがミヨー的「偶然性」の意味である。だからこそ、合理的科学の構成そのものに「精神の能動的な介入（intervention active de l'esprit）」[11]を見ることができるわけだ。

こうして、科学理論とその記述対象とは異なる水準において、自発的な能動性を有した「精神」の存在が新たに語られることになる。この精神の創造と選択の活動を駆動するものをさらに問う余地はあろう。しかしとにかく、ここに新たな「精神の場所」が用意されたのである。

以上の発想は、ル・ロワたちだけが抱いたマイナーなものではない。一八九〇年代の初頭あたりからであろう、科学論上の新動向はかなり広い範囲に反響をもたらしていた。ラヴェッソンですら「証明不可能な規約（conventions indémontrables）」といった語を口にする[12]。また、実証科学を「記号体系」と呼び、そこに「人間による介入（intervention humaine）の恣意的関与と主観性の徴」を見て取りながら、実証科学によって我々に最も明瞭に示される実在とは、結局、科学が描く諸対象であるよりも、むしろその手前で科学を規定した存在、つまり行為する我々の存在なのだ、と語るのは、あの『行為』におけるブロンデルであった[13]。

だから我々は、ル・ロワに特別の独創を見ようというのではない。またこの時期、プラグマティスムの多様な拡がりが存在することについても、我々はそれを認める[14]。それにしても、規約主義的科学論がプラグマティスム的に延長され、「プラグマ」の主体としての精神が改めて語られていくという経緯に関して、ル・ロワは実に模範的な例を示しているのである。彼自身がこう語っていた——「この三十年にわたる哲学の歴史において、時にいくぶん混扮とした多くの揺動のただ中にひとが目にするのは、二つの大きな流れの誕生と進展である。〔中略〕第一の流れは、心理学的かつ形而上学的(psychologique et métaphysique)なものであり、これはラヴェッソンに発しベルクソン氏に至るものであって、氏においてこの流れは、実に独創的な色彩を帯びることになり、そのために氏については氏自身以外の源泉を探しても無駄だと思わされるほどである。第二の流れはエピステモロジックかつ批判的(épistémologique et critique)なものであって、この流れはブートルー氏のさまざまの著作から発しつつ、現代の多くの学者の仕事によって継続されている。私はその中で、ミヨー氏とポアンカレ氏のそれを引くに留めよう[15]」。

この二つの流れの合流するところ、エピステモロジーとスピリチュアリスムとが交差する点に、ル・ロワは身を置く。「精神」はかくして、経験に対して構成的な場所、その意味で「超越論的」な場所をあらためて獲得するだろう。あらためて、というのは、この場所は、カントにおける超越論的

(10) Gaston Milhaud, *Le Rationnel*, Alcan, 1898, p. 3.
(11) Milhaud, « La Science rationnelle », in *RMM*, 1896, p. 301.
(12) Félix Ravaisson, « Métaphysique et Morale », in *RMM*, 1893, p. 21.
(13) Maurice Blondel, *L'Action*, Alcan, 1893 / PUF, 1950, p. 82, p. 84.
(14) Cf. René Berthelot, *Un Romantisme utilitaire*, 3 vols., Alcan, 1913-1922.
(15) Le Roy, « Sur Quelques objections adressées à la philosophie nouvelle », in *RMM*, 1901, p. 293.

な場所と共通したものを多く有しながら、しかし本質的な差異を孕むものだからだ。すなわちミヨーがカントたちを批判しつつ強調していたように、そこにはいまや創造性、偶然性、非決定性が満ちているのであり、超越論的水準を構成するのは「形式」である以前に、「形式化」する行為なのである。十九世紀初頭からクーザン周辺の哲学者たちがあれほど苦労して、観察される経験のただ中で、隣接する生物学や生理学に対して防護壁を立てつつ「心理学」の独立を維持し、さらには哲学固有の領土を守ろうとしたのに対し、世紀末のル・ロワたちはこうして諸科学――ただしここで重視されるのがとりわけ物理学であることには注意しておこう――の手前に「プラグマ」を置き、そこに「精神」の、そしてスピリチュアリスムの、新たな拠点を据えることになる。

2　内属する主体のエピステモロジー

確かに、ベルクソンもまた「事実」の批判者であった（MM, pp. 203-205）。我々は「意識の直接与件」を、自分が用意した取り決め、規約の枠組みへと押し込んで、事実（fait）を作る（faire）のだ。時計や暦が示す時間、精神物理学が規定してみせる感覚の数量的強度。あるいは、イマージュの連続性からはっきりした輪郭を備えて切り出されてくる自同的「物体」、ひいては原子論。そして、そうした物体や原子の相互関係を、いくらでも相対化可能な空間的座標内に位置づけて描き出すような物理学的記述も、その種の便宜的＝規約的（conventionnel）な所産（fait）である。デカルト以降の自然科学において、等質的空間はごく基本的な表象であるが、ベルクソンは第二の主著において、そんな空間は「純粋認識（connaissance pure）」ではなく「有用な行為（action utile）」のために構成されたものだ、という観点を示していた（MM, p. 223）。ル・ロワは、こうした前期ベルクソンの観点を引き継ぎながら、ラディカルな規約主義、唯名論的科学論へと進んでいたのである。

しかしベルクソンは、弟子に単純に合流はしない。多くの肯定的評価を与えながらも、ル・ロワの立場に対して実に微妙な位置取りを保ち続けるのだ。

周知のごとく、ベルクソンは科学のうちに、規約や構成を越えた、ある実在の把握を見ている。そして同時に、主に物理学《フィジック》についてのエピステモロジー的考察から直ちに超自然的《メタフィジック》な、宗教的次元へと考察を進めるル・ロワに対して、ベルクソンはしばらく生物学にとどまりながら、『創造的進化』を著す。ル・ロワに、そして一般に自然についての科学的認識における構成者の場所に「精神」を置き戻そうとした哲学者たちに対しての、ベルクソン側でのこうした位置取りは、何を意味するのだろうか。

まず注意すべきは、ル・ロワが科学論において設定した境界線、すなわち日常的知覚と理論的科学との間のそれを、ベルクソンは強調しないことだ。ル・ロワによれば、日常的知覚はごく普通の意味で功利的に規定されているのだが、科学のほうはさしあたり、整合的統一性を追求していく理論的関心とでも言うべき別個のファクターによって駆動されるものであった。対してベルクソンは、日常的知覚と理論的科学との間に断絶を認めていない。あれほど激しい論争の後であるのに、彼は変わらず「科学は行為の補佐である」（PM, p. 138）と言い、ベイコン的な「支配するために従属する」（PM, p.

139）という格率を科学の根底に見てとっている。いくら迂回され、洗練されたとしても、科学者の営みを導くのは、抜き難く人間に備わった種類の実践的関心であり続けるのであって、ここに根本的な断絶はないのである。そしてこの連続性に沿って、ベルクソンは理論的科学の根底に相変わらずの功利性を再び導き入れる。確かに科学は、端的な日常的利便性ではなく、理論的と言ってよい統一と総合への関心に駆動されており、そこにおいて「事実」は我々の関心に応じて「構成（construire）」されていく。プラグマティスムは維持される。だが、その我々自身が生物学の文脈に置かれる時、そうした構図そのものがさらに大きく変貌することになろう。

ル・ロワは述べていた――「物質は我々の後方（derrière）にある。我々こそが物質を組織化するのだから。実利的生も社会的関係も我々の後方にある。それらを創造するのは我々であるから。我々の行動と信念も我々の後方にある。それらを作るのは我々であるから[16]」。対してベルクソンはむしろこう言う、「世界を満たす物質と生命はまた私たちの内（en）にも存在しています。あらゆるものの中で働いている力を、私たちは自分の内（en）に感じています。存在し生成していくもの、その内奥の本質が何であれ、ともかく我々がそれなのです」（PM, p. 137）。

「後方」と「内」との差異――ここにすべてが賭けられている。ル・ロワは、「組織化」し「創造」し「作る」我々の後方に所産を残し、それによって我々自身をそうした所産から独立した場所に保つ。しかしベルクソンは我々を、「罰を受けた子ども（enfant en pénitence）」（PM, p. 137 ; cf. PM, p. 69）のように世界から切り離すことを認めない。これはどういうことなのか。この観点は、認識論ないし科学論に関してどのような意味を持つのか。

直ちに明らかなのは、ベルクソンにおいて「プラグマ」は、行為者と行為対象、構成者と構成対象とをきっぱりと分離してくれるものとしては考えられていない、ということだ。むしろ彼はいくぶん謎めいた仕方で「行為は非実在の中を動くことなどできない」(EC, p. VII ; cf. EC, p. 199) と述べ、「行為を指定せよ、そうすればそこから知性の形式そのものが演繹されてくる」(EC, p. 153) と語っていた。知性が単なる観照的認識の能力ではなく、その根底から製作的行為関心に導かれていることが、ベルクソンにおいてはかえって、知性が「実在」に確かに噛み合っていることを保証しているのだ。そしてこの「実在」とは、我々が構成する以前に、我々を巻き込んでいる何か、「あらゆるものの中で働き」ながら同時に我々の「内」でも働き続けている何かなのである。対象構成的知性は、この「実在」の中で、一つの認識様式として際立ってきたものにすぎない。自由な構成者とも見えるこの知性だが、しかしそれは実のところ、すでにその内部から、我々が組織したのでも作ったのでもないものに導かれており、それが実利的知覚から製作的知性までを今あるがごとくに働かせている。傍観者のような主観、あるいは製作者である点で製作物とは別の水準に置かれる主体、それゆえに自分の構成した世界内的な諸事実に対する残余のようにそこから自分を控除し、取り残される主観――この種のイメージを、ベルクソンは引き受けない。我々自身の「内」に「物質と生命」が働いており、我々は、物質と生命が満たす世界そのものに、巻き込まれるように内属しているからである。

これはつまり、我々が一生物種としての「人間」であることの再確認である。そしてベルクソンが

(16) Le Roy, « Science et Philosophie (4) », in *RMM*, 1900, p. 66.

「知性」を常にこの「人間」の種的特殊性の文脈から、ほとんど生態学的な態度において捉えていたのは周知のことである。「知性とは何か。人間の思考様式（la manière humaine de penser）である。ミツバチに本能が与えられるように、我々には知性が、行動を導くために与えられたのだ」（PM, p. 84）[17]。

これは単なる（自己破壊的な）生物学的相対主義なのだろうか。そうではない。物質相手の行為を成功へと導く「知性」という能力は、それ自体、我々自身のうちの物質性――「弛緩」に伴う空間化の傾向――を反映し、それによって可能になっているのであって、またまさにそのことで、大枠での成功を保証されている。我々が自分のほうで表象する「空間」とその内部でのあれこれのシミュレーションであるのに、それでもそれが外的世界においてもそれなりに通用するのには、ル・ロワが考えたのとは別の理由があるのだ[18]。

多くの考察が必要なところだが、さしあたり重要なのは次の点である。ベルクソンにおいても、「事実」は作られたものだ、という批判は確かになされていた。便宜的な関心に応じて知性が製作するさまざまの「事実」、という発想は、明らかに存在する。しかし彼においてその批判は、まずもって、別種の「事実」の存在へと我々の目を向けさせることになる。ベルクソンは、知性とそれによる認識の外に、もはや我々の製作物と見なすことのできない実在を確保し直そうとしているのである。

例えば『創造的進化』は言う――「物質をばらばらの諸物体（corps）へ下位分割することは我々の知覚に相対的であり、物質点から成る閉じたシステムを構成することは我々の科学に相対的であるのに対して、生物体（corps vivant）が孤立させられ閉じられたのは、自然そのものによる」（EC, p. 12）。ここでベルクソンが語ろうとしているのは、物質的対象の分節と構成は、便宜的かつ相対的なものにすぎないのに対し、生物には、完全ではないにせよ一定の個体性が即自的に認められること、そこには個体化の傾向性が確かに実在しているということである。

同じ文脈において、ル・ロワの主張をめぐって開催された「フランス哲学会」での討議を参照することもできる。緊張に満ちた会合だが、そこでベルクソンはこう発言している――「私が言いたいのは、単に［血液の］循環は自然全体の中でそれ自体として切り出されている（*découpée en soi*）ということ、蝕はそうではないということです」（M, p. 502）。月蝕などの天文学的事象は、数学的な理論化が進んだ事例として、ミヨーやル・ロワが好んで採り上げるものであった。彼らの見解をそれなりに引き継ぎながら、しかしベルクソンはここで生体内の循環系というものが、別種の、それ自体において十全に規定された実在性を備えていることに注意を促している。

さらに言えば、ベルクソンが「視覚器官」を議論の題材に選ぶ時、あるいは心理学的事象の中から「仮構機能」という能力を分節してくる時、そしてまたそもそも「本能」と「知性」のあの二分を試みる時、問題なのは、連続体をこちらから恣意的な基準で分割しつつ対象をそれとして構成することではない。生命には一定の傾向性があり、生命が自らに備えていく諸々の機能というものがある。「諸器官の解剖学や多様な組織学をやりながら、器官や組織の役目（destination）というものを気にかけない学者がいたら、ひとは何と言うだろう。そんな学者では、物事を間違って分類し、間違ってグ

（17）『試論』でもすでに、「等質的空間」のアプリオリ性が結局人間種にとってのそれだと言われていた（DI, p. 73, p. 177）。
（18）『ベルクソン 聴診する経験論』、第二章を参照されたい。

ループ化しかねない。機能（fonction）が理解されるのは構造（structure）からであるにせよ、機能の観念なしには、構造の有する主要なラインを見分けることもできないのだ」（DS, pp. 111-112）。そうした（機能と構造の相即による）仕方でしか捉えようのない事象がある。「生命」に関わる事象とはすぐれてその種のものであり、そこには構成不可能な、こちらが蒙るしかない実在があるというのである。「この認識は極めて難しいものとなろう、まさしくそれはその対象を、もはや構成する（construire）のとは逆に、蒙る（subir）ことを余儀なくされるだろうから」（EC, p. 231）。

しかしこの困難さは、その裏面に、一つの可能性を伴っている。確かに一方では、我々の知覚や思考は知性の実践的関心によって大きく規定されてしまっており、そしてその知性は我々の生物学的規定そのものに不可分に結びついてしまっている。我々が一生物であることの確認が、ベルクソン的「認識批判」の動機をなしていたわけである。だが他方、我々が幾何学や数学に還元されない諸々の概念やカテゴリーを有し、生物を生物として、生命を生命として認識できているのも、この我々自身が生物であるからではないか。そんな自分への参照に支えられて可能になる認識というものが、あるのではないか。

だから、我々が生物という位置に差し戻されることの意味は、二重なのだ。振り返ってみよう。進化論を語るベルクソンが、意志の緊張や弛緩といった自らの心理学的経験に依拠すること（EC, ch.3）は多くの者に奇異の念を抱かせたものだが、しかし彼にしてみればそれは当然の権利の行使に見えたのではないか。同種の、奇妙とも見える語りはいくらでも見出せる。本能を語る彼は、さまざまのハチが他の昆虫の神経節の傷つきやすさを共感的に（概念や表象を経ずに）把握しているのではないかと語り、同時に対人的共感や反感、美的経験、あるいは「予言的共感」といったものの内に、同種の非知性的な認識様式の残存を指摘する（EC, pp. 172-177）。責務に駆り立てられる我々の道徳的経験を、知性とエゴイズムに一瞬目覚めた蟻の想像を通じて解釈していく（DS, pp. 19-20）。「静的宗教」の機能主義的説明、中でもとりわけトーテミズムを了解しようとする彼の手法（DS, pp. 192-195）も有名だ。「神秘主義」に関しても、それは病理学的異常ではなく、むしろ例外的な健康（DS, pp. 241-243）であって、そこには算術的平均とは位相を異にするノルマリテが存在すると見積もるベルクソンは、まさしくこちらの基準で構成できない生命の言わば自生的なノルムを、蒙るようにして、了解しようとしているはずだ。

冒険的どころかむしろほとんど無謀に見えるこの種の試みにおいて、いったい彼は何を求めていたのか。「哲学者は、従属も支配もしない。彼は共感し（sympathiser）ようと努めるのだ」（PM, p. 139）という言葉は有名だが、その含意をまともに受け取った者は少ない。ベルクソンは、時に数学者や科学者ともなろうこの自分が、それでも相変わらず本能の「縁暈（frange）」に伴われ、自らの「内」に「物質と生命」を抱え込んだ自然内存在である、というこの一点に賭けながら、知性の側から構成しようのない対象固有の意味と機能、そのための概念とカテゴリーを、獲得しようとしているのだ。

そのために彼は、自分の中に棲まうひそかなトーテミスト、隠された神秘主義者、さらには朧げな膜翅類たちの影にまで、問い尋ねる。彼は、認識対象を自分の枠に引き寄せているのではない。自然を「擬人化」しているのでもない。彼はむしろ、自らの自然への内属という位置づけから出発して、対象の促しに従うようにして自らの人間性のほうを相対化し拡大しながら、それを独特の意味で「自然化」しようとしているのである。

かくして、ベルクソン的な精神には、対象をただ思弁的に観照する純粋主観であれば心配する必要もなかった無数の危険が与えられていると同時に、そうした主観には不可能な種類の認識が、つまりは生命の認識が、許されている。「生命に見える現象の、物理学的認識」ではない。生命自身の（自己）認識だ。ベルクソンが、数学や物理学よりもむしろ生物学に寄り添いながら認識論を展開することによって確保し得たのは、このような主観の位置取りであり、そこでのみ可能となる種類の認識だったのである。

かつてカンギレム（G. Canguilhem）はこう言っていた――「数学をなすために我々は天使（anges）であればそれで足りようが、生物学をなすためには、知性の助けを借りようとも、しばしば自分が動物（bêtes）であることを感じる必要がある」[19]。我々が「動物」、つまりは生物であることを止めることなく認識論が可能であるとしたら、それはいかにしてか。そうすることでのみ得られる認識はどのようなものであるか、そしてそれは、どこにまで及ぶものとなり得るのか。これがベルクソンの引き受ける問いだったのだと言えば、言い過ぎになるだろうか。

3 諸帰結

構成された世界の手前にル・ロワが確保したあの場所に、ベルクソンは固執しない。では、ベルクソンにとって「精神」の場所、スピリチュアリスムの領分は、どうなってしまうのか。ベルクソン的精神は、もう一度世界の中に身を置くのだとして、世界のどこに精神の「固有の土地」は見いだされるのか。

心身二元論を立て、物質と精神との二元性をあれほど強調した以上、話は明快だと思われるかもしれない。科学は物質を対象とした知性の活動であり、精神を対象とした直観の試みが哲学だ、というわけだ。ベルクソンの、言わば「公的」な結論である（『思考と動くもの』序論など）。

しかし実際のところ、この区分は、ごく抽象的なものである。よく知られるように、ベルクソン自身は、自らの哲学を常に諸科学との対話を通じて示すのであり、そこでは諸科学の区分がほぼそのまま保持されている。新カント派が言うような、自然科学と精神科学との対比が前面に掲げられることはない。諸事象の区分ないし階層はある程度まで保持されるとしても、その区画のどこか一つ、さらにはそれらの最高位のところに「哲学」が収まるわけではない。また、そんな階層の外に出て、個別諸科学を一般的な観点から俯瞰しつつ「総合」することに、哲学の使命があるわけでもない（PM, pp. 134-138）。

だからこう言おう――ベルクソン哲学が仮に「スピリチュアリスム」であるとして、そのエスプリ＝精神に固有の場所が与えられるわけではないのだ、と。なぜなら先にも見たように、この世界における諸事象すべてが、それなりの物質性を有し、それなりの精神性を孕んでいるからである（cf. PM,

（19）Georges Canguilhem, *La Connaissance de la vie*, Vrin, 2e éd., 1989, p. 13.

pp. 27-29, p. 44)。そして我々の内（en nous）にも、やはり、物質性と精神性が共に見出されるのであった。ベルクソンは「精神」を語り続けるものの、それが純粋な形で見出される場所などは、ほとんどどこにもないのだ。

だが、それはまた、さまざまの事象のどこにおいても「精神」を見出し得ること、任意の場所に、「科学」と並行して「哲学」（あるいはむしろ「形而上学」とベルクソンは言う）の場所が可能だ、ということでもあったのではないか。事物を再認するという事象を、科学は脳のメカニズムだけで説明しようとするが、ベルクソンはそこに「純粋記憶」の別次元からの関与を指摘する。我々の「笑い」の中に、自身に固有のしなやかさを保持しようとする生命の現れを見る。生命進化については言うまでもない。ベルクソンはしばしば、諸事象について「意味（signification）」を求める。[20]そこで彼が探ろうとする「意味」とは、「そこで生命は何を行っているか」、「そこで精神はどのように自らを顕現させているか」といった観点で捉えるべき何かである。比喩的に言うなら、科学は、目の前に記されたテキストをできる限り「意味」なしに掴もうとする。この文字の後にはこの文字が続くことが多い、あるいはこの文字を記すインクの成分はこうだ、といった具合だ。ベルクソンは逆に、テキストが何を言おうとしているか、の探究に進む。目の前の事実を、何か深い原因からの結果として捉えながら、当の原因を了解しようとするのだ。アブダクションだ、と言ってもいいが、ここで求められている「原因」は、目の前の結果としての諸事実と同一平面上での原因——物理的事情の物理的原因——であるよりも、それら全体をそういう構造において産出した高次のレベルでの「原因」である。このような文字列が産出されている背後には、一定の「意味」が控えているという観点で、文字を読むこと——それと類比的に、事象を「読解」することが問題なのだ。「精神」とは、その中で理解され、再発見されるものなのである。

あらためて、何重にも危険な作業である。「読解」とは、いつも多義的であり複数的なものであって、だいたいの場合、「正しい読解」などは、目指すべき理念以上のものにはならない。そして、この場合、求められる「意味」も、人間が自らの行為について思い描くような「意図」や「目的」とは、あくまで別種のものだ。事象の擬人的かつ心理学的な了解、とりわけ見え透いた目的論的理解――「摂理」を求める自然神学がするような――が求められているわけではないし、単純な一義性の保証があるわけでもない。実際、そうした理解方式こそは、『創造的進化』が何とか避けようとしたものであった（目的論批判、そして進化経路の複数性……）。しかしいずれにしても、こちらの枠を前提としての事象の擬人化が問題なのではない。そんなものは、「静的宗教」に任せておくべき仕事である。

おそらくベルクソンも、自分の試みの冒険的性格については、よくよく承知していたことだろう。ここで想起しておきたいのは、彼の哲学観である。「直観」重視という側面のことではない。そこには、いささか異質な観点が、常に伴っている。「哲学」の集団性、漸進性そして蓋然性、という視点である。

「直観」を絶対視したように思われがちなベルクソンだが、自分の考える哲学ないし形而上学が、

（20）『笑い』のフルタイトル――*Le Rire. Essai sur la signification du comique.* あるいは『創造的進化』の言わばクライマックスをなす第三章最終部のページ上の見出しには、« Signification de l'évolution » とある。

「集団的で漸進的（collectif et progressif）」かつ「蓋然的（probable）」なものであって、そこにおいてはさまざまの観察と観念の「相互の補足、修正、調整」（EC, p. x）が繰り返されていくのだ、と述べるのもベルクソンである。しかも彼は、科学と直観との相互検証的関係をも求めている（PM, pp. 137-138）。「直観主義」と呼ぶには極めて歯切れの悪い哲学観だ、と見えても仕方のないところだ。

だが、以上のように考察してきた我々にとっては、ベルクソンのこの態度も容易に理解されるものだ。こちらから構成し、言わば対象に投げ入れるような「意味」ではなく、むしろ諸事象の側が自ずと告げ示してくる意味をそれとして受け止めるためには、相当な自己批判の作業が必要となろう。そして、「意味」を理解するとしても、目の前の文字列を正確に踏まえなければ、単なる独りよがりの思い込みになりかねない。「直観を起源とすると自称する観念」も、科学の知見に合致し、しかも単にそれを追認しつつ一般化するのではなく、科学の水準でその知見の修正を提案できるようなものでなければ、それは「純然たる空想（fantaisie pure）」にしかならない（PM, p. 138）。「直観」にも、多くのテストが課せられているわけだ。自らの蓋然性を承認した上で、しかし多くの報告と提案を集めることでその蓋然性を次第に増していくというベルクソンの態度は、このことから自然に導かれてきたものであろう。

かくして、我々の精神が「固有の土地」に引きこもり、そこにおける内的で一人称的な確実性ばかりを享受することや、そこで手にする「表象」を自らの関心から分節化しつつ「事実」を構成したりするような話に、ベルクソン哲学は何の関心も持たない。ベルクソンにとって、そんな慎み深くも傲慢な定住的生物のごとき「精神」像は、あり得べき哲学的認識への障害にしか見えなかった。自分が世界の小さな一隅を占めるにすぎない存在であることを引き受けた上で、それでも、むしろこの実在する世界への内属に支えられつつ行われていく自己拡張的な探究――そのような試みとして、彼の「スピリチュアリスム」は理解されるべきだろう。

（21）集団性と漸進性については、EC, p. x, p. 193 ; PM, p. 70 ; cf. M, p. 464。蓋然性については、EC, p. 24; ES, pp. 3-4, pp. 41-42 ; DS, pp. 262-264 ; M, pp. 479-480 など。

第5章　自発性を飼い馴らす

ここで「自発性」と呼ばれるのは、例えば「私」の能動性に対抗してくるような「自発性」（魂に対する肉の欲、感性的自発性……）のことではなく、また、「私」という主体の一能力としての「自発性」（自由意志、注意……）のことでもない。「私」が主体の資格で自由に行使できるようなものではなく、しかし、「私の意志」が正面から対抗できるようなもの、「私」という存在者が単純に相互対立的な能動／受動の関係に入れるような何かでもない。「私」という人称的主体とその能力が成立する水準の、さらにその下に存在するもの、したがって、「私」がそれを飼い馴らす、といった表現がそもそも成り立ち得ないようなものとしての「自発性」。これが主題となる。

この概念自体は、そう新奇なものでもない。私の根底そのものは、私のコントロールの対象ではなく、もうそれ自体は自然に湧出するような何かであること。私の意志は、常に何かに先回りされながら、支えられている、といった事態（「恩寵」概念も無関係ではない）。あえて漠然と「何か」と言ったが、もちろんこの「何か」を名付け、その素性を詮索することは、禁じられていない。むしろ我々の問題はそこにある。哲学者たちがこの「何か」をどう扱ったか、ということだ。なお、以下言及されるあれこれの具体的テクストにおいて、以上のような「自発性」概念は、おおむねそのまま spontanéité と呼ばれるが、他の例えば tendance といった表現も排除されるわけではない。

次の二点について、主張を試みたい。

第一に、十九世紀フランスにおいて形而上学的な主張を再び提出しようとする際、その不可欠な基盤として、すでに厳しい分析と批判に曝されてしまった伝統的諸概念に拠るのではなく、「私」の体験の内部に身を置きつつ、まさにそこにおいて、もはや「私の」とは言えなくなるような前／非人称的な「自発性」をとり上げようとする試みが、一般に存在したのではないか。

第二に、以上の文脈に置かれたとき、ベルクソン哲学は飼い馴らされ得ない「自発性」への忠実さにおいて際だった一つの思想として捉え返され得るのではないか。

1

まず、ベルクソンについて、いくらかの確認を行っておきたい。いま述べたような「自発性」にとって致命的なのは、それが自分以外の外的な何かに従属させられることだ。例えば、過去や未来に隔たって置かれた原因に従属させるのは、その一つの例となろう。ところで、まさに作用因・目的因の双方を等しく格下げしていたのはベルクソンである。彼が「生命」と名づけながら指し示していたのは、過去からの「衝力（impulsion）」、あるいは未来からの「引力（attraction）」といったものから説明される以前の、言わば自らに即した生成だったのだから。実際、かの「エラン」の語は、まさにそうした「中間的な（intermédiaire）」過程を記述するために選ばれていた。[1] ベルクソンの言う生命や持続とは、他動的な原因には従属しないまま自ら展開しつつある生成そのものだったのである。

もう一つ指摘しておきたいのは、ベルクソン哲学における「意志」概念の位置づけである。特に『試論』において明らかなことだが、彼は、我々の一能力、とりわけ選択能力としての「意志（volonté）」というものを立てない。そもそも「自由」が、そのような意味での「意志」に関係させられて論じられることは、いっさいないのだ（これはかなり異様なことだ）。ベルクソン的な自由論において問題なのは、持続する私の生全体の様相なのであり、「意志」の語が用いられるとしても、それは未来に関係づけられつつ緊張した私の生全体の名前でしかなく、[2] つまり、意志という一能力を行使する主体としての「私」に割り当てられた場所など存在しないのだ。このことは、「私が持続する」とは言っても、その持続の外に、持続を一様態として持つような、別の実体的な「私」がいるわけではない、ということとパラレルだろう。「持続する私（moi qui dure）」のあり方として描かれた「自由」は、こうして、古くからの能力論的構図には収まってくれないものになる。

意志や知性、感性などの私の諸能力の階層関係あるいは協力関係といったトポスにおいてもっぱら論じられてきた従来の自由論にとっては、これはいささか都合の悪い話だ。『試論』出版直後の書評におけるブロ（G. Belot）が、そもそも知性あっての自由なのであり、それを見落としたベルクソンが

（1）DS, p. 119 ; ES, p. 190.
（2）M, pp. 1065-66 ; M, p. 586.

辿り着いたのはただの「感性的自発性」だ、と批判したことはよく知られていよう。[3] もちろん、ベルクソンの自由概念を「感性的」自発性に縮減する限りで、彼の批判は的外れである。しかしブロのこの素直とも言えよう苛立ちと誤解は、まさにベルクソンの思考が展開されているトポスの特異性への反応だったと見るべきだ。

2

さて、ベルクソンにおける「自発性」概念についてはまだ語るべきことが多いが、ここでいったん中断し、「フランス・スピリチュアリスム」一般に関わる我々の第一の主張のほうに戻ろう。

ごく粗雑に言えば、「フランス・スピリチュアリスム」とは、十八世紀の感覚論や唯物論の後で、そして十九世紀実証主義との対立の中で、形而上学を復興しようとする思惟方向である。テーヌの表現を借りれば、「形而上学へのパッション」[4] とでも言うべきものが、そこには沸き立っている。だがそれにしても、いかにして形而上学がいまだ――つまりコンディヤックの、そしてカントの後で――可能だというのか。古くからの神学的諸概念はもはや出発点に使えない。しかし感覚論や唯物論に与することは論外である。いかなる道が、形而上学の復興を今また可能にし得るのだろうか。

我々の見るところでは、ここで言わば一つの有効な装置として働いたのが、まさしく「自発性」という概念、あるいはむしろ「自発性」の体験だったのである。そしてその周囲で、我々が「飼い馴らし」と名づけるプロセスが発動し、従来の形而上学がやすやすと回復されるという光景が繰り返し見られるのだ。メーヌ・ド・ビランからごく簡単に辿ってみよう。

（1）ビランにおいて「自発性」は幾度となく口にされていた。そして、それが人称的な（「私」の、ないし「私」であるところの）意志に先立つところに位置づけられていることも明らかだ。もちろん、よく知られているように、晩年のビランは、自分の意志の弱さを嘆くような日記において、意志を容赦なく左右する何か――「我々の中にありつつ我々自身ではない未知の力（cette force inconnue qui est en nous, sans être nous-mêmes)」――について、おおよそのところそれは有機的身体の作用だとして、我々の存在そのものにおける身体の本質性を再確認しながら、神の恩寵的な働きが関わっているという可能性についても、一応は、言及している。しかしビランには、この両義性を切り分けて断言にもたらすことはできない(5)。

そうした晩年の微妙な揺れについては省く。一八五〇年代にならないと、人々が知るところにはならない話題だからでもある。結局のところ、中期ビランの哲学、いわゆる「ビラニスム」が言う「自発性」は、生理学的な観点からの論述対象でしかなく、またその先行性も単に時間的なものでしかなく、したがって、そこに形而上学的議論への入口は見出されない。実際、彼が挙げる「自発性」の例は、「私」を眠りから呼び起こす身体の非意志的運動、あるいはまだ意志的記号になっていない幼児の叫び、といった事象でしかない。そしてビランは、そうした「自発性」と「意志」の間に存在論的

（3）Gustave Belot, « Une Nouvelle théorie de la liberté », in *Revue philosophique*, 1890, pp. 361-392.

（4）Hippolyte Taine, *Les Philosophes français du XIXe siècle*, Hachette, 1857, p. 290.

（5）幾度も表明されるこの疑いと逡巡については、一八二一年四月、あるいは一八二三年十月の日記などを参照。*Journal*, tome II, Baconnière, 1955, pp. 317-319, pp. 391-392.

な連続性、あるいは「移行（passage）」を認めはしないし、前者を後者の「根拠」や「源泉」とすることはない。「条件」どまりである。自発性は有機的（身体的 organique）なものだが、意志はあくまで超有機的（hyper-organique）なものであり、この異質性は譲れないのだ。[6] こうした初期から中期におけるビランの立場を評価しながらも、それを超えていくことが、彼以後の哲学者にとっての課題となるだろう。

（2）クーザンを軽視してはならない。彼が軽視されてきた経緯そのものが、分析に値する。ここでは単に、次のことだけを確認する――クーザンが、反省以前の思惟の「自発性」の非人称的水準に、「理性」を位置づけていたという点である。[7]

彼における「自発性（spontanéité）」と「反省（réflexion）」の二つの水準の区別は、最初期の講義以来複雑な前史を持ちながら、さしあたり一八二六年の『哲学的断片（*Fragments philosophiques*）』序文において確定する。哲学者を含めて人々が自己を「振り返る」以前に、誰においても自然に発露する「自発性」。この「自発性」の水準への着目は、クーザンにとっては、単なるロマン主義的歴史観の表明であるにとどまらない。それは認識論における、カントに対しての、そしてまたビランへの、彼なりの対応だった。

カントやビランがもっぱら論じたのは、人称的な意志が発動し、経験がすでに我有化されてしまった水準なのだ、とクーザンは考える。そのため、カントのカテゴリーも、ビランの「原理的諸概念」も、「私の」という「主観的」なもの以上に出ることができない。クーザンからすると、形而上学への道はこうしてふさがれてしまったのだった。

彼のこのような理解ないし解釈の正当性について、今は論じない。問題なのは、クーザンが用意した脱出路である。主観主義をいかに脱するか。解答——「私」という主観の肯定や否定や懐疑に先だって、その種の人称的反省の水準よりも前に、ある種の自発的な知がまず、抗いがたく存在している。「実体」や「原因」の観念も、この自発的な了解に根を持つ。机でも猫でも何でもいい、「何かが見えている」（現象している）場合、それは「何かの」現象であり、その現象が現れる原因は当の「何か」である、と我々はおのずと理解している、ということだ。主観が関与する以前に、主観によって

（6）ビランにおける自発性については *Fondements de la psychologie*, Azouvi VII-1, pp. 132-137 ; VII-2, p. 227. 意志に対するその先行性の意味については同所。また「移行」の不在については *Décomposition de la pensée*, Azouvi III, Ch. II, « III. *Recherches et conjectures physiologiques sur les conditions et l'origine de la puissance d'effort* »、特に p. 111, p. 119. この「移行」をめぐる問題の整理としては F. Azouvi, *Maine de Biran, La Science de l'homme*, Vrin, 1995, pp. 154 et sqq.

（7）主要なものだけを挙げる。まず、一八一八年講義（*Cours de philosophie, professé à la faculté des lettres pendant l'année 1818, sur le fondement des idées absolues du Vrai, du Beau, et du Bien*, 1836）。クーザン自身、「自発性」と「反省」の区別はまずここで示された、と言う。続いて初期論文集である『哲学的断片（*Fragments philosophiques*, 1826）』。収録論文だけでなく、とりわけ二六年初版の序文が重要である。クーザンの著作は版を重ねるごとに改変が加えられる。教育権を巡って闘争状態にある教会勢力からの攻撃をかわすためである。この『哲学的断片』も幾たびか大きく書き換えられるが、目下の観点からすれば、参照されるべきはやはり初版序文である。汎神論の疑念を招いたのも当然かと思われるほどに無防備な形で、自発性概念の言わば野蛮なポテンシャルが、示されているからである。

クーザンの名をヨーロッパに響かせた講義『哲学史序説（*Introduction à l'histoire de la philosophie*, 1828）』は、人類の「自発性」の発露とその遅ればせの自覚、すなわち「反省（réflexion 振り返り）」として、人類史ならびに哲学史を規定する。もちろん哲学は「反省」なので、これが人類史全体をその頂点において包括する最高の知だということになる。フランスにおけるヘーゲルの受容史、そしてフランス哲学におけるナショナリズムの発生史に関わる基本文献の一つであると同時に、この時代のいわゆる「ロマン主義」的歴史観のサンプルとしても重要なテキストである。「自発性」については、とりわけ第六講義。

左右されない知がある。クーザンはそれを「非人称的理性（raison impersonnelle）」に帰する。主観に帰されない「真」・「美」・「善」の観念を与えるのは、この理性であり、その作動は「反省」以前、すなわち「自発的」である。

なお、クーザンは「自発性」を非人称的「理性」だけに限定はしない。とりわけ「意志」についても、我々の反省的かつ人称的な意志は、前人称的な自発性――端的な自己肯定的活動――に先立たれて、その制約態としてのみ存在する、という議論がなされていることには注意しておこう。

さて、クーザンに言わせれば、以上は、都合のいい独断的思弁ではなく、意識の事実、観察できる事実である（反論者すら、「真」という観念を用いる限り、個々の主観に還元されない水準をあらかじめ認めているはずであって、クーザンにすればそれでひとまず十分である）。観察（observation）に基づく限りで、十八世紀の経験論的哲学が要求した条件についてはクリアできている、というわけだ。かつての哲学は外的現象と感覚的事実にばかり目を注いでいた。前世紀の失敗はそこにあるわけで、意志的事実、そして理性的事実をも正しく観察する真の「心理学」によって、哲学は、一度失った形而上学を取り戻すことができるはずだ――これが、若きクーザンの企てであった。理性が告げる非人称的真理（実体あっての現象・原因あっての現象……）を用いれば、主観的現象の戯れから脱出して、形而上学へと赴くことが可能であり、そこには（絶対的な実体かつ原因としての）神に続く道も開ける、といった話だ。ただし、クーザン哲学においては、神秘主義が言うような、神の直接の臨在は基本的に断念されている。我々と神の間には、「理性（ロゴス）」という媒介者が必要なのだ。

（3）『習慣論（*De l'Habitude*, 1838）』のラヴェッソンは、ビランの主意主義的議論をカントの学説より上位に置きながらも、そのビランをさらに超えて、大胆に形而上学へと歩みを進める。そしてその際の蝶番となるのはやはり「自発性」――人称的な意志・思惟・意識等に先立つ自発性――であった。人称的な意志、反省的悟性等は、その成立条件として、主客の「対立性（contrariété）」ないし隔たりといったものを必要とするが、しかしそのさらなる根拠として、当の対立に先行し、いまだ対立を知らない非反省的な活動がある。人称的意志は、対立や隔たりとは無縁なこの先行的傾向性を自らの起源とする。ラヴェッソンは、隔たりを前提とする意志や悟性に先だって働いているこの自足的根拠を、まさに「自発性」と呼んだのだった。

クーザンにおいて「自発性」の先行性はおおむね単なる時間的なそれに留まっていたのに対し、ラヴェッソンにおいては、それはさらに加えて実質的な根拠としての先行性となっている。こうして、「自発性」を言わば突破口として、ビランの形而上学的禁欲がいとも簡単に破られていくことになる。ラヴェッソンが「第二の自然」ないし「所産的自然」としての「習慣」において見届けようとしたのは、そうした種類の「自発性」の一形態であった。また、そうした「自発性」が私の意志をまずもって可能にしているという意味で、彼はそれを、伝統的な語彙において、まさしく「先行的恩寵（grâce prévenante）」とも呼んだわけである。この習慣という「自然」の背後には、「能産的自然」が控えている。「自発性」に「神」が重ね見られることになるのに、もはや何の障害もない。

もちろん、ビラン的な意志を通じて形而上学に至るというこの経路の選択は、理性主義的なクーザンの議論に対する意識的なアンチテーゼではあり、その差異はもとより軽視できるものではない[8]。しかし、ビラン的な心理学から、さらに形而上学へと越境していく際の拠り所が、「自発性」とその前

／非人称性に置かれているという事実、そしてこの点によってこそ、ラヴェッソンは自らの立場を言わば「ポスト・ビラニスム」として提示しているという事実を、ここではひとまず強調しておきたい（時間的には、この後になってビランの後期の著作が公刊され、それが「スピリチュアリスム」の形成過程に微妙な仕方で関わっていくことになる）。

さて、なぜ「飼い馴らし」と言うのか。ここにある問題は一般的なものだ。「私」を自明な主語としない「自発性」の体験がある、それはまず認めるとしよう。しかしそれが開示するのはいまだ非人称的な何か、おそらくは匿名的な何かなのではないか。にもかかわらず、その「何か」をあえて名指す時、その名は、多くの場合極めて馴染みのものである。名づけの馴致的効果、それを今考察している場面に即して具体的に言うならこうだ――クーザンやラヴェッソンにおいて、いったん「私」という主体のくびきから解き放たれたかに見える「自発性」は、たちまち神を頂点とする見慣れた目的論的構図の中に回収されてしまうのだ。いわゆる「フランス・スピリチュアリスム」に我々が見る「飼い馴らし」とは、典型的には、そうした身振りに他ならない。

我々は「典型的には」と言う。実際には、この「飼い馴らし」はいくつかの道を通じてなされるからだ。しかし、どの場合においても変わらないのは、ある一つの神学的シェーマが保持されなければならない、という要求である。あえて図式的に述べよう。ここでの問題は、神・自我・被造世界という三つの領域があい並びつつもはっきり区分されることだ。このシェーマの攪乱は、端的に言って、正統的なキリスト教神学への違反を意味せずにはいない。「自発性」を取り上げながらも、そうした違反を回避する方法は三つある。第一に、「自発性」を相変わらず「私」という主体の下に、能力として繰り入れること。第二に、その「自発性」をもっぱら世界の側、身体ないしパウロ的「肉」といったものへと位置づけ、意志や魂としての「私」をそれに対立させつつかえって際だたせること。そして第三に、「自発性」を——「自然」を迂回しながら——神に関係付けることで、シェーマを目的論的にかえって補強すること。

クーザン以後の「フランス・スピリチュアリスム」を特徴づけるものとして、特にこの第三の道を強調しておきたい。神を頂点に置きつつも、自然を脇に置かず、精神と自然をなだらかに結びつけるスピリチュアリスム、である。(9) まずラヴェッソンが提示したそれは、七〇年代になると、このラヴェッソンの影響下にある若い哲学者たちによってさらに展開される。程度に差はあれ、「飼い馴ら

(8) 一八〇二年のビラン『習慣論』に残されたある註（*Influence de l'habitude*, Azouvi II, pp. 138-139, note）の読み替えを通じての「自発性の根拠化」については *De l'Habitude*, 1838, pp. 33-34 ; II 59-62. そこにおいてラヴェッソンは、ビランが語らなかった、自発性から意志への「移行（passage）」を、あっさりと肯定する。自発性は、意志に先立つ「条件」に尽きるものではなく、さらにその実質的な「起源（origine）」と「源泉（source）」になるのだ。これが「恩寵」に結び付けられる点に関しては、*ibid.*, pp. 42-43 ; II, 80。この種の議論のさしあたりの総括としては « Philosophie contemporaine. *Fragmens de philosophie* par M. Hamilton », in *Revue des deux mondes*, 1 nov, 1840, p. 425. ビランを掲げつつクーザンを批判したこの一八四〇年論文に対しての、クーザン側からのリアクションは、第一に、新たなビラン著作集の刊行であり、第二に、それに重ねての、ビラン哲学の限界の再確認であった。これについては、クーザンにいっそう忠実であった同級生ジュール・シモンによる次の書評論文を参照。Jules Simon, « Maine de Biran », in *Revue des deux mondes*, 15 nov, 1841.

(9) これは、ラランドの『哲学事典』の項目 « spiritualisme » をめぐるコメントにおいてラシュリエが指摘することでもある（v. André Lalande (éd.), *Vocabulaire technique et critique de la philosophie*, 1926 ; PUF, 1991, p. 1020)。

し」のメカニズムが発動していくだろう。(10)

だが、「自発性」とは、そうした「飼い馴らし」に、完全に従属してしまうものだろうか。「自発性」を通じて従来の神学や形而上学の構図を保持しようとする試みは、少なくない危険を孕まざるを得ないものだったのではないか。

歴史的証拠に関して不足はない。クーザン、ラヴェッソン、そしてベルクソンたちにいつもついて回る異端の嫌疑、すなわち「汎神論」「新プラトン主義」……。そうした嫌疑の多くは過度に論争的で空疎なものではあれ、少なくともそこには、従来の神学的シェーマの区分線を乱す何かが彼らの思想に含まれていることに対する、ある意味的確で敏感な反応を見るべきではないか。そして、「スピリチュアリスム」の学説が、形而上学的でありながら、キリスト教神学とは必ずしも一致しないという場合、その位置取りの微妙さを司っているのは、他ならぬ「自発性」概念そのものに初めから刻まれた微妙さではなかったか。

そうした微妙さを視野のうちに残しながら、ベルクソンに戻ろう。「自発性を飼い馴らす」というモチーフのもとで、彼の思想はどのような相貌をあらわにするだろうか。

3

確かにベルクソンは、一方で、伝統的なスピリチュアリスムの諸主張を、彼なりの方法を経由しつつ——つまり実証科学に支えを求めると同時に、「持続」や「生命」の直観に依拠しつつ、カントに抗うかのように——順に復活させていくように見える。しかし同時に他方で、そうした「持続」や

「生命」そのものが、その外部に仮設されるさまざまな審級や従来の神学的シェーマに、従属させられ、あるいは繰り込まれてしまうことを拒み続けていたのも、これまた、他ならぬベルクソンだった。言い換えるなら、彼の哲学の特質は、時に意に反してすら、「自発性」を、その本来の馴致不可能性において承認しまた機能させる、あるいは、「させてしまう」ところにあるのではないだろうか。

実際、先に確認したように、彼において「選択意志」の概念は有効性を失っている。また、持続が、様態のごとく他の実体に従属することも、ない。持続こそが実体なのだから。あるいは、その持続、一般に生命が、一定の「合理性」なるものを有するにしても、それは単に事後的な観点からのみなのであり、実効的な生成そのものは、それに対して超越的な「理由」や「目的」によってもっぱら導かれているわけではない（EC, pp. 47-48）。付け加えるなら、有名な「無」の概念の批判によって、かの「充足理由律」は、それが従来担っていた意義を奪い去られてしまったはずだ。さらにまた、「善」のイデアを掲げる道徳説へのきわめて冷淡な態度、これも周知のことだろう。理念ないし理想への従属といったものは、端的に否定されるわけである（DS, p. 288）。これらのよく知られた主張が共通して守ろうとしているのは、外在的な審級を知らない生成の自発性、あるいは生成という自発性、に他ならない。

その結論的主張（物質に対する精神の独立性、魂の不死、神の存在……）に注目するばかりでは、ベルクソ

（10）善と美という目的に全面的に服する「手段」に縮減された「自発性」概念の典型は、例えばエミール・ブートルーの博士論文に見られる。Émile Boutroux, *De la Contingence des lois de la nature*, 1874, pp. 158-160.

ンの特異性は、隠蔽されたままになろう。ベルクソンに哲学史上の独自性があるとすれば、それは、彼が徹底して内在的な観点――何らかの外的な審級によって「自発性」を飼い馴らすことなく、そのまま解き放つことになるだろう観点――に固執すること以外にはない。すなわち、一方で伝統的なスピリチュアリスムの主張を引き継ぐように見えて、それを言わば内部から別のものへと改鋳してしまうこと、あるいは逆向きに言うなら、「自発性」を解き放ちながらそれを遅ればせに飼い馴らそうとすること。ここには「否定」や「抑圧」とも形容できよう二重の所作がある。

印象深い光景だ。我々はそうした二重の、言わばねじれた所作の痕跡を、『創造的進化』や『二源泉』の至るところに繰り返し見出せよう。漠然とした印象や一般論ではない。極めて具体的な形で、ほとんど指さすように列挙することが可能だ。

例えば、『創造的進化』の一つの結論、すなわち「生命のエランとは、創造の要求（exigence de création）である」という結論（EC, p. 252）。「要求」という語は、少なくとも潜在的には、使命や目的といった語に接近するものではあるが、しかし、そもそも「創造」とは、既成の何ものにも還元されない、ということだったはずだ。つまり、もし「要求」の語が目的論的傾きを持つとしても、にもかかわらず、それに無造作に付加された「創造」の語が、その目的論の安定した枠を内側から言わば粉砕してしまうわけだ。実際、「創造せよ」とは、その内容を当の言明自身が裏切る種類の典型的な要求ではないか。

あるいは、同じく『創造的進化』における秩序論。ベルクソンにとって「秩序」とは、精神と対象との「合致（accord）」のことであった。そして、それには二種類のものがある、というのは、周知の通りである。つまり、消極的な幾何学的秩序、そしてそれに対立するもう一つの積極的秩序。ここで興味深いのは後者だ。それは生命的な秩序、意志された秩序のことだが、その内実はと言えば、天才性、オリジナリティ、予見不可能性（génialité, originalité, imprévisibilité）といった事柄なのだ（EC, p. 225）。

だとすると、それは「秩序」と名目的に呼ばれはするものの、実際の内容はと言えば、ただ予見不可能性のみが予見されるといった、屈折した事態でなければならない。それが秩序として一種の「合致」であるとしても、しかしそれは実際のところ、精神と対象の双方において予見不可能性が一致して存し、両者はあらかじめ合致不可能性を共有しているという、いささか逆説的な合致であると言うしかないことになろう。

あるいは、『二源泉』の「開かれた社会」、そしてそれを形成する「模倣（imitation）」の概念。「模倣」と言っても、それは一定のスタティックな諸性質の共有（それこそは「閉じた社会」の定義だ）のことではない。それはせいぜいのところ、ある「態度（attitude）」の模倣なのであり、そしてその態度とはすぐれて個性的であること、創造的であることだったのではないか。だとすると、確かに「模倣」という語は、ある理想的なモデルといった観念を再導入するものではあろうが、しかし、この模倣は、実は「模倣不可能性の模倣」としか言えないようなものであるわけだ。

同様に、「開かれた社会」とは、類と個が閉じた円環をなす「閉じた」社会の厳密な対立物として、普通の意味で「社会」と言われる領域をむしろ開き放ってしまう共同性、通常の語義で語り続けようとするなら「非共同性における共同性」とでも言うしかない、これまた極めて逆説的な概念であったはずだ。

最後にもう一つ、以上のような奇妙なねじれないし屈折は、『二源泉』全体を覆うものですらあるだろう。創造の哲学者であったベルクソンは、ここにおいて神への復帰、神の再発見を語り始める。あたかもこの世界が、この生が、暫定的な転落、結末のわかっている迂回路に過ぎなかったように。典型的な「飼い馴らし」と言うべきかもしれない。しかし、その復帰・再発見とはそもそも何のことだったか。それは例えばアウグスティヌス的休息・平安（quies）ではまったくない。「生の不安（休みなさ inquiétude）」を肯定するベルクソンを想起していただきたい（PM, p. 219）[11]。実際、「復帰」を果たす存在としての神秘主義者こそは、すぐれて創造的な、つまり既成の何かから自らを解き放ち続ける者として描かれているのだ——あたかも、彼において再発見された神が、それ自身において創造的な、したがって実は、何か同一のものとしては再認不可能な存在であり、それゆえに、それに再び与かるというまさにそのことが、再発見や復帰の物語を破綻させてしまうかのように。またあたかも、復帰すべき始原がすなわち脱始原化の運動に他ならず、それゆえ真の復帰こそは実は最も復帰から遠いものとならざるを得ないかのように。

以上、いずれもまさに微妙な点だ。いま列挙した事例それぞれにおいて、そこに畳み込まれた二重性ないしねじれをあえて緩和しようとする解釈も禁じられてはいない。しかし我々としてはまず、このねじれそのものがそれ自身で、言わば徴候的な意味を持っているのだ、と言っておきたい。ベルクソン哲学の核心に、自発性をめぐる解放と馴致の緊張関係が絶えず存続しているという事態の、おそらくあまりに明らかな、徴候である。

この緊張こそ、ベルクソン哲学の本質をなすものではないか。すなわち、ベルクソン哲学の特徴ないしその問題性が見出されるべきは、「自発性」の体験、すなわちかの「持続」の直観を出発点にしつつ、それを確かに一方では伝統的な枠組みの中に置き直そうとはするものの、しかし他方で、言わば当の「自発性」そのものの野蛮さに導かれるかのように、そうした「飼い馴らし」の枠組みをつき破ることになってしまうという、その際だった二重性においてではなかっただろうか。

もちろん振り返ってみれば、「フランス・スピリチュアリスム」が語るさまざまな「精神（esprit）」の概念には、キリスト教的な要素、ならびに異教的な要素が複雑に織り込まれていることが普通であり、そこに多義性や両義性が見られるのは特に珍しいことではない。しかし上に見たように、その主要なテーゼそれぞれに危うい緊張が内包されているという点においてベルクソン哲学の異例性は明らかであり、そしてそれは、この哲学がまさに「持続」という生成の自発性に付き従い続けたがゆえのことなのだ。

もう一つの補足として、以上の理論内部的な考察とはまた別の側面から、ベルクソン哲学を眺めておきたい。およそ哲学史的名辞というものがそうであるように、「フランス・スピリチュアリスム」というラベルも、便宜的・教育的なものであるか、さもなければ党派的・政治的な意味しか持たないものである（実際、国名を冠するこの名辞の成立と継承をとりまく諸々の政治的ファクターはそれ自身分析せずに見過ごせるようなものではないのだ）。

さて、ビラン以降、「フランス・スピリチュアリスム」が成り立つ位置は、もっぱら政治的には中

（11）『二源泉』の神秘主義論において、キエティスムには高い評価が与えられない理由も、ここにあるはずだ。

道（juste-milieu）、ただしやや右寄り、といったところであろう。社会主義やポジティヴィスムとは対立的であり、あからさまな革命否定派でないにしてもカトリックについては好意的であり、ただし公教育を攻撃する教会派とは距離を置く、といった立場である。

ところがベルクソン哲学について言えば、そうしたスピリチュアリスムに対してだけでなく、ソレル（G. Sorel）たち左派——という形容自身不適切だろうが——に対してまでも、その影響は等しく圧倒的なのだ。あるいはここでペギー（Ch. Péguy）という、これまた分類不可能な思想家の名を想起してもよい。ベルクソン哲学は、今でこそフランス哲学の本流であるかのような扱いだが、同時代的な評価と反応は、そんな静穏なものではなかったのである。

我々も、自らの哲学の受容を前にしてのベルクソンの当惑と否認を知らないわけではない。しかし、ベルクソン哲学の政治的な分類不可能性はともかくも一つの事実であり、そのこともまた、この哲学に含まれる二重性を別の角度から示す一つの指標だと言うべきではないだろうか。

4

最後に概略的ながら、以上を踏まえつつ、議論のコンテクストをさらに拡げておくことにしたい。「自発性の馴致」というモチーフは、「フランス・スピリチュアリスム」においてのみ成立するわけではなく、より一般的な水準で、繰り返し機能し得るものである。実際、冒頭で示唆したように、いわゆる「恩寵」論はその主な先駆をなす。それだけではない。極めて粗雑かつ唐突であることを承知の上で言えば、例えば特にフッサールがまさしく「自然発生＝自発的生成（genesis spontanea）」として記述した「原印象」概念などを巡って、その周囲でさまざまな「飼い馴らし」のロジックが今日また発動しているとしたらどうであろうか。一種形而上学化する現象学的諸傾向のうちに「フランス・スピリチュアリスム」が演じた事柄の反復を見ることは、まったくの的外れであろうか。

他方、こうした馴致に抵抗する試みもいくつか確認できる。例えば、フッサールの自我概念を批判する形で、超越論的意識の非人称的自発性を掲げ直した初期サルトルの『自我の超越（*La Transcendance de l'ego*, 1936）』。超越論的意識とは、「我」という極を持たず、まずはただ「領野（champ）」として存在している。それ自体は、人称的でもなく、「一」でもないのだ。この観点はサルトル自身によって比較的早くに撤回されてしまうが、ここに興味深い系譜の出発点を見ることも不可能ではない。

「自発性」の馴致不可能性は、それが機能する「領野」に固有の多様性に由来するのではないか。そもそも「自発性」が飼い馴らし難いとすれば、それがある判明ならざる多様性（multiplicité confuse）を構成するものであり、それゆえにそれは、「自我」や「神」といった単一の名を拒むからではないか。実際、本章で確認したいくつかの例において、「自発性」が位置づくのは、何らかの主体の内部ではなかった。主体は、それに遅れてやってくる。この意味で、超越論的水準を何らかの主体に重ねるのではなく、むしろそれを「領野」という語において記述しかけていた初期サルトルが示唆するものは小さくないのである。またこの周囲に、一定の留保は必要としながらも、「領野」あるいは「表層（surface）」を語り得たリュイエル（R. Ruyer）やシモンドン（G. Simondon）といった名が当然想起されることだろう。

こうした思惟の系譜を主題化することは、今後の課題となる。しかしそこにおいてベルクソンの重要性があらためて確認されようことは、今からすでに明らかと言ってよい。

第6章　ベルクソンにおける行為と認識——一つの素描

はじめに

ベルクソンにおける「行為と認識」の関係、という問題を考えてみたい。外的な問題設定、どんな哲学者にも尋ねられる一般的なアンケートのような問いのように思われるかもしれない。否定はしない。実際のところ、ベルクソン自身も、少なくとも正面からは、こんな形での問題を立てていないし、こちらが「行為」や「認識」と振りかざしてみても、「ベルクソンのテクストで対応する原語はどれか」と問われて、そう明確な返答ができるわけでもない。« action »と« connaissance »あたりがそれぞれ第一候補にはなろうが、この二語について全文検索を行いたいわけではないし、そんな検索では足りない。類語があり、大きな類概念を分節化する形で結びついてくる単語も少なくない。例えば「自由行為」に関しては« acte »も用いられ、「認識」の下には、「深く異なった二つの認識様態（deux manières ... de connaître）」（PM, p. 177）としての「直観（intuition）」と「分析（analyse）」が置かれたりもする。後で見るように、« spéculation »と称される、いくらか別格扱いの認識もある。

だが、一般的かつ暫定的に言えば、「自分で何かを行うこと」と、「何かを見ること、知り、理解すること」との間には、どこか本質的な差があることは認められよう。ベルクソンも、両項にあてられる単語はその場合ごとに異なるとしても、「行為と認識」というのと類似した対立ないし対比を前提として、物事を論じている。運動すること（mouvement）と意識表象を持つこと（représentation）、観客（見る者 spectateur）と役者（行為者 acteur）、といった具合だ。そんな場合において、両項はどんな関係に置かれているのか。「どんな関係に」と言ったが、それが「対立」や「一方に対する他方の優越」のような、比較的単純な関係であるかは、自明ではない。それについてはすぐに扱うことになるが、我々が確認したいのは、いったん対置はされた上で、当の二項がより微妙な関係を取り結ぶことになるさまざまの事象であり、また、それらを論じる中で、ベルクソン自身があたかも当の微妙な関係に巻き込まれるようにして口にすることになる「語り」、そのスタイルである。

実際、我々の見るところ、直観的かつ形而上学的な「認識」であることを志向するベルクソン哲学には、最初から最後まで、「行為」が実に問題的なものとしてつきまとっている。「行為」という概念ないしテーマ、というレベルでもそうであり、そもそも「哲学とは何か」という点との関連においてもそうなのだ。「行為と認識」の関係を見ていくと、ベルクソン哲学の展開を辿ることもできるほどである。自分に同化吸収できる相手でもなく、しかし端的な他者ないし外部のような何かでもないものとして、「行為」はベルクソンにさまざまな問いを与え続ける。こうした事態について、我々なりに素描を試みたい(1)。

こういう問いを掲げればすぐに想起されるだろう文章がある。先にそれを片付けておこう。一九三七年、国際哲学会（Congrès international de philosophie）は、デカルトの『方法序説』出版三百周年を記念する大会を開催する。デカルト研究史においても記念されるべき有名な大会であるが、ベルクソンはそこに、名誉会長としてメッセージを寄せた（出席はできない。リウマチに侵されて長い彼なのだ）。このメッセージである。晩年のベルクソンの思想——この年にはもう遺言書も用意されている——を理解する上でも実に多くの分析に値する文章なのだが、ここでは、その末尾を引用するに留めよう。

> 行為（action）と思考（pensée）との関係について、議論がいろいろと可能であることは、私も承知しています。しかし、私が哲学者に、さらには普通の人々にも何か標語を勧めるとしたら、それは、どんな標語よりも単純なもの、そして私の考えでは、この上なくデカルト的なものとなるでしょう。すなわちこうです——思考する人間として行為し、行為する人間として思考せよ（il faut agir en homme de pensée et penser en homme d'action）（M, p. 1579）。

（1）我々の関心に近い先行研究として挙げられるのは、三輪正「形而上学と行為——ベルグソン哲学の一問題点」（坂田徳男・澤瀉久敬編『ベルグソン研究』（勁草書房、一九六一年）所収）である。「行為」を習慣的・物質的・功利的なる行為と、それを「否定」する意志的・生命的・創造的なる行為に二分し、ベルクソン形而上学を「行為否定の観照的哲学」という誤ったイメージから救う点に関しては、異論はない。しかし、二種類の行為の区別は、実際上は困難なことであるはずだ、といった論評については——フランス哲学における「習慣」概念の専門家としては当然の結論ではあろうが——それ自体、二種類の「行為」の相互否定的二分法にとらわれたものであると見る。ベルクソンの問題は、そこにはなかっただろう、ということである。

確かに、普通の我々にも分かりやすいスローガンである。(2) しかし言っておかねばならないが、我々が行いたいのは、このスローガンを、単に「拙速は避け、よく考えて行動せよ。しかし同時に、日常の行動から遊離した無益な思弁も避けよ」といった水準で理解して、身近な感覚でもって何となくベルクソンを称賛することではない。これでは、「行為と思惟、どちらも大事だ。二つは言わば不可分のペアであるべきだ」ということしか言えないし、両者が実際にどういう関係に立っているのかも不明のままだ。

その程度の話を聞くために、わざわざベルクソンを(そしてもちろんデカルトを)読む意味は、ない。誤りではないが、単純に過ぎるのだ。明快なスローガンだが、これをもう少し深い水準から、そして哲学者ベルクソンがそれまで述べてきたこととの関連で、解きほぐしてみたいのである。

1　ベルクソンの「反プロティノス主義」

「行為と認識」に類似した古いペアとして、ギリシア起源の「実践(プラクシス)」と「観照(テオリア)」のそれがある。ここから見直してみると、ベルクソンが、プロティノスに言及しつつ、この対比的な二語を取り上げているのに気づかれる。あえて講義録は措き、著作のほうだけを見よう。二回、プロティノスのテーゼが引かれる。

（1）講演『変化の知覚』（PM, pp. 154-155）――

行為（action, *praxis*）と製作（fabrication, *poiesis*）は、観照（contemplation, *theoria*）の弱まり（affaiblissement, *asthéneia*）、あるいはその〔非本質的な〕副産物（*parakolouthema*）である。

（2）『道徳と宗教の二源泉』（DS, p. 234 / note）――

人間どもを見よ。彼らにおいて観照が弱まると、彼らは行為（*praxis*）に、つまり観照とロゴスの影（*skiá*）へと移る。

二十年以上隔たった二つの文章だが、いずれも『エネアデス』のほぼ同じ個所（Enn. III, 8 4）からの引用である。これを紹介するベルクソン自身の立場は、「いや、そうではない」という批判的なものである。この批判を、我々の文脈に連結してみよう。

プロティノスの哲学というのは、そもそも、ベルクソンが自分に対置する相手方の代表である。ベルクソンがプロティノスに強い共感を持っていること、学説上でもかなり深い影響下にあったことは周知の事実だが、にもかかわらず、やはりそうなのだ。忘れてはならないが、ベルクソンによる哲学

（2）ベルクソンは折に触れて、この「行為する人間（行為人homme d'action）」という存在を、一種範例のように扱う（MM, p. 170 ; EC, p. 301 ; ES, p. 15）。目の前の利害だけで反射的に動くのではなく、夢想に浸るのでもなく、自分を取り巻く豊かな文脈を集約して行動に移せる人間、ベルクソン的意味での「良識（bon sens）」の具現者であることが多い。例外は、クーザンを形容するのに用いられたケース（PM, p. 269）であろうか。

史において、プロティノス哲学とは、プラトン以来の、持続や生成を取り逃がす哲学、概念の哲学、イデアの哲学、その最終形態であった（EC, pp. 313-328）。だからこそそれは、ギリシア的思惟が別種の思想へと開かれていこうとする一種の臨界的局面でもあり、時間概念の大きな転換が始まろうとする現場にもなり得たわけだが、しかしそれでも、プロティノスに見られるのがプラトン的発想（欠如としての時間、永遠の不完全な模像以上のものにならない運動……）であることは変わらない。そして、ベルクソンが転倒させようとしたのは、まさにそうしたプラトン的構図である。すなわち、永遠より持続、存在より生成、イデアより生、等々……これ以上の確認は不要だろう。

だが、先の引用で特に問題とされているのは、これとはやや異なった論題だ。すなわち、「行為」と「観照」の差異、そして両者間のヒエラルキー、である。プロティノスにおいては、もちろん、「観照」のほうが上位に置かれる。そしてベルクソンは、それをそのまま受け入れたりはしないのだ。かくして疑問が生じる――反プラトン主義者たるベルクソンが、プロティノスが言うこのヒエラルキーもあわせて転倒させるというのであれば、では、彼自身において、認識と行為の関係、テオリアとプラクシス（とポイエシス）の関係については、どうなっているのだろうか？

大きく二つのレベルで考察可能な問いだ。

例えば、「ベルクソンは、自分の学説の中で、『行為』と『認識』という二つの対象とを、どういう関係に置いて論じているのだろうか」という、「語られたこと」の水準で考察を進めることができる。哲学研究としては、まずは普通の問いだ。しかしまた、この「語られた学説の中で」という括弧を外して、「哲学者ベルクソンは、自分が語る哲学的認識と、行為との関係をどう理解していたのか」と問うこともできる。「人間」と「体系」を直結させようとする点で、いささか外的で不毛な問い方に見えるかもしれない。デカルト研究におけるかつてのアルキエやゲルーたちの論争が想起されたりもするが、この種の問いが不毛かどうかは、結局のところ、「相手次第」であろう。例えば、デカルト、スピノザ、パスカルの三人に向かって同じ問いを投げることに同じ意味があるかは疑わしい。では、相手がベルクソンだとしたら、どうか。あるいはそもそも、ここにある二つの問い方——言わば内在的／外在的な問題設定——は、そんなにきっぱりと分けられていいものなのか。むしろそれを、ベルクソンに沿いつつ、考えたい。

話をもう少し詰めてみる。「哲学」の立ち位置だ。最初からそんなに構えない限りは、「哲学」も「認識」という営みの一種だと言えよう。テオリアかプラクシスか、と言えば、テオリアだ、ということだ。

曖昧な択一であることは承知の上である。そして、「テオリアを称する哲学とて、実は、一定のプラクシス以外のものではない」という、「プラクシス一元論」とでも言えそうな第三のテーゼを立てることもできる。そしてそんなテーゼにも、択一的な問いに対するただの「まぜっかえし」以上の意味はそれなりにある。一方では、一人安楽椅子で思弁にふける者に「私だってこうして重要な実践を行っているのだ」という自己慰撫を許す効果がありそうだし、他方では、「そのお前の純粋な観照だと見える思考や思弁や意識が、すでに一定の行為として、特殊な利害関心に支配され、それを再生産しているのだ」といったイデオロギー暴露的な批判へひとを導く効果もあろう。ただ注意しよう。この第三のテーゼが、何か意味ありげな印象を与え得るのも、すでに「テオリア」と「プラクシス」について一定の、それもかなり単純なイメージ――「もともと重要なのはプラクシスだ」、あるいは「テオリアは本来、公平無私な実在把握であるべきだ」――があって、その上でのことであろう。「プラクシス一元論」は、自己への慰撫にも他者への批判にも活用できるわけだが、いずれにせよ、事柄の根底に届くものではない。

だから、我々はそちらには進まない。そんなイメージを問い直したいからであるし、ベルクソンも基本的に、その程度のこと――「プラクシス一元論」の一定の正当性ならびに非徹底性――は、もう自明の前提として語っていると思われるからだ。

哲学はプラクシスかテオリアか。かくして、「完全かつ純粋にそうであるかはともかく、テオリアではある」と言っておくのがひとまず無難に思われる。一般に、テオリア的要素を一切含まない営みを「哲学」と称することはないだろうから。時に「哲学ではなく、『哲学する』ことが重要だ」と言われたりもするが、テオリアの成果を実際に提示できない者の口から出ると、こんな言葉は、かなり切ない。そういうセリフは、カントほどにテオリアを深めた人間だから言えること、言っていいことではないか。いったんは「テオリアとしての哲学」と言っておく。

さて、プロティノス的構図においてであれば、「観照」のほうが根本的なのだから、これ以上の問題は生じない。哲学の営みはまさにテオリアに存する。それが人間になし得る最高のことであり、そこに認識されるのは、まさに認識されるべき至高存在（あるいは「存在の彼方」）である、ということで話は一応落ち着きどころを得るだろう(3)。

しかし、この構図を認めないというベルクソンからすれば、観照というあり方、そして観照において知ることのできる存在（典型的にはイデア）――あるいは存在の彼方――は、諸存在の階梯におけるアッパーリミットではない。であるなら、彼の哲学は「観照」に尽くされるものではなく、それはどこかで、何らかの形で、「行為」のほうにはみ出すしかないのではないか。

要するに、「観照は行為以上のものだ、という観照」なら話はそれで終わるだろうが、「行為のほうが観照以上のものだ、という観照」には、自分の非自足性の自覚が、そして自分を超えていけといった要求が、含まれてしまうのではないか。

ベルクソンにとって哲学は、まずもって、その根底のところでは、« spéculation » であった。以下慣例に従って「思弁」と訳すが、これは彼の用語法では、経験を離れての大げさだが空疎な思弁というより、歪みのない鏡（speculum）が映すごとく、実在をありのままに正しく観ることである。« connaissance » という緩やかな語が指すよりも言わばさらに厳しい、真正なる認識のことだ。« spéculation » ではない哲学は、ベルクソンにとっては、もはや哲学ではない。しかし、この « spéculation » に、「行為」や「実践」――acte, action, pratique――が不可避的に、さらには自らに先行し、優越したものとして関わってくるのだとしたら……。さしあたり、これが問題である。

誤解と速断を避けるための、最後の準備的指摘。「観照」や「認識」は、あらゆるものに対して、

（3）ただしあえて言っておくなら、ベルクソンのかなり個性的な整理に導かれて、プラトン主義や新プラトン主義そのものをあまりにスタティックな観照主義である、と理解することにはいくらかの留保が必要だろう。エロス論に顕著に見られるように、「美」の観照、その向こうの「善」の観照に至るまでの魂のあり方は極めて動的、こういってよければ実践的ですらあるものだ。そこにあるのは、「私」の消滅ないしその完全な受動性を求めるキエティスムではない。

それらを自分の認識対象として、関わることができるわけだが、その程度の一般論からの立論――「行為というもの自体とて、認識の一対象なのだ。認識されないままに闇の中で行われる行為は、実質的には無と変わらない」――が問題なのではもちろんない。先の「観照することも一種の行為だろう」というのと合わせ、こうした単純な割り切りないし畳み込みは、遠ざけておこう。ベルクソンにおいて、両者の区別、ならびに境界は、もっと面倒な仕立てになっているということを論じたいからだ。

2　プラグマティスム？

「哲学者であるベルクソン自身において」というレベルでの問いは、後回しにする。もう一つ内側でのより容易な問いのほうに進んでみよう。ベルクソン哲学は、行為の側に、何らかの優位を認めているようだが、それはどういう形での優位なのだろうか、という問いだ。

このルートでは、比較的明確な回答が、すぐに整えられそうに見える。例の、ベルクソンの「プラグマティスム」的な認識論の話だろう、というわけである。絶対的制約と見える認識形式、ならびにそれによって／その中で構成される「認識」は、実は、「行為」のための便利な規約、ひいては一定の行為の所産であって、プロティノスに見られるようなテオリアとプラクシスの序列の逆転が具体化されているとしたら、それは例えば、こうした議論においてのことだろう、と。

一応はその通りだ。だが、こんな答え方に大した奥行きはない。なるほど、ベルクソンによれば、知覚というのは「« spéculation » のため」ではなく、「« action » のため」という根本的な制約の下にあるものだ。それを忘れると、知覚の本性から何から説明不能になる。知性の諸形式も、基本的には物質を相手とする « action »、つまりは « fabrication » のためのものだ。それを、利害関心から離れた純粋な « spéculation » の事柄、「純粋認識」だと勘違いするから、かえって多くの認識に関して誤謬が生まれてしまう――とりわけ『物質と記憶』から『創造的進化』の時期に強調される論点だ。

しかしながら、こう語るベルクソン哲学そのものにおいて、テオリアとプラクシスの区分ならびに序列自体に大した変革は行われていないのは明らかだろう。既存の哲学において批判されるべき手抜かりがあるとしたら、それは、「悟性」や「知性」と呼ばれる認識能力が、自分には事物のありのままの認識ができている、十全なるテオリアを行っている、と思い込んでしまっている、という点にある。« spéculation » をしているつもりが、実際には行為の便宜のために、例えば幾何学的諸形式を相手に押しつけて、それで自ら諸困難を招き、当惑と懐疑に陥ってしまっている、ということだ。

そういう話であるなら、ここでベルクソンにとって大事なのはやはり「観照」、実在のありのままの認識のほうだ。この前提そのものは、何ら影響を受けていない。生物としての我々は、もともと、観照や思弁よりも行為と利害を優先するようにできてしまっている。だからこそ、このこと自体をよく見つめ、観照に混入してくる行為由来の習慣と先入見をはっきり捉えなければ、そしてそれらを排除しなければ、真の観照はおぼつかない……。

これは、先に少し触れた「イデオロギー暴露」的な批判と基本的に同型のものだ。その種の批判は、煎じ詰めれば、ニュートラルな「観照」を自称する認識が「実は」行為上での一定の利害関心に根本的に規定されてしまっている、という構図を前提とする。真なる「観照」自体への根本的な信頼とがあっての、批判なのだ(だから、自分のこのテオリアだけは真正なるものだと言い張ることにも躊躇がない)。この種の批判的理論と、ベルクソンが目下述べていることの間には、本質上の差異はない。批判に用いる「枠」が、例えば「ブルジョワジー的」といった社会学的ないし政治学的なそれであるか、それとも生物学的なそれなのか、という違いがあるだけのことだ。

「プラグマティスム」の定義は難しいものだが(ベルクソンの時代からそれは厄介な問題であった)、ごく大まかに言うとそれは、「観照」の管轄であると言われてきた実在の認識ないし真理を、もう一つ上の審級としての「実践」に依存させ、実践上の利害関心に規定されたものとする、という立場である。だが、冷静に読む限り、ベルクソンの学説がプラグマティスムであるはずはない(ジェイムズの真理論に対する彼の微妙な留保には、よくよく注意すべきだ)。むしろこの哲学者が言っているのは、「我々は事実上、ほとんどの場合においてプラグマティストである。しかし、その自覚がないから、自分が捉えているものを真理と見間違えている。こんな現状からは脱出すべきだ」ということであって、すでに自身はそういった無自覚なるプラグマティスムの外に立っている。そうでなければ、彼が続いてなお「直観」を掲げるはずがないだろう。

だから、以上の考察ルートは、観照を優先させるベルクソンを確認しながら、ここで終わりとなる。しかしながら、この「実践による、『認識』のプラグマティスム的構成」といったテーマの外にも、行為と認識の関係をめぐる考察、そしてあのプロティノス的な序列を乱すことになる考察が、ベルクソン哲学のうちにはいくつか見出される。そして、そちらのほうが厄介で、興味深いものなのだ。

3　行為としての認識

行為と認識の間によく結ばれる関係は、まず両者を分けた上で、「情報が選択を導くように、認識が行為を導く」という「手段－目的」連関（コント的な « voir pour prévoir »）、逆に「プラグマティスム的に、行為が認識を先行的に構成する」という連関（ル・ロワ的な « le fait est fait »）、この二つだ。前者はごく分かりやすい話であるし、それを覆すに見える後者も、今日の我々にすれば、そう奇矯な話とは見えない。

しかし時折ベルクソンは、これらとは別の、そんな話の前提自体を乱してしまうような奇妙な発想を、ほとんど平然な顔のままで、語る。言うなら「行為としての認識」があるという発想、あるいは行為と認識の間には連続的なスペクトルがある、という発想だ。

「本能」について、そしてもう一つ「再認」について、この点を確認しよう。

本能論

『創造的進化』において「本能」を論じながら、ベルクソンはいくらか変わった語り方をする。シタリスというハンミョウ科の昆虫は、幼虫の宿主となるハチの身体機構と繁殖形態を知り尽くしているかのように産卵を行う。恐ろしく詳細な認識があるかのようだ。この現象について、ベルクソンはこう述べる。

そこに認識があるとしても、この認識は暗黙のものでしかない。それは、内化されて意識になるのではなく、外化されて正確な運動となる（Elle s'extériorise en démarches précises au lieu de s'intérioriser en conscience, EC, p. 147）。

「本能」は共感という認識なのだが、それは事実上、意識や表象を経由することなく、一定の正確な行為へと延長されていく。もしそれを自覚ないし意識に導けたとしたら、それは生命の非常に深い秘密を我々に教えてくれるはずだ。それが「直観」であるわけだが、そんな見通しの前で、ベルクソンはこんな言い方をしている。

知性は事物をことごとくメカニックに扱うが、本能は、こういう言い方ができるとしたら、オルガニックにことを進める。もし仮に、本能のなかでまどろんでいる意識が目覚めるとしたら、そして外化されて行為になるのではなく内化されて認識になるとしたら……（s'il s'intériorisait en connaissance au lieu de s'extérioriser en action ..., EC, p. 166）。

注目したいのは、曖昧な用語法ではあれ、何か同じ一つのものが「外化されて行為・運動に」なり得ると同時に「内化されて意識・認識に」もなり得る、という語り方を、ベルクソンは何の説明もなしに——ということは彼にとってはおそらくもう自明のものとして——しているという点だ。アナバチやジガバチは、いちいち「あくまで生きたままにしつつ動けないようにするためにはここを」と考えることなしに、黙ってコオロギやイモムシの神経節を適切かつ正確に刺して、卵を産み付ける——実に適切に。そこには認識が、ただし本能的な形態での認識がある。この認識が意識的である必然性はなく、むしろただ単に具体的な行為として成立してよいし、実際そうした形で存在している。ベルクソンが言っているのは、そういうことだ。

「本能」のこうした解釈の当否についてはは措くとしても、それ以前に、何か落ち着かない話ではないだろうか。確かに『創造的進化』の議論を辿っていけば、最後には、自覚に達した状態のほうが「認識」として優れている、と考えられてはいる。(4) しかし、その前段階においてまず、「行為」と「認識」は別種の二つのものとされてはいない。意識の中での認識があって、それがある場合にだけ外化

（4）『進化』第三章においては、「反省（réflexion）」への歩みは、それ自体、生命進化の本質的な方向の一つであるとされる。反省的意識の光の下にないことは、やはりある種の欠損であるわけだ。本能を共感として理解する哲学者の視点からしても、同様である。本能的認識は、生命の内奥を確かにつかんでいるが、現実には、当該生物種の利害によってきわめて制限されたものであり、しかも無意識のままに働いている。哲学はそれを何とか拡大し、また利害関心の制約から解放し、知性との共同の下、反省的意識へともたらすべきである。そうなってこそ「直観」は自らの本分を果たせるのであって、ベルクソンにとっても、本能的認識そのものが哲学になるわけでは（もちろん）ない。

され行為として現れた、という話ではない。また、それだけでは盲目的動作あるいは暗闇の中での運動のようなものにすぎなかった行為を、認識という光が周囲と共に照らし出してくれる、という話でもない。そうではなく、「行為という形での認識」というものをベルクソンは認めているように見えるのだ。それどころか、話の流れからして、生命界にはこの種の認識が溢れかえっていると彼は見ている。「本能」というのは、そもそも分化した諸細胞がきちんと連繋して有機体を構成する際に働くものであり（第一次本能）、同種・異種の諸個体が協働したり対立捕食関係に入ったりするときにも働くものだ（第二次本能）。生命界全体に関わる、非常に一般的かつ根本的なものなのである。そして、ベルクソンはそれを、単なるメカニズムではなく、意識なく沈黙したままで働く「認識」だ、と言うのだ。

自分を知らず、しかし存分に働くような「認識」――かなり法外な概念に見える。反射運動で説明できそうな本能的メカニズムに「認識」を見ると言うのなら、極端な話、法則に従って落ちる石にも重力法則の認識があるというばかげた話になってしまわないのか。

もちろん、そんな話をするつもりは我々にも、ベルクソンにも、ない。今日の我々の周りには、「暗黙知（tacit knowledge）」といった語が便利に流通していたり、視覚像を欠きながらも視覚情報を適切に処理できている「盲視（blindsight）」現象の報告があったりする。そんなテクニカルな話をせずとも、「比喩だ」と言われながら、「免疫系は異物を認識して対応する」、「このカメラは自動的に人物の顔を認識する」といった語り方も、我々にはごく普通のものだ。さまざまな文脈で、「認識」概念はかなり緩やかなものになっている。おそらく「情報」概念の流通あたりが一つの転機であろうが、今日の我々にすれば、古い「テオリア」概念の中に「認識」を閉じ込める理由が、むしろ見えにくいほどだ。

いろいろと考えるべきことはあるが、ここでは、地味な指摘を加えるだけにしておく。すなわち、認識対象をまさに「対象」として意識していたり所有していたりするような「認識」は、認識としてはまだ劣ったものにすぎない、という発想自体は、昔からさまざまな形で語られてきたもの、ということだ。

真に美や善を知るということは、自らが美しく「なる」こと、善く「なる」ことである（プロティノス）。反省的意識においては、意識とその対象ないし目標との間には隔たりがあり、この隔たりが意識を成立させているのだが、習慣においてはこの隔たりは意識と共に消滅する。だがそこに残るのは、むしろ知の優越的形態としての「実体的観念」である（ラヴェッソン）。聖人は、何が善で何が悪かをいちいち比較し判断することなく、端的に善を行う。迷いの中にある凡人とは異なり、善ならぬ選択肢がその念頭に浮かぶ余地すらないからだ。本当の聖人は、自分のことを聖人だと自覚すらしていない。だから聖人なのだ。

意識的な対象化の一種として「認識」を考えるのは、人間的認識の一形態を過剰に特権視することであって、それ自体、決して必然的なことではない――「認識」についてのこうした理解の伝統は、確かにある。

繰り返すなら、すべての認識がそうである、そうあるべきだ、つまり認識対象の対象化ではなくそれとの合一であるべきだ、というわけではない。それはそうで、物理学者や歴史学者が目指すのがそんな合一であるわけはない。しかし、認識の相手によっては、必ずしも笑って捨ててしまうべきではない認識観、ある意味古代的とも言える発想があり、ベルクソンがそれを一定程度引き継いでいること、このことはいったん確認しておきたい。行為と認識をめぐっての我々の問いにとって、厄介だが無視できないものであるからだ。

再認論

ただそれにしても、以上は「本能」の話である。本能は人間にもわずかに残ると言われるにせよ、そんなものが行為と認識を巡っての哲学の骨格にまで関わる事例になるのだろうか。当然の疑問であろう。そこで次に、『物質と記憶』の再認論を、見直してみる。内容は比較的知られたものであるから、概観で足りよう。二つ、指摘する。

(1)「演じ」られる認識

再認 (reconnaissance) という形態の認識 (connaissance) は、身体的再認をその出発点としている。有機的身体にしつらえられたパターン分析機構、すなわち「運動図式」が、外界からの刺激を見慣れたものとしてまず受容する。だから、ここでの認識=再認は身体的であり、「感覚‐運動的 (sensori-moteur)」である。「身体だけで可能な再認、はっきりした記憶が一切介入しない再認」があり、これは「表象ではなく行為から成る」(MM, p. 100)。再認というのだから、現在と過去はある意味で比較されているのだが、ここで過去は思い浮かべられていない。実際、当該の過去が表象として現れるのは、「これは知っている」という身体的認知の後だ。最初にあるのは、「感じられ生きられた類似、こう言ってよいなら自動的に演じられた（automatiquement jouée）類似」（MM, pp. 178-179）なのだ。私の身体自身の勝手な（auto-matique）動きとしてのこの認識は、道具の使用や一定程度の定型的言語返答など、かなり広い範囲で機能する。そしてそれは、この欠損がかつては「失行症（apraxie）」と名づけられたほどに、「プラクシス」に密着したものなのだ。我々の身体はほとんど勝手かつ自然に、ドアノブがあれば手を伸ばして回し、「ありがとう」には「いえいえ」と応じる――実に適切に。身体が演じるこうした「認識＝行為」という土台がなければ、注意的再認、すなわち表象ないし心像を伴ったいっそう複雑な認識も、発動しない（事実、多くの失認症は、この土台の欠損を原因に持つ）。こうした事情も、究極的に言えば、我々が生物であるがゆえの一種偶然的な制約なのかもしれない。それでも、身体なしには不可能な「行為」が、認識において一定の優先権を持っているという事実は事実だ。

もちろんこれは、本能論とは別の論題だ。しかしここでのベルクソン的身体にも、「演じられる」認識、行為という形での認識――先の「本能」はそう描かれていた――が、委ねられているのが分かる。「我々は通常、自分の再認を、思考する前に演じている（jouer notre reconnaissance avant de la penser）」（MM, p. 103）。認識と行為との古風な関係がうまく成り立たなくなっている現場が、我々自身の身体においても、一つ発見されているわけだ(5)。

（2）「自分で行う」ことによる認識

しかし、以上は、身体的（再）認識という、かなり狭い範囲の認識に限られた話である。身体的運動によるこうしたオートマティックな再認にさらに付け加わってくる「注意的再認」のほうについても、その概要を確認してみよう。対象が何であるのかに目をいっそう凝らしたり、文字の連なりの意味するところを理解したりする、つまりは普通の意味で「認識」と言われる過程に関して、事情はどうなっているのか。

ここで重要なのは、この過程は仮説の投射によって進むのだ、というベルクソンの主張だ。会話を理解するには、音声に対応すると思われる観念ないし考えにまず「一挙に身を置き（se placer d'emblée）」、それを自分で言わば言葉にほぐして、聞こえている音声とあらためて照合しなければならない（ある程度合致すればよし、しなければ再試行）。数式は、ぼんやり眺めていても理解できるものではない。「計算を辿るというのは、自分でそれをやり直す（refaire）ことだ」（MM, p. 129）。この私が、自分で実際に計算しなければならない。だからこそ、注意的再認は単に対象の細部に関する受容ではなく、能動的な（actif）働きだ、と言われるのだ。この主張は、『物質と記憶』以後もずっと保持される[6]。

このように、純粋に身体的・物体的ではない対象、すなわち言語や命題の意味などの認識においても、やはり一定の能動的な行為（action）が必要不可欠なのだ。難解な文章の読解を試みる場合、私は「こういう意味ではないか」という案をテクストに投げかけながら進む。この仮説的な「案」は、私が、多様な可能性の中で、さしあたりは自分の力量内で、形成するしかない。どこかに正解が掲示してあって、それを見つけて読み取ればそれで済む、という風にはなっていないのだ。誰でも知っている話である。そしてここには、失敗（読み違える、そもそも途方に暮れる……）の可能性が必ずつきまとっている。しかるに、「選択」や「失敗」というのは、すぐれて「行為」に関わるカテゴリーではないか。

こうしてベルクソンの再認論から確認できるのは、「再認（re-connaissance）」という形態の認識が、身体も含めての私の側での「自分でそれをやってみる」——身体で演じ、精神で再構成する——という行為に裏打ちされ、それによって成立できている、という事態である。

（5）これは、ふと書き留められたどうでもよい文章ではない。『物質と記憶』はその本文末尾で、過去は身体によって「演じられ（joué）」、精神によって「思い描かれる（imaginé）」、と述べる。ほとんど結論の一部なのだ。なぜこの二系列が並置されるのか。研究者の誰もが分かったような顔でやり過ごすが、ここをどう理解すべきかは、はっきり解明されていないと思う。

あるいは、『物質と記憶』が利用する概念の一つに「観念＝運動的（idéo-moteur）」というものがある。この概念が成り立つには、一つの前提がある。すなわち、「観念」というのは、見られる（意識表象となる）絵のようなものにとどまらず、そのどこかが「演じ」られもする（運動へ引き継がれていく）、鵺のごとき存在だ、という発想である。そしてこの発想は、『物質と記憶』の心身関係論すべての基礎をなしているとすら言えるものだ（第七版以降の序も参照）。ここに自明視されているのは、意志を必要としない「観念」自体の力動性、ならびに、その越境的因果効果とでも言うべきもの——思惟対象である観念が「演じ」られれば身体的運動を生みだせる、というのであるから——との融通無碍な連接である。こんな概念をあっさり利用できるのだとしたら、そこにおいては、デカルト的な心身二元論の原理的困難はもう初めから排除されている（あるいは無視されている）のだ、と言うことすらできよう。しかしそれは、どういう立場なのか。

ただしこれは、ベルクソンにのみ固有な、異端的発想ではない。以前から、催眠やとりわけ暗示（suggestion）の現象を合理的に説明しようとする医学者や哲学者の多くが、類似の発想を用いていた。そもそも「観念＝運動」性の概念の出処も、そこである（この奇妙な概念の系譜については、拙論「意識の他者／他者の意識——フランスにおける心理学と無意識（一八八〇－一八八九年）」（『思想』、一〇六八号所収）を参照）。いまや「観念」は絵であることを止め、自ら動き、動かし、我々にあれこれのことを語らせ、あれこれのことを演じさせ、あちこちに伝播していく。「力としての観念（idée-force）」を基礎概念として独特の心理学や進化論を説いたのはフイエ（A. Fouillée）だが、彼のユニークな哲学も、当時のこのような発想を背景として成立したものである。

（6）論文『知的努力』。また、ある程度は『形而上学序説』末尾。一九〇三－〇四年の『記憶理論の歴史』講義（*Histoire des théories de la mémoire. Cours au Collège de France 1903-1904*, PUF, 2018）も参照。

ことによると、話は「再認」あるいは「再構成」を超えて拡がるかもしれない。例えば、「こういう意味だろう」という解釈は、失敗してしまうこともあろう。そんな解釈では、目の前にある単語のつながりが説明できないのだ。しかし反対に、テキストに沿いつつも書かれた際の意味を超えて豊かな解釈が創造されることも不可能ではない。私の行為が前提である以上、それが用意済みの「正解」の単なる反復という枠内に収まる必然性はないからだ。

ここで興味深いのは、論文『知的努力』の構成である。『物質と記憶』からそれほど経たない時期に発表されたものだが、そこで順に扱われていくのは、想起(rappel)、解釈(interprétation)、そして創造(création)であった。いずれも、前イメージ的な「力動的図式」を具体的なイメージへと展開していく能動的過程として説明されるのだが(イメージ間の惰性的連合ですべてを説明するテーヌ的理論への反駁だ)、この三つのトピックが連続的に扱われるということ自体、考えてみれば、奇妙にも思われる。過去をそのままに想起することと、新たな創造を行うことは、本質的に別の事柄ではないか。

しかし、もしこの過程を実際に進めているのが私の行為であるのなら、そこに「失敗」の可能性と同様、言うなら「過剰成功」の可能性を見ることも可能になろう。「やり直す」ことも「する」ことであり、それはさらに「新たに、する」こと=創造にも、なめらかに繋がり得る、ということだ。逆に、認識と行為をあっさり分断する観点、あるいは「まず認識を踏まえて、その後に適切な行為」という順序を自明視するだけの発想においては、このような連続性は、最初から不可能であっただろう。そして実際、『知的努力』におけるベルクソンは、そんな観点を取っていないと見られるのだ。

ここまで、「行為」が「認識」に対して、単純な後続や依存の関係にないケースがベルクソンによって述べられているのを確認してきた。

おそらく、いくつかの疑問が生じよう。「認識」といってもいろいろな種類の認識がある。例えば、特に科学的認識をモデルとして考える論者からすれば、認識がまっとうな認識であるのは、それを理解しあるいは構成する者の心理学的プロセスのおかげではなく、認識内容そのものの性質、例えばその論理的整合性のゆえ、ということになりそうだ。「仮説演繹法」的な類似はあるかもしれないが、やはり科学的な「認識」と、結局各人が行う「行為」とを、そう簡単に重ねるわけにはいかないのではないか。

この種の反論にたじろがずに進めば、初期ル・ロワの「行為の哲学」になる。数学も自然科学も、整序し体系化しようとする行為の所産であり、その種の行為によってのみ、その真理性ならびにその意味を充実される、というわけだ。しかしながら、ベルクソンは、ル・ロワのこうした見解には与しない（第四章も参照）。

また、これとは別に、プロティノスのような哲学者であれば、自分が「テオリア」と呼んでいたのは、物質世界の認識のことではない、と応じることだろう。我々の生を決定的に変えるはずの「美」、その向こうの「善」についての認識、そしてそれらに対するこの我々の位置についての認識、これこそが問題だったのであって、「テオリア」本来の高貴な役割を矮小化し、本能や身体運動に属する「プラクシス」ばかりを取り上げて、そんな水準で「実は、テオリア自体にはそれほどの優位性はない」などと言われても困る、というわけだ。

その通りである。しかしベルクソンも、彼なりの仕方で、特に「自己」の認識、そしてさらにより形而上学的な認識を問題にしていた。「科学認識論」や、今日言うところの「認知科学」などが彼の本来のフィールドであったわけではない。

だから、そうしたいかにも「哲学」的と言われる認識について、さらに検討してみよう。そこにおいて、行為と認識はどのような関係に置かれているのか。この検討の中で、我々は次第に、「語られたこと」内部での考察から、哲学者ベルクソン自身の態度ないし方向づけの確認へと進むことになる。

4　哲学的問題における認識と行為

自由論と自由行為

行為（action）の内的本性について思弁する（spéculer）唯一の例外的ケース、すなわち自由の理論（théorie de la liberté）……（MM, pp. 207-208）。

『試論』だけを読んでいると気づきにくいが、『物質と記憶』でベルクソンがこう回顧するように、『試論』で問題になっていたのは、すでにして実は、« action »と« spéculation »との関係であった。『試論』は、その批判的なパートにおいて、真の持続、すなわち「我々がそこにおいて行為している（agir）持続」（MM, ibid.）と、「我々がそこにおいて自分が行為するのを見る（nous regarder agir）持続、そこで自分を見るのが有用であるような持続」とを区別する。後者は、真正の思弁の基礎になり得ない虚像である。そして、各種の決定論は、あるいは無差別の自由を主張するような自由論も、この虚像に基づいてしか、有意味なものとして自らを主張できない。だから、当の虚像を首尾よく解体できたなら、「ある意味で、自由の問題そのものが消え去る」（DI, pp. VII-VIII）。これがベルクソンの選んだやり方であった。

では、積極的部分では、どのように「自由」が語られたのか。目下重要なのは、「自分が行為するのを見る」というレベルと、端的に「行為する」というレベルがもはや区別されないところで、「自由」が掴まえられ、論じられたという点である。

ジャンケレヴィッチの議論、そして最近では平井靖史による優れた『試論』解説がすでにあるから、手短に済ませよう。(7)——外から先回りして行為を予見できる、前件の十全な認識があれば予見は可能だ、ということをもって「決定論」を主張したいポールがいる。さて、このポールが、自由行為に至るまでピエールが経る心的状態を完全に知ろうと思えば、時間の中で熟慮や躊躇を重ねるピエールのことをそのまま一切漏らさず認識せねばならない。そこにおいてこそ、最後の行為はそれとして熟し

（7）Vladimir Jankélévitch, *Henri Bergson*, 2ᵉ éd., PUF, 1959, ch. 2. アンリ・ベルクソン（合田正人・平井靖史訳）『意識に直接与えられたものについての試論』（ちくま学芸文庫、二〇〇二年）、「解説」。なお、平井靖史『世界は時間でできている——ベルクソン時間哲学入門』（青土社、二〇二二年）、第七章も参照。

てくるのであるから。かくして、観察者（観客 spectateur）であったはずのポールは、実際の行為者（演者 acteur）であるピエールにだんだん近づき、最後には一瞬たりとも省略することなく、このピエールに完全に同期し、ぴったりと一致してしまう他ない。外的な認識で行為の先回りをすることは、原理的に、不可能なのだ。かくして、自由とは外から見る事柄ではなく、自ら実際に生きるべき事柄だ、ということになる。自由の認識は、自由な行為をなすことと、区別ができない。

「行為という形での認識」というライトモチーフが、すでに示されている。「自由」を認識するとは、何よりまず、自由であること、実際に自由に行為をなすことである。しかも今回は、それなしに別経路で「自由」を認識しようとしても偽の概念にしか達しないという意味で、「行為」のほうが「認識」に対して絶対的な先行条件になっていると見られる。[8] 数式の意味を理解するためには自らによる計算が不可欠であるように、自由とは何かを正しく捉えるテオリア（théorie de la liberté）には、自由行為が不可欠なのだ。「行為（action）の内的本性について思弁する（spéculer）唯一の例外的ケース」において、この「思弁」は、「行為」そのものに従属するのである。

「観照が弱まるとひとは行為に移る」とプロティノスは述べていた。自由論を語るベルクソンにおいては、まさに逆の話になっていることが分かる。仮に存分に自由行為を果たせていれば、行為と一体になった観照（自由の自己確証のような経験だろうか）があるばかりで、「決定論か否か」といった問題はそもそも立てられない。だが、行為の強度が損なわれてしまうと、そこに哲学的な議論のための隙間が生じる。その上で、決定論への反論という形で、「自由」についての正しい理論、正しいテオリアを、言わば二重否定の形で確保しようとする試みも生じてくる。実際のところ、『試論』自身、そうした遅ればせに作られた迂回路のような性格を強く帯びている。言ってしまえば、ベルクソンにおいて、自由論とは、自由なるプラクシスの減弱なのだ。

いささか乱暴な話に見えても無理はない。ある意味でこれは、「自由かどうか、自由とは何かといったことは、実際に自由に行為すれば分かる。自由に行為したことがなければ、決して分からない」という話にもなるからだ。だがあえて、この乱暴さにもう少し付き合ってみたい。

ベルクソンは、一九二四年になって出版されたジェイムズの書簡集に序文を寄せている。そこには、次のような思い出が記されている――

自由行為や自由な選択を信じない哲学者について、語り合ったことがある。彼は私に言った、

（8）ラディカルな主張であるから、一定の緩和は不可欠だ。ただの断定ではもちろんだめであって、それなりの準備的考察（心理学的考察、哲学的考察）は不可欠だ、とか、自由行為はまったく認識を絶したところで行われる非合理的出来事だということではない、とかの注記も欠かせまい。

ただ、ベルクソンの「自由」は、当然ながら、そんな面倒な準備を済ませた哲学者にだけ許されたものではない。言わば自然に自由行為をなしおおせる非哲学者はいくらでもいるわけであって、彼らは、面倒な自由論を迂回することなく、しかしどんな哲学者よりも自由である。そちらがむしろ「原本」であって、哲学者の議論は本質的に、遅ればせながらの、その言語化にすぎない。『可能と現実』で、自己創造について語る一節も参照――「この点を深く探究しなければならないわけではない。それについて十全な意識を持つことも必要不可欠ではない。芸術家が自分の創造力を分析する必要がないのと同じだ。そんな心配は哲学者にまかせて、芸術家は創造することで満足するだろう」（PM, p. 103）。当たり前の話だが、そもそも生命も、それが創造的な進化を遂げていくために事前の哲学的反省を必要としたわけではない。哲学というテオリア、ならびにその必要性（というものがあるのなら）などは、この自然のただ中で、ごくローカルなものにすぎない。

「そんな考えを持つ者たちは、まったくのところ、行為しているという生き生きした感情（sentiment vif d'agir）を一度も持ったことがない人間なのだろう。思弁的なばかりの人生を生きているせいでその機会がなかったのか、あるいはむしろ、生まれつき自分の周囲の状況に流されるような性格なのか……」（M, p. 1472）。

もちろんこれはジェイムズの言葉であって、ベルクソンの見解ではない。ジェイムズという人間が、自分とは別意見の者たちも、それなりに大事な報告を与えてくれるということで尊重し、つまりは哲学上の多元論、とりわけ宗教の「諸相」をそれぞれに容認する実に柔らかな精神の持ち主であったこと、その実例としてのエピソードである。しかしその上で、ベルクソンが思い出すのがこの話題であることには、何の意味もないだろうか。ジェイムズの言葉には、以上見てきたのと似た乱暴さが（いくらかのユーモアも込みで）含まれている。ベルクソンがこれと別意見であったかどうか。

さて、この「やればわかる」、あるいは「実際にやってみれば、最初の問題がそもそも立たない」といった処理法は、「自由」とは別の諸問題に関してはもう登場しない、というわけではない。もちろん、一切の哲学的問題が、そんな言わば乱暴な処理を受けつけるわけはない。それでも、折に触れ、類似の所作が目にされるのも事実である。「行為」の側の一定の優位性を、「認識」であろうとする哲学自身が肯定する、という場面だ。そんなベルクソンの語りを、続けて見てみよう。

知性の発生論

一つ有名なのは、『創造的進化』第三章の最初の部分だろう（EC, pp. 193-195）。ベルクソンはこの章で、人間知性の発生論（genèse）を試みるが、いったん「そんな発生論はそもそも可能なのだろうか」と予備的考察を行う箇所である。

仮想論敵（おそらくブランシュヴィックだ）は言う――ベルクソンは、生命進化における「知性の発生」を論じたいと言うが、そんな企ては不可能だ。その発生過程も、発生済みの知性がすでに持っている概念などで記述するしかない。知性の外はない。その発生を問おうとしても、論点先取ないし悪循環を犯す以外にないのだ。不毛な再構成にすぎない発生論には、フィヒテやスペンサーなどの実例がいくらでもある……。

しかしベルクソンは、そうした反論に対して、「行為が、循環を破る（l'action brise le cercle）」（EC, p. 193）と言う。地上で歩いたことしかなければ、水中で泳ぐことなど不可能だと見えよう。だが、実際に水に飛び込めば話は別だ。かくして彼はこう述べる――

理論上は（en théorie）、知性によらない認識を求めるのは不条理だ、ということになろう。しかし、あっさり危険を受け入れてしまえば、推論（raisonnement）が結んでしまった結び目、推論にはほどけない結び目を、行為（action）が断ち切ることになろう（EC, p. 194）。

同様に、知性のメカニズムについて、いくらでも好きなだけ知性的な仕方で思弁（spéculer）していてもいい。しかしそんな方法では、そのメカニズムを超えることは決してできない（EC, p. 195）。

　このように述べたベルクソンが、その後具体的に何をして、何を報告してくるのか、ここではもう詳細に立ち入らない（ただ、意志を緊張させてみる自由行為の少なくともシミュレーションがなされることには注意）。ともかく以上でも、『試論』のそれとほとんどパラレルな、ある意味「乱暴」な話がなされている。「理論」「理性推論」「思弁」の限界を超えるものとして、「行為」の権利が認められているわけだ。

「偽の問題（faux problèmes）」

もう一つ、『思考と動くもの』第二序論には、目下の観点から無視できない議論が見いだされる（PM, pp. 64-67）。

　意志が十分に強くない者は、自分が窓を閉めたのかをいつまでも決定的に確信することができない。そのせいで、「なそうと欲したことを実際になしたとどうやって確信できるのか、しかも決定的に確信できるのか」という問いが生じる。[9] しかし、この種の問いを真面目に受け止める必要はない。それは単に、意志の欠損の結果でしかないから。充実しきった神的な意志においてなら、そんな問いは、答えを得る以前に、そもそも立てられない。我々も通常、そんな懐疑には巻き込まれない。「我々はそんな問題を立てない。そこに我々の優越性がある」。

「なぜ無ではなく存在が」、「なぜ混沌ではなく秩序が」という問いについても、ベルクソンは同じ扱いをする。実際、「無」や「無秩序」をめぐる問題は、ベルクソン哲学から（もちろん門前払いではなく、問題そのものの分析を通じて）「偽の問題」として排除され抹消されたのだが、それが目指す到達点は、そんな問題は立てられるに値しない、という主張、ないし断言であった。

しかし、『思考と動くもの』序論でのベルクソンの言明は、それ以上に大胆なものに見える――

> 我々が自分の意志を膨らませ、その意志へと思考をあらためて没入させていき、事物を生み出す努力へといっそう共感していくなら、その種の恐るべき問題はしだいに退き、縮小し、消え去る。というのも、神のごとく創造的な意志ないし思考（une volonté ou une pensée divinement créatrice）は、広大無辺な実在性を具えて充実し切っており、秩序の欠如や存在の欠如など、その頭をよぎりもしないということが、我々にも感知されるからだ……（PM, p. 66）。

我々は神ではなく、「人間的な弱さ（infirmité humaine）」（PM, p. 68 note）を有するので、どうしても我々の知性は、自分の手もとで面倒な問題を立ててしまう――なぜ存在が、なぜ秩序が。ベルクソンは、自分の批判的理論は、そうした「知性ならではの錯覚」に同平面で拮抗する「知性上でのカウンターパート」なのだ、と言う。そうやって可能になるのは、もはやそうした作為的（人為的）な問題

（9）この種の神経症的な問いと疑いのとめどなき繁茂という事態に意志の減弱を見る観点は、コレージュ・ド・フランスにおける「人格」講義（一九一〇－一一年。内容の間接的報告は M, pp. 845-875）以来のものだ。知性は、それだけで放っておくと、果てしない疑いと不決断へを我々を導かずにはいない。どこまでも確実な準備をしようと思えば、どこでその考察を止めるべきかは分からなくなるからだ。いわゆる「フレーム問題」にも似たこの状況を断ち切るには、別の審級の介入が必要となる。

を立てることのない、「半ば神的な状態（un état semi-divin）」（*ibid.*）だ。[10]

忘れないでおこう。ベルクソンにとって、この「無」と「無秩序」の問題は、ただの二つの小さいパズルではない。それらは、西洋哲学と呼ばれるものの発端となり、それを駆動し続けた非常に根本的な問題なのだ。「なぜ無ではなく存在が」、「なぜ混沌ではなく秩序が」という問いこそが、存在論と認識論を生み出しながら、それらを一定の方向に促し、その上で多様な（多くは無益で不要の）「解決」へと導いてきたのである。

しかし、それらの問題は偽のものにすぎないし、意志の弱さ、行為の非充溢がなければ最初から立てられもしなかったはずのものなのだ、とベルクソンは言っている、少なくとも言いかけている。あたかも哲学の多くの部分が、もともと語られる必要もなかったことであるかのようなのだ――まさにあの「自由の理論」と同じように。

再び、暴力的なベルクソンである。くどくなるが、これは単に、「結局は直観すれば分かる（しないから分からない）と言って済ませる直観主義者だから、まあ無理もない」、という話ではない。さすがにベルクソンも、そこまで雑なカードを切りはしない。概念の人為性や作為性を暴き、偽の問題を解消するためには、手の込んだ弁証論的批判が不可欠であり、こうした批判は、彼の哲学の重要な部分をなしている。実際、『試論』のもう九割以上はそれでできていよう。

ただしかし、やはりベルクソンが最終的に目指しているのは、洗練された批判――自然な錯覚への「カウンターパート」――を組み上げ整えることそれ自体ではない。その種の作業は、煎じ詰めれば、「障害物（*impedimenta*）」（PM, p. 22）の除去である。予備作業なのだ。その向こうに、到達すべき本当の地点がある。そもそも、それがあっての批判作業である。やり方は一通りではない。既成概念では届かない——直観するしかない——その地点を指し示すために、散文的な批判だけではなく、さまざまな比喩的言語運用までもが必要になったりもしよう。これもまたベルクソンの著作の、重要かつ魅力的な構成部分である。だがそれも結局は間接的な「手段」だ。最後は直観するしかない事象の手前で、そちらへと読者を方向付けるための手段、ということである。

だから、さまざまな概念的装備や弁証論的技法が駆使されるものの、ベルクソン哲学の最終審級が「直観」にあることは動かない。だが、これは「テオリアの優位」という結論を意味しない。この「直観」とは何か。純粋なる観照的認識であるのか、それともそれをどこかで超過する行為に属する何か、あるいは実のところ、もはや行為と不可分な何かなのか。そんな疑問から始まった考察であった。「直観でよい、そしてこの直観とは純粋なる観照のことだ」というだけの話なら、ベルクソンがあのプロティノス的な観照主義を批判する理由もなかったはずなのだ。そして、ここまで見てきたところでは、ベルクソン哲学において、「行為」が「認識」に積極的に関わるとされるケース、あるいは「行為」によって虚像から「認識」を救い出し、あるいは限界を超えて「認識」を拡大すべきだとされるケースが、いくつもの場面で確認できるのだった。この意味で、ベルクソン哲学には、「行為」

(10)『思考と動くもの』の序論には「一九二二年一月」の日付が与えられているが、実際には三四年の出版前にいくつかの追記がなされたことが知られている。この注を含む前後の箇所も、晩年のベルクソンによる追記ではないかと思われる。二二年までの段階では言われていなかったこと、『二源泉』になってようやく明言されることと、内容上の類似があるからである。

に対するこだわり、根深いオブセッションとでも言うべきものがある。このオブセッションは、『道徳と宗教の二つの源泉』、とりわけその神秘主義（mysticisme）論において、再び確認されることになる。

5　神秘主義と哲学

「動的宗教」を論じる『二源泉』の第三章で、「完全な神秘主義」がどう定義されたかはよく知られていよう――「それは行為であり、創造であり、愛であるはずだ」（DS, p. 238）。この基準からして劣位に置かれるのが、インドの神秘主義であり、ヘレニズムの神秘主義であった。最初に引いたプロティノス批判は、そもそも、この文脈で口にされていたものである。

ユダヤ教からキリスト教に続く系譜上に見られる神秘主義者が特権視された理由は何であったか。彼らが引き受ける教義の内容そのものにおいて、何らかの理論的優位があった、ということではない。ベルクソンにとって重要なのは、彼ら自身が、すぐれて行為的存在であったこと、並外れたエネルギー、大胆さ、構想と実現の力を示したこと、であった。本章の最初に見たように、「瞑想や観照よりも、行為」という基準での判定だ。

もちろん、この判定はまったく勝手な決めつけということではない。それなりの前提はある。つまり、創造的プロセスたる生のエランが、自分の最奥部を開示する現場があるとしたら、ひいては自らの起源について明かす場面があるとしたら、それは創造的行為を行っている存在のうちにであろう、というのがベルクソンの見通しなのだ。『創造的進化』以降の彼の探究は、明らかにそちらに向かっている（講演『意識と生』など）。エラン・ヴィタルは創造的運動であり、創造は行為であるのなら、当の探究目標からして、創造的行為者こそは優れたインフォーマントである、というわけである。そして結局そこで選ばれるのは、芸術家以上に、人間種の基本的設定（閉じた社会、静的宗教）を超える次元を我々に開示した神秘主義者であった。

ただし、あえて突き放して言うなら、こんな見通しは論点先取である。ベルクソンの中には、最初から、やはり基本的なところで、何か「行為」優位に傾くところがあるのだ。

実際、『試論』の自由論にも、すでにこの傾向は明らかであった。というのも、ベルクソンは「自由」を、持続する自我の進展過程（progrès）、絶えず新しい有機的統一の形成プロセス全体において考えるのではなく、あくまでそれが外的に表明されるという「自由行為（action libre, acte libre）」、すなわち内的生の「外的表出（manifestation extérieure）」としての行為、連続的持続の切断点ないし終点としての「行為」を軸にして考察していたからである。果実は徐々に熟れていくが、それが落ちる局面こそが重要視されるのだ。

これについて「なぜ」を言うことはずっと困難だろう。それを正当化する論拠、例えば生命哲学的な背景はまだないのだから。ここではもう、あえて「オブセッション」の形容で済ませておく。(11)

問題そのものの消滅

『二源泉』第一章の、開かれた道徳を論じる箇所では、共同体内部の道徳を打ち破る道徳的「英雄」に、ある種先取りする形で「神秘主義者」が代入されている。その上で、ベルクソンはこんなことを言う――

このように解放された魂に対して、物質的障害の話をするべきではない。この魂は、障害はどけられねばならないとか、障害を押しやることはできるとか、そんな風に答えはしないだろう。彼はきっぱり言うだろう、障害など存在しないのだ、と（DS, p. 51）。

「存在しない、と言う」。山をも動かすというよりも、そもそも動かすべき山が消滅してしまう。この乱暴な言い方は、先ほど自由論その他において指摘したのと、おそらくは同じ種類のものだ。実際、神秘主義者について語る第三章になれば、ベルクソンははっきりとこう述べることになる。

最初に指摘したいのは、神秘主義者たちは、我々がかつて「偽の問題」と呼んだものを放置する、ということだ。たぶん、真の問題だろうが偽の問題だろうが、神秘主義者はそもそも問題というものを立てたりしない、と言われるだろうし、それは正しい。にもかかわらず、哲学者がまず取り掛かるべき諸問題について、この神秘主義者たちは我々に、すでにして暗黙の回答をもたらしていたというのも確かなのだ（DS, p. 266）。

これに続くベルクソンの文章は、先に我々が確認した論点をそのままに繰り返している。知性がこしらえた絶対的な「無」という疑似観念を前提として始まる形而上学的な考察は、「人間的な観点よりも上に昇っていくにつれて、色あせ、消滅する」(DS, p. 267) というのである。

『二源泉』から、もう一つ拾っておく。道徳は歴史の中で進展するとされるが、新しい道徳が告げられる時、根底にあるのは、理性推論とその拡張ではなく、新しい「情動」だとベルクソンは言う。

新しい道徳の前に、そして新しい形而上学以前に、まず情動がある。それが、意志の側ではエランに延長され、知性の側では説明的表象に延長されるのだ (DS, p. 46)。

だから、新しい道徳が告げられた後なら、知性の側で、新しい道徳のことを、それまでの知性概念

(11) 人間の「行為」に限定されない、言わば存在論上の命題においても、働き (action, agir) は特権視されている。『可能と現実』における回顧——「しかるに、何もしないものは何ものでもない (ce qui ne fait rien n'est rien)。しかし私は考えた、時間というのは何ものかである、と。したがって、時間は働いているのだ (Donc il agit)。時間には何ができるのだろう?」(PM, p. 102)。諸事象の変化をトレースするための一般的枠ではない「時間」が「実在的」であるのは、それが、« agir » する何かであるからなのだ。
一八九三年の『形而上学講義』には、「存在することとは、行為することだ (Être, c'est agir)」というフレーズも読まれる (*Cours II*, PUF, 1992, p. 436)。ライプニッツやラヴェッソンから受け継いだテーゼであるかにも感じられるが、講義の文脈 (ライプニッツの力動論も批判的検討の対象となっている) からすれば、ベルクソン自身が自分の責任で掲げるテーゼだと理解すべきだろう。

をより整合的に拡大した理論だとみなすことも可能になる。言ってみれば、「事後的な並行論」のおかげだ。しかし、そんなただの理論が、どうやって人間の歴史を動かすか、なぜ実際に人々を動かしたのかについて、説明は不可能である。ただ、ここではもうその話には立ち入らない。目下注目しておくべきは、同じもの（ここでは情動——ただし「超知性的」な情動）が二方向に、意志のエランにも、知性的表象へも、等しく引き延ばされて展開され得る、という図式が登場しているという事実のほうである。「行為されること（演じられること）」と「表象的に意識されること（イマージュ化されること）」が並べられるこの奇妙なロジックについては、記憶や再認、認識に関して、先にいくらか指摘をしたところだ。今度は、「情動」について、これにかなり類似したことが反復されているわけである。

行為の優位と、哲学の変貌?

であれば、こういうことになるのだろうか——『試論』以後、さまざまな場面で、またさまざまな仕方で、観照に対する行為の優位性、あるいはそこまで行かずとも同等性、あるいは互換性といった言わば反プロティノス的な観点がひそかに示されていたのだが、今や『二源泉』において、そうした多様な諸論点が統一されながら、行為の優越性という立場が強く打ち出されるに至った。« spéculation » と « action » の序列関係において、後者のほうがとうとうはっきりと上位に置かれることになった……。

そうかもしれない。しかし、事態はもう少し込み入っている。『二源泉』が「行為」を重視するとしても、それは一応、事象を正確につかみ叙述しようとする哲学的考察の内部での話であって、一番大きい外枠を支配しているのは、やはり哲学というテオリアのほうであるからだ。

哲学者ベルクソンが、優れた行為者である神秘主義者を取り上げたのはなぜか。それは、先述のように、神秘主義者がもっとも原本的な報告を与えてくれる情報提供者だ、と見積もられるからである。言い換えるなら、「やらなければ分からない・実際に行為したものだけに分かる事柄がある」というむき出しのテーゼをそのまま使うのではなく、「だから、事象（ここでは道徳や宗教の起源となる生命の意義など）を把握するためには、それを独特の仕方で実際に了解し行為している当事者に問い尋ねてみよう」といった具合に、話はいったん、哲学的認識の水準に引き戻されているのだ。誰の報告ないし証言を聞くかを含め、舞台あるいは法廷をコントロールする権限は、あくまで、哲学の側にある。だからこそ、「神秘主義の哲学的価値」と題されたパート（DS, pp. 259-267）での考察も必要になってくるのだ。ある意味当然のことで、行動者としての神秘主義者をいくら特権視するといっても、ベルクソンがしたのは『二源泉』の執筆であり、彼自身が神秘主義的行動に赴いてみせたわけではない。(12)

そうだとすれば、プロティノス的ヒエラルキーを転倒させるという企ては、最終的に、非常に限定的なものであったことになろう。行為する当事者（神秘主義者、あるいは創造的芸術家、等々）が重視されるのは、ある種の事柄についての認識のためという観点において、彼らがその情報源として重要にな

(12) 実際、ベルクソンは以前から、哲学を実践に直結させることを戒めていたし、そのような受容を迷惑に思ってもいた。運動変化の遍在を語ったとしても、政治運動や政治的変動をそそのかしていたわけではもちろん、ない——細菌の遍在を言う学者が感染を勧めているわけではないのと同様に。結局、「説明原理と、行動準則とは、別のことである」（PM, p. 96）。『二源泉』もこの境界線を強調する。「行動の勧奨と説明とは別のことである」（DS, p. 14）。

るからであって、それ以上ではない。「哲学」という認識は、あくまでそれが認識であるがゆえに、行為や行為者を特権視することもあるのだが、それはあくまで認識対象としてであって、哲学的認識そのもののステータスが何か変更を蒙るわけではなく、テオリア側の優位性が揺さぶられるわけでもなかった……。

6 ベルクソン哲学そのものが「行為」に接する時

しかし、まだ話を終えるわけにはいかない。

ベルクソンが「哲学者」としてオーサライズした文章の中でも、あまり正面から扱われない一群のテクスト、より正確にはテクストの諸部分が、ある。講演ないしそれに準じた文章、具体的には、一九一一年の講演『哲学的直観』ならびに『変化の知覚』の末尾、あるいは、それよりずっと後になる『可能と現実』の最終部だ。(13)

そんな場所でベルクソンは言う――変化や持続についての正しい認識ないし知覚は、確かに哲学上の「思弁」に大きく寄与するものだが、それだけではない。万物を「持続の相の下に」捉えることは、我々と周囲の実在に奥行きを与え、創造的現実のただ中に、あるいはその進展の切っ先に、我々を置き直してくれる。

かくして哲学は、思弁（spéculation）においてと同様、実践（pratique）においても、科学を補うものになるはずです。生活の利便ばかりを目指してのさまざまな応用で、科学が私たちに約束してくれるのは、安寧（bien-être）であり、せいぜいのところ、楽しみ（plaisir）です。しかし、哲学は、我々に歓喜（joie）までも与えることができるのです（PM, p. 142）。

あるいはまた、可能と現実の順序についての取り違えをただすこと、「可能が現実に先立つ（だからすべては既決の何かの現実化であって、新たなる創造ではない）」という発想をきっぱり否定し去ることには、ただの知的ゲーム以上の意味がある。

創造の偉大なる業に、私たちも、創造者として自ら参与しているのを感じます。これまでは何かよく分からない自然の必然性の奴隷として服従の態度をとっていた私たちは、自分より偉大な主人（un plus grand Maître）に結ばれた主人（maîtres）として、あらためて身を起こすことになります。私たちの研究の結論は、そうしたものになるでしょう。可能と現実についての思弁（spéculation）を、ただの遊びと見ることのないようにしましょう。それは、よく生きるための準備（une préparation à bien

（13）『道徳と宗教の二源泉』第四章の全体も当然関係してくるところだが、ここでは省略する。そこから言い得ることは、基本、以下で述べることと同じであるからだ。『二源泉』が、「よく生きる」ことを語るよりは、もっぱら「悪く生きないようにするためには・滅亡してしまわないためには」という向きで語っているといういささか苦い事実については措くとして。

vivre）ともなるのです（PM, p. 116）。

講演、ないし講演をもとにしての文章であって、ベルクソンも、聞き手や読み手の反応を求めながら、普段とは調子を変えていたりもするのだろう。感動の拍手を狙っているかのような印象もある（大戦中のあれこれの講演を含め、とりわけ一九一〇年代の彼には、そんな気配が感じられる）。どう読むべきかについては注意が必要なところだろう。

だが、文言をそのまま受け取る限り、ベルクソンはやはり自分の哲学、自らの「思弁」が、「実践」に再び合流し、日々の生に引き戻されるということを認め、さらにはそのことを要求すらしているように見える。「創造者として・歓喜の中で・よく生きよ」と言われているわけではないし、歓喜やよき生こそが哲学的「思弁」の存在理由なのだ、といった安易な結論が告げられているわけでもない。安易な、と言うのは、歓喜やよき生という「目的」のための「手段」として哲学が意義づけられている、というわけではないからだ。ただそれにしても、哲学的な「思弁」はよく生きることへの「準備」に（も）なる、というところまでは、確かに言われている（この「準備」という表現はなかなか巧みな、言わばきわどいコースを狙うものに見えないだろうか）。ともかくこうして、「思弁」は再び「実践」に結びつけられ、あるいは「よく生きること」への入り口ともなる。もちろん、テオリアがプラクシスに従属させられている、とまでは言えまい。だがこんな場面で、プラクシスは、単なるテオリアの「対象」であることを止めている。神秘主義者すらインフォーマントとしてのみ遇するようなテオリア側からの線引きは緩められ、むしろ一種の越境がなされつつある。

結論にかえて

「反プロティノス主義」的言明を手掛かりに、ベルクソン哲学において、あるいはベルクソンにおいては、「行為と認識」ないし「プラクシスとテオリア」との関係はどうなっているのかについて見てきた。一般的かつ一義的な結論が得られたわけではない。だが、ここまでを振り返りつつ、特に拾い上げておくべきだと思われる点を再確認しておきたい。

まず、「有効な行為〈のための〉事前の正しい認識」といった常識的な関係は、ベルクソンにおいてももちろん否定されないが、もとよりそこに特段の特徴はない。また、「行為によって先行的に規定された〈認識〉」という関係があることも、これまた否定はされないものの、実はその〈認識〉とは、多くの場合、真の意味での認識ではなく、有効な行為のための諸要求に促されての恣意的構成物だ、とされるのであった[14]。

我々が特に着目したのは、それらとは異なる諸関係であった。「認識」と言われるところで、実は自身の行為がそこにもうほとんど内的な仕方で関与している（想起や理解）。あるいは、そもそも「演じられた」認識としての行為というものすら認められている（本能や身体図式）。そんな場面において、テオリア側の単純な優位は、すでに揺らがされていた。

（14）実在から便宜的に抽出される「一般観念」ないし「類似性」の中には、実在に対応したものも含まれる（生命に関するもの（類種や、諸器官の分節に基づく類似性）、物質の諸性質に関するもの（幾何学的なもの・量的なものを背景としての同一性）。v. PM, pp. 58-64）、というのがベルクソンの最終的な立場だが、それは決して、プラグマティズム的な認識論そのものの肯定ではない。

続いて、哲学的な認識に目を移してみると、そこに見られるのは、以上のような関係の否定や撤回であるよりも、むしろ、その拡大と深化であった。例えば、自由論が適切に成り立つためは、自由なる行為という原本がなければならなかった。しかも同時に、仮にそんな自由行為が十全に成り立ち続けていれば、自由論が生まれる余地もないのだった。「かくして、自由の問題は、ある誤解から生まれたのだ」（DI, p. 180）。自由論というテオリアこそは、自由なるプラクシスの減弱であるかのごとくなのである。そしてまた、知性の「発生」を論じる際にも、理論上の限界を乗り越えるために、「行為」が要請されていた。哲学というテオリアにとっても、自らの行為なしには不可能な認識、さらには行為そのものにおいてのみ可能な認識があることが、あれこれの場面で承認されているのである。

こうしたケースでは、哲学的なテオリアは、プラクシスを前提とし、しかも当のプラクシスにおける一種の非十全性から、その言わば補償として生じるという構図が描かれている。意志の弱さから懐疑が生じるように、自由行為の失敗から「自由の問題」が生じる。充足させるべき「欠如」があるという構えでしか行為できない弱さが、「まったき無」や「まったき無秩序」という疑似観念を生み、それに基づく疑似問題と偽の回答を生む。そしてこんな経緯そのものの倒錯的性格を明らかにするために、ベルクソン哲学も多くの言葉を費やさねばならなかった、ということにもなる。これを逆に言えば、弱さや欠損を含まないプラクシスから始まるなら、多くの哲学的問題は、論じられ解決されるという以前に、そもそも立てられなかっただろう、ということだ。そして晩年の著作における神秘主義論は、この論点を反復する。

こう見てくると、プロティノスに反対しながらプラクシスの優位を言う哲学者ベルクソンは、最初の著作以来、常に哲学そのものの彼方を視野に収めつつ、自らの外部へと開かれた、あるいは開かれつつあるテオリアとして自説を語っていたように思われる。

彼の哲学は、行為と認識の間のこの危うい境界線上に自らを位置づけていた。扇動や唆しは何ら語られていないのに、なぜか多くの若い読者たちは、そこに一種の解放を見出し、あるいは行動への促しを読み取った。もっと慎重な読者も、いくつかの講演や『二源泉』の語りには、一種の「呼びかけ」を聞かざるを得ない。もちろんそれは、偉大な神秘主義者たちによる呼びかけ、それを受け取った者にもはや抵抗を許さない（irrésistible）ほどの呼びかけではない。ベルクソンは「こちら側」に留まるし、『二源泉』最終章が語るのも要するに「提案」と「処方」以上のものではない。それでいて、彼の哲学は、一定の実践へと我々を赴かせる効果を持つのだ。ベルクソンは、自己を巧みに偽る有能なプロパガンディストであろうとしたわけではない。世間の騒がしい反応に対する彼の困惑は、誰もが知るところだ。

こうした事態があらためて我々に確認させてくれるのは、ベルクソンの哲学そのものが、行為と認識、プラクシスとテオリアの間での微妙な境界上で展開するものであった、ということにほかならない。彼が求める哲学というテオリアは、「自由」を論じ、「生命」を論じ、「神秘主義」を論じていく中で、そこではもう自分が不要となる「外」としてのプラクシスに、言わば自ずと、足を半ば踏み入れる。彼自身はそこで停止するのだが、読者のほうは、その先へと進まずにはいられなくなってしまうのだ。そんな彼らの受容は、ベルクソンにとっては意外な結果であったとしても、彼のテオリア自体の基本的な立ち位置からすれば、むしろ自然な成り行きだったのではないだろうか。

我々の最初の問題に戻ろう。ベルクソンという人間の実にさまざまな実践とその意味についての包括的な検討は措くとして、「哲学者ベルクソン」が語る「哲学」に関してのみ言うならば、それは、最終的には自らの解体と解消を求めるテオリア、さらには、それをこそ自らの逆説的な完成とするようなテオリアであったのではないか。そしてプラクシスが関与してくるのも、まさにそこにおいてであったのではないだろうか。思えば実際のところ、この哲学者は、何を論じる場合でも、いつも「行為（action, acte）」というファクターをそこに介入させずにはいなかった。オブセッションである。その理由はもう問わないとしても、このことによって、ベルクソンの哲学は、以上に見てきたような独特の相貌をそなえることになったのだと思う――すなわち、常に自らの起源であり外部でもある何かに接しながら展開するテオリア。さらに言えば、自らの完遂が自らの消滅にもなるという、一種の臨界点で試みられ続けるテオリアである。

III

さらなる展望のために

第7章　スピノザとベルクソン――〈実在の思惟〉をめぐって

スピノザとベルクソン――この二人を並べることで何が見えてくるか。主にベルクソンの側から、それを考えてみたい。

最初に、スピノザについてベルクソンが何を語ったかをざっと確認しよう。ただ、この作業はあまり実り多いものにはならない。生産的な対話があればいいのだが、目立つのは「ずれ」の方だ。無理もないところではある。ベルクソン哲学がすべてを「持続の相のもとに」思考する試みであったのに対して、スピノザはすべてを「永遠の相のもとに」思考することを求めた哲学者だったのだから。

しかしそれにもかかわらず、よく見てみるなら、この二人の間にはいくつかの類似点が、あるいは少なくとも、二人が同様に拒否する思考様式が、ある。そこからあらためて、スピノザとベルクソンに共通の志向について考えることにしよう。そこで問題になってくるのは、〈実在の思惟〉、実在にじかに内在するものとしての思惟、というテーマだ。この点をめぐって、二人の近さと隔たりを測ってみたい。

1　ベルクソンにおけるスピノザ

ベルクソンのスピノザ評価は、時期によって異なる。まず一方で、主にリセでの心理学や形而上学、近代哲学史の講義内で語られるスピノザ像がある。汎神論の代表であり、運命論者であり、心身平行論を述べた哲学者。現実存在を数学的な存在と同一視し、因果関係を必然的導出関係と重ねてしまった哲学者。精神と物質とを、唯一の実体についての、平行した二つの言語への翻訳文のように理解した哲学者。――全体として非常にスタティックで、また属性の多数性についての主知主義的な解釈に基づいたこのようなスピノザ像は、『創造的進化』第四章あたりまで継続して現れる。セセ（Émile Saisset）以来のアカデミズムにおけるスピノザ像としては、ごく普通のものだ。そして、それに対するベルクソンの評価も、もちろん批判的だ。ただし付言すれば、リセでの心理学講義では、コナトゥスから出発してあれこれの感情を説明分類するスピノザの試みが高く評価されている。感情は、魂の純粋な「受動（passion）」なのではない。その前提には、より根源的な能動がある。さらに言えば、それ自体が能動である感情というものすらあり得る。晩年のベルクソンは、神秘主義者に関連する形で、そうした感情――情動（émotion）――を論じることになるだろう。

さて他方、より後の時期には、以上とは異なったスピノザ像がある。それを典型的に示すのは、一九一一年の講演『哲学的直観』だ。ベルクソンに言わせれば、その名に値する哲学者にはある固有の直観が存在し、その叙述に際しては哲学者が生きた時代の言葉、概念、科学的知見などが動員されはするものの、しかし当の直観そのものは決してそれらに還元されない。ここで、スピノザ哲学が例として登場する。アリストテレス以来の「実体」や「属性」などの諸概念からなる重々しい構築物として、『エチカ』は我々に現れる。しかしそうした概念群の向こうにスピノザ固有の哲学的直観が、「何か繊細微妙なもの、非常に軽やかでほとんど風のようなもの」が、ある。我々が真理を認識していく働きと、神が真理を生み出していく働きとの合致の感情。神からの発出（procession）と神への転回（conversion）という二つの言わば正反対であるはずの運動の一致。

この往還的な図式をめぐっての長大な思想史を描くことは断念せざるを得ないが、ベルクソンに限れば、彼が特権的モデルとして新プラトン主義を考えていることは比較的容易に確認できる。以上の読解とは、スピノザの新プラトン主義的解釈だと言ってよいのだ。そしてこの種の読解はその後、晩年に到るまで、少なくともあと三回は登場してくるだろう(1)。

しかし、スピノザにおいて神は超越的一者であり、実体と属性、属性と様態とを結ぶのは新プラトン主義的な流出・発出の関係だったなどと言えるものだろうか。ベルクソン自身、彼の解釈の詳細を語ったわけではなく、また彼もプロティノスに深い共感を持ちながら全面的な同意をしているわけではないので深追いは控えるべきだろう。しかし、スピノザとプロティノスの重ね書きは、やはり解釈としてかなり強引なものだ。

さて、このように、一方にはステレオタイプ的な解釈と批判、他方にはかなり恣意的な読み込みによる共感があるわけだが、もしこれだけならば、よく見られるただのすれ違いの構図、ということで終わりだ。

しかし、話はそう簡単に終わらない。ベルクソンは、リセでの定型的な講義においてばかりでなく、コレージュ・ド・フランスにおいても、幾度もスピノザを自分から選んで主題的に扱う。最も頻繁に扱われた哲学者であるとすら言ってよいほどだ(2)。

彼は確かに、スピノザの何かに惹かれている。しかもそれは、勝手に解釈されたスピノザ像への勝手な共感に尽くされもしない。というのも、晩年のベルクソンは、自分でも当惑しているかのように、ジャンケレヴィッチにこう漏らしているからだ――「あなたには言ったことがあると思いますが、『エチカ』を読み直すごとに私はいくぶんわが家にいるように感じ、そのたび私はそのことに驚きを覚えるのです。私のテーゼのほとんどはスピノザ哲学の対極にあるように見えますし、実際私としてはそうであるつもりなのですから(3)」。

実に意外な告白と言うべきだろう。自説に同化しようのない論敵であるはずのスピノザを何度も読み直し、そこに奇妙なくつろぎを感じ続けるベルクソン。デカルトやライプニッツに対してはそんなことは生じない。いったい何が起こっているのだろうか。

2　四つの批判的接線

ベルクソンは明らかな「成功」を収めた哲学者であった。しかし同時に、彼の周囲には、疑いに満ちたまなざし、さらにはあからさまな攻撃が常に存在していた。反ユダヤ主義的な運動は無視するとしても、哲学者として、彼はその博士論文以来、多くの嫌疑をかけられてきている――「非合理主義」、

「反知性主義」。ブランシュヴィックが代表するような主知主義や、一九世紀末から復興しやがてマリタンたちにおいて具体化する新トマス主義など、多様な陣営から、ベルクソンは等しく批判を受ける

（1）列挙する。
（a）À Comtesse Murat, le 27/4/1912, in *Correspondances*, PUF, 2002, p. 449.「彼［スピノザ］の魂は彼の体系より広く、彼の知性主義はいたるところで、ただ理性的なばかりではない直観の圧力できしんでいます」。
（b）À P. Lachièze-Rey, le 9/9/1934, *ibid*, p. 1474.「あなたはスピノザへのデカルトの影響をはっきりと確定されたと思います。内容、すなわちスピノザの学説のインスピレーションについて言うなら、私であれば、何らか一定の影響をプロティノスに結びつけることでしょう。スピノザがプロティノスを直接知っていたはずはありませんが、新プラトン主義に属するアリストテレスの注釈者を通じて垣間見ていたというのはあり得ることでしょう。ただ、これは私たちをあまりに遠くにまで連れていってしまう話です」。
（c）M, pp. 1482-1483.「……しかし次のことはスピノザにしかできませんでした。真理の内的認識は真理が自らを措定するその無時間的働きと一致するということを示し、『我々の永遠性を感じ、経験』させることは。それゆえ我々は、それぞれ個人的な反省によってスピノザが辿ったのとは別の道へと進んでいったとしても、それにもかかわらず、『エチカ』を読み直すたびごとに、ある程度まで、再びスピノザ主義者となるのです。というのも、その時我々ははっきりと感じるからです――哲学者が身を置くべき態度とはこうしたものであり、実際、哲学というものが呼吸している大気とはこうしたものなのだ、と。この意味で、哲学者はみな、二つの哲学を持っているとも言えるでしょう。自分自身の哲学と、スピノザの哲学とを」。もちろんベルクソン自身は、スピノザとは「別の道」へと進んでいる。
（2）スピノザを主題とする講義についての開講場所・開講年度・題目を挙げる。
Clermont-Ferrand, 1885-1886 : « La philosophie de Spinoza. Étude approfondie de l'*Éthique* ».
Collège de France (cours de samedi), 1910-1911 : « *Traité de la réforme de l'entendement* de Spinoza » ; 1911-1912 : « Principes généraux de la philosophie de Spinoza » ; 1913-1914 : « La théorie de l'âme dans la philosophie de Spinoza ».
ただし、これらの講義の詳細を教える資料は、断片的かつ間接的な証言以外には、存在していない。
（3）Lettre à V. Jankélévitch, in *Écrits philosophiques*, PUF, 2011, p. 781.

ことになる。表面的な弁護は簡単だが、退屈な作業にしかなるまい。批判者の全員が愚かだったわけでもない。実際、何か不安にさせる要素が、ベルクソンの哲学には含まれていたのだと思う。

以下四つのポイントを列挙し、ベルクソンとスピノザの関係を考え直すための通路を用意する。

1　一般観念

ベルクソンには唯名論的な傾向が、特に初期の著作において、強く存在する。一般観念とは、個別の存在のディテールの無視ないしことさらな排除、さらには便宜的な観点からのとりまとめによって形成される表象にすぎない。対して実在は――というのはベルクソンにとっては生成はということだが――限りなく多様なニュアンスに彩られて変化し続けるものである。一般観念の多くは、我々のある種類の思考、すなわち実践的有用性に規定された思考、シミュレーションによる予測作業にとって便利かつ不可欠な道具ではある。しかし、実在に見合う精密さを備えるわけではなく、さらには虚構でもあり得る。有名なベルクソンの言語批判もここに由来する。生成にかぶせられるエイドス的なもの、ひいてはイデア的なものに対するこのような批判的・懐疑的態度。批判者には、これが「反知性主義」とも映ったのだった。

2　無、無秩序、ならびに完全性の概念

以上の立場は、多くの帰結を呼ぶ。ある観念を前にしてのベルクソンの問いはいつもこういう形をとる――その観念はどう構築されたのか。その構成に関与した諸要素はいかなるものか。この発生的観点から、〈存在に先行する絶対無〉であるとか〈秩序に先行する無秩序〉といった観念が批判されたことはよく知られていよう。「無」とは、〈期待していなかった存在がある〉という事実を、あえて

裏側から表現するところから生じる観念であって、結局は〈存在〉に〈否定〉の操作がさらに加わってようやく形成されるものでしかない。「無秩序」という観念に関しても基本的には同様である。それらは、複数のパースペクティヴの干渉の効果であって、存在論や認識論は、そんなものを不当に全面化したところに立てられる問い（「なぜ全き無ではないのか、なぜ全面的カオスではないのか…」）から始まってはならないのだ。

さて、以上に加え、ベルクソンは、形而上学で長く便利に用いられてきた別の概念をも、使いものにならないと批判する。「完全性」の概念である。この概念の構成はいっそう錯綜しているが、『創造的進化』第四章での議論を単純化すればこうだ――先の「絶対無」を前提にして考え始めれば、この「無」を克服する何か絶対的な原理が必要であることになる。それ自体が無に浸食されることがあってはならないから、その原理は、生成消滅と無縁な、同一律のごとき堅固さを自らの存在のうちに備えていなければならない。哲学者の神、伝統的な形而上学の神概念はそこから生じる。彼が標的とする「神」の定義は残念ながら厳密ではないのだが、ともあれ、「無」から最も隔たった、それ以上別のものへ変化する必要も理由も持たない最高度の「完全性」が、神の観念を充填することになる。しかし「完全性」とはいずれも、生成の一側面から便宜的に切り出された一般観念を、さらに恣意的に延長拡大して得られたものでしかない。それでも人間知性は、そうやって〈最高に完全な存在〉を手に入れると、それと無との間に、完全性の中間的な度合いを想定し、この階梯に諸存在を位置づけるに到る。

この図式は、哲学を古代ギリシャ以来導いてきている根深いものなのだが、ベルクソンはそこに語られる「完全性」という観念を、その由来からして役立たずと見る。かくして彼自身の哲学においては、「完全性の度合い」という道具は用いられない。それはあまりに人間的な観念、あるパースペクティヴ内部でしか機能しない尺度にすぎないのだ。

実際、解釈の難しい点ではあるのだが、彼の進化論において生物種は、それがその独自の構造を備えて生じたときにはあたう限り完全なものと了解されている——「視覚を構成するところの分かたれざる作用がどれほど遠くにまで及ぶかに応じて、器官の物質性をなす相互に秩序づけられた要素の数も［生物種に応じて］増減しようが、しかし秩序は必ずや満ち足りた完全なもの（complet et parfait）である」（EC, p. 96)。人間を含めて、生命のあれこれの試みの達成は、一つの既成の尺度上でランキングされるものではない。ベルクソンが進化の階層的な単線イメージに代えて発散的・分岐的イメージを強調するのは、本来、そのためであった。宗教論ないし神秘主義論においても同じで、歴史において異なる種類の神秘主義が生まれたのだが、それらは一つの完全な理想の不十分なる実現、各種の不完全な失敗例である、とは言われない（DS, p. 229)。生じたそのときには、それぞれは「満ち足りた働き（actes complets)」であった。それが階層の中に、端緒や準備段階、あるいは不首尾や欠如のように位置づけられるのは、一定の回顧的な観点からでしかないのだ。

『創造的進化』で述べられた「絶対無」や〈原初的カオス〉への根本的批判に対して、性急な読者は、「無からの創造」を否定する異教の気配を感じ取った（もちろん誤読だが)。「知性」を上位に置く魂の階層論を含んでの古典的な存在の階梯の否定もまた、ある種の読者を不安にさせたことだろう。さらに、完全性の階梯に道徳的な「善」への歩み行きを重ねるような思想家にとっては、「善」をも空虚な一般概念に割り振る所作（DS, pp. 88-90, pp. 287-288）とあわせて、ベルクソン哲学は破壊的な思想に見えよう。過剰反応ばかりでもないのだ。

3　象徴・しるし

第三に、ベルクソンの哲学の特徴として、象徴・しるし（symbole, signe）の理論の不在を挙げることができよう。記号についての理論がないということではない。しかしベルクソンにおいては、素朴なまでに、記号とは本物の人為的な代理物、あるいは実物への便宜的方向指示器だとされ、それで終わりである。記号自体に、際限なく読み解いていくべき深みは存在しないのだ。ベルクソンは比喩が巧みだと言われたりもするが、そういう論評は大部分、雑な印象論を出ない。むしろ、彼が動員するイメージが常に、奇妙なほど即物的なものだったことに注意しよう。エラン（はずみ）、円錐、榴弾、ゴム紐、蒸気機関――何と含みに欠けるアイテムたちだろうか。彼の語りは、象徴派詩人のそれではない。

ベルクソンは宗教論においても、超越を指し示す象徴、しるしの理論を可能な限り回避する。十九世紀になっても一群の神学者には有意味と見えるアイデア、例えば〈知・情・意〉とか〈真・美・善〉その他の三元性を三位一体の象徴と見なすような発想は、ベルクソンの宗教論には一切登場しないだろう。美的経験において美学的理念が与えられ、そこから超自然的な次元が垣間見られる、といったことはなく、自然の秩序がその目的論的調和において神を象徴的に指し示すこともない。古いルネサンス的な象徴的世界観、あるいはカントすら試みるところの感性界と叡智界との間の象徴的範型論といった要素は、ベルクソンに先立つラヴェッソンやラシュリエたちにまでは継承されたものだが、ベルクソン自身はそのような発想に一度も与しない。彼が描く自然的世界は神と無縁だ、というわけではない。内的と言ってもよいほどの関係は確かにある。しかしそれは、象徴記号的な関係ではないのだ。

だから彼には、象徴の解読によって探求を進めていく形而上学、つまり〈神話の哲学〉は、存在しなかった。神話とは、人間が自らの生存のために拵える好都合な物語（fable）であって、そこに何か存在についての原初的で深遠な了解がひそかに保存されているわけではない。同じ理由で、語源探索も無意味である。もし彼の哲学に解釈学的要素があるとしても、それは、歴史の中に時として現れる独特の体験と情動、そして行為から構成されるブロック――ベルクソンが「神秘主義」と呼ぶもの――の解釈学なのであって、神話や聖書の言葉を初めとして継承されてきたさまざまの象徴とするしの解釈学ではない。ベルクソンの、神秘主義的テクスト（それはやはりテクストだ）への取り扱いに関しては多くの考察が必要だが、ここでは以上にとどめておく。

4 法・掟

ベルクソンは『エチカ』を書くかわりに、『道徳と宗教の二つの源泉』を書いた。その冒頭、考察は、知恵の木の果実をめぐっての禁止というあの旧約的エピソードから開始される。しかし、この禁止ないし道徳的責務は（時に圧迫的な）心理的一経験に還元され、その成立機制そのものも、十数ページ後には説明されてしまう。そしてその説明は、人間を特別視しない、基本的に生物学的なものであった。有機的全体を構成する生命の動向が、全体から離反しかねない自由を持つ存在（事実上は、人間種の個体）に対して働きかける様態が禁止であり、「ねばならぬ」と言表される道徳的責務の源泉は、そこに位置づけられて終わりなのだ。そっけない話だが、定言命法をめぐってのカント批判における同様のそっけなさもよく知られていよう。巣に縛られた蟻が一瞬自我に目覚め、しかし再び種の要求に屈しつつ残すだろう最後の言葉が、さらなる正当化を遮断して下される定言的な「せねばならぬゆえに、せねばならぬ」のモデルだ、と言うのだから。実践理性の自己立法性、叡智的自我と感性的自我との二重性に由来する「義務」概念、といった道徳形而上学的な理論は一顧だにされない。カントを少しでも知る読者なら、基本用語の誤解にまで及ぶベルクソンの無理解に唖然とすることだろう。しかしもちろん、ベルクソンは、カントの理論構成自体が読めないほどの愚鈍な頭の持ち主ではない。ただ単に、彼には、そうした「法」の哲学的意義が呑み込めないのだ。

この無理解は、彼自身の思惟の本質に属している。すなわち、ベルクソン哲学において、超越性を導入せずにはおかないような「法」の概念に、積極的な場所は用意されないのである。自然の法則的秩序を説明するために超越的な立法者が必要とされなかったのと同様、道徳的責務は単に生物学的次元で、すなわちただ此岸的に、説明される程度のものにすぎない。そして、象徴・しるしの概念を深刻に受け止めずにやりすごす彼は、否定的禁止と欠如的欲望とが構成する「法」の審級へと主体を否応なしに召還し運命づけていく類のシニフィアンのロジック——それこそ象徴（symbole）が仕掛けてくる罠に他ならない——に、さらに単純には禁止と侵犯をめぐっての退屈な戯れなどに、絡め取られてしまうことはないのだ。また、法が一般性と不可分だとして、それに対してもベルクソンは二方向から相対化を試みるだろう。一方では唯名論によってこの一般性を解体しつつ、また他方では「開かれた」道徳を語ることで一般性の外延規定を無意味にしてしまいながら。こうした相対化の作業そのものに、『二源泉』の本質的主張は顕わだと言うべきだろう。もしベルクソンにおいて「エチカ」を語れるとしても、それは決して「法」的な問題圏で展開されるものではなかったのだ。

3 〈実在の思惟〉をめぐって

以上、ベルクソン哲学における数多くの「否定」の中からいくつかのものを拾い上げてみた。「一般観念」に対する批判、「完全性」概念の批判、「象徴」の論理の拒否、そして掟としての「法」の不在——これら四つの点をめぐって、二人の哲学者は意外なまでに近いところに位置している。スピノザにおいて端的な唯名論を語れるのかは微妙だが、少なくとも一般観念はあくまで第一種認識に分類され、非十全な認識しか構成しないものだった。また、「完全性」の語は、機能はともかくそれ自体としては、「本質」ないし「力能」以上の解像度を備えたものではない。蜘蛛にとっての完全性と、人間にとっての完全性とは、ノミナルな同一性しか持たず、その種の「完全性」を延長していって神の特性となすことは無意味だ。スピノザ的世界において、諸存在はそれぞれそのつど、あたう限りの完全性を享受している。即自的に言う限り、そこには、どこかよそに用意された完成態を基準にしての〈欠如〉はない（書簡二一）。そしてまた、聖書についての象徴的な読みは否定され、世界は神やその諸特性の象徴となることもなく、『エチカ』は掟や命法や禁止を示す書物ではなかった、というわけである。

さてそれにしても、なぜあれほど異なった二人の哲学者の間に、以上のような類似が生じるのだろうか。ここでもう一歩進んで、こう言ってみたい――スピノザも、ベルクソンも、ともに、しかしそれぞれの仕方で、ただ端的に実在の思惟を求めていたのだ、と。もちろん〈実在の思惟〉というだけなら、ほとんどの哲学者が引き受けるごく一般的な課題にすぎない。だから付け加えて言おう――この二人は、実在を、無や可能性への迂回なしに思考し、そして同時に、当の思惟そのものを実在のただ中に、実在が展開していくプロセスの内部へと、〈定位〉しようとしたのだ、と。

ただ、そう述べたところで問題となるのは、両者における実在なるものの本性であり、そのただ中に定位される思惟ならびにその定位の性格であろう。もちろん二人においてそれらは別のものだ。それでもあえて、逆説的な接近を試みよう。非常に粗雑なものとはなるが、最低限の比較のため、スピノザ側の構図をいったん確認しておく。

スピノザにおける〈実在の思惟〉ないし〈実在としての思惟〉。メルクマールとしての「必然性」

スピノザにおいては、必然的に存在する唯一の実体が、無限の属性において、必然的に連結された諸様態へと自らを変状させながら、そこに自らの力能を留保なしに、届く限りのところまで、展開し表現している。これが実在のすべてであり、その外部などは、端的に言って、存在しない。そして思惟は、その稠密な連鎖の内部にじかに位置づけられる。「私」と言われる精神はそこにおいて、思惟属性における部分的オートマトンとして、他の属性において平行論的に対応する様態を表象しつつも、当の自分自身が形相的には、思惟属性における様態として、神ないし自然と呼ばれる先の実在の内に何の隔たりもなく、属してしまっている。そしてそのリアルな帰属のメルクマールの位置に置かれたのが、〈他ではあり得ない〉という「必然性」の存在様相＝思惟様相であった。

こうして確保される思惟――それは、単なる実在「についての」思惟、対象としての実在から自らを控除するような思惟、そこに巻き込まれないままに実在なるものをその外部から把握する種類の働き、ではあり得ない。いわゆる近代的認識論の問題構制は、思惟と実在とを主／客や内／外に分けながら、前者がいかにして後者に到達できるのかと問うものであったと言われたりもする。しかし、目下問題になっている〈実在の思惟〉は、そのような構図内には置かれていない。それはまずもって、実在としての思惟、実在であるところの思惟、なのだ。言うまでもないが、心身結合のおかげでやっと思惟が「外」の延長世界に介入できるようになる、といった話ではない。そもそも「平行論」とは、「思惟」についてのその種のイメージに根本的な変更を強いるものだったはずだ。

さて、ひとたびそのようにして思惟が実在への内属において把握されたならば、続いて問題になるのは、その思惟の、実在内部での言わばトポロジックな布置と配分である。一定の諸観念の集合として個体性を有する精神、すなわちこの思惟様態が、そこに自分が定位された実在平面上でどのような拡がりを確保しており、かくして何についてては十全な観念を有し、能動性を主張できるか、あるいは逆に、どこで阻害されて非十全な観念を有するに留められ、受動に甘んじるか――『エチカ』はそうした考察へと進むことになる。先にベルクソンとの比較を目して指摘した四つの批判的論点は、こうした歩みの上で理解されることになろう。人間（論）的なさまざまのパースペクティヴを超えることを許すのは、この徹底的に非人間的かつ内在的な「必然性」の概念であり、これこそが完全性・一般性・象徴・法といった諸概念を失効させていたわけだ。

ベルクソンにおける〈実在の思惟〉――自由概念からの照明

では、ベルクソンにおいてはどうか。正反対と見えるかもしれない。彼は内的経験の哲学者であって、外的実在から切り離された内面性において思惟を考えている。これに対して、スピノザによれば、私の持続なるものについては非十全な認識しかあり得ない。しかもベルクソンは、思惟と実在との紐帯となるだろうあの「必然性」をまさに拒否してしまっている、等々、というわけだ。

それはそうだ。しかし、もし帰結において共通するところがあるのだとしたら、場合によると、ベルクソンの中にもスピノザ的な何かが見いだされるかもしれない。そもそも、「持続」を初めとして、二人の用語法は初めからずれている。であってみれば、主張内容そのものを検討していく中で、ベルクソンは思わぬ方向からスピノザに再会できる可能性はある。そして、ベルクソンがスピノザ哲学に抱き続けたあの逆説的な親密さの感情を説明するものが、そこに見いだされることになるかもしれないのだ。

そこで、目下の問題の核心に触れるだろうテーマ、すなわち「自由」概念をあえて取り上げてみたい。著作によってぶれが認められる概念であるが、ここではあえて選択的に話を進める。実際、ベルクソンは、「自由」を口にしながら、実に奇妙な、そして目下の関心からして無視できない話をしていたのである。

「選択意志」概念への疑義

ベルクソンは、「自由」を、ほとんどいつも「非決定性」の語に結びつけながら語っている。だから、彼が古くからの常識的な自由概念、すなわち複数の選択肢の間での選択という概念を端的に支持しているのだ、と読者が考えても仕方がないところはある。だが、〈複数の選択肢を前にして、いずれかを無差別に選択できる能力〉という概念には根本的な誤解がある、そしてそれはとりも直さず時間概念についての誤解からの帰結である、とベルクソンは語っている。テクスト的にはまず『試論』(DI, pp. 132 et sqq)、そしてそれから二十年あまり後のフランス哲学会（M, pp. 833-834）での発言を参照することができる。一貫した主張なのだ。詳細な検討は煩瑣になるので、要点だけを整理する。なおここで先に指摘しておけば、そもそもベルクソンは知性や感性と並べられる一能力としての「意志」を、とりわけ「選択意志」というものを、口にすることはない。彼にとって、観念や感覚は表象的な絵のごときものではなく（DI, pp. 97-102)、それらを無差別に眺めながら任意に肯定・否定を行える能力として「意志」が立てられるわけではない、ということだ。(4) これはすでに「法」的思考様式――それが狙うのはまさにその種の「意志」だ――に手がかりを与えない一つのやり方なのだが、ともかくまずは、当の『試論』に目を向けてみよう。

必然でも可能でもなく――様相の手前へ

ベルクソンの議論は比較的有名なものだ。ふたまたに分かれる線を描いて、その分岐点において躊躇し選択する自我をイメージさせるような、そのような空間的図式は、まさにただの記号にすぎない。

〈未来に用意されている選択肢〉という表象がすでにただのフィクションだ、というわけだ。したがって通俗的な自由概念、すなわち、同様に選ぶこともできた選択肢を自らの傍らに残しつつ行われる、あるいは行われた行為を「自由」と形容する発想もまた、誤解に基づいたものとなる。

常にではないにせよ、我々が選択肢を表象すること、これは事実だ。しかし、そこで表象されているのは、目下計算中のシミュレーションのパーツであって、実際になされる行為が本当に諸可能性の間から「自由」に選ばれたものである保証は、そこには見いだしようがない。現実に存在しているのは、そうした表象を抱きながら、あるいは抱きもせず、どちらでも構わない、いずれにしてもただ単に時間の中で刻々リアルタイムに躊躇し（あるいは躊躇せず）、何らかの行為にやがて到る観念を否応なく次第に熟させていく自我だけだ。以上は、時間を空間的に表象してはならない、時間は空間的に表象できるものではない、という基本的テーゼからのほとんど直接的な帰結である。可能性の拡がりを前提とする選択意志の概念は、この時点ですでに、疑似表象として見捨てられてしまうのだ。

しかし、どうしてベルクソンはこのような考察を行いながら、それでも「自由」を語るのだろうか。そしてその「自由」とはどのような概念だったのだろうか。複数の可能性といった概念が、そして選択意志の概念が棄却されてしまったのであれば、彼はすでに一人の決定論者になってしまったのではないか。実際、ジャンケレヴィッチはストア派とともにスピノザ哲学をここで想起しながら、そうし

（4）代表的には『創造的進化』第三章（EC, pp. 201 et sqq.）。「意志」を語るベルクソンが描いているのは、「私」が有する一能力ではなく、「私」という存在全体の構え、行為に向かっての緊張というあり方である。

た解釈に傾いたし、[5]当然それは反論を呼びもした。しかしおそらく、この論争そのものがポイントを外しているのだ。「他のように」という可能性がなければ運命論であり、それを拒否するのであれば何らかの形で「可能性」に場所を与え返さねばならない……。性急な択一だ、と言おう。この択一の間隙で、あるいはその手前で、自由というものを、そしてひいては実在というものを思考せよ、とベルクソンは言っているのではないだろうか。

「非決定性」再考。積極的概念としての「予見不可能性」

そこで、あらためて「非決定性」の概念について考えてみよう。それが意味するのは、等しく可能な複数の選択肢へと開かれていること、ではなかった。むしろこの概念は、「予見不可能性」との繋がりの中で理解されねばならない。すぐに異論が生じることだろう——「予見不可能性」とはあくまで認識論的な水準での、しかも単に否定的な概念であり、存在における非決定性、自由という事象(があるとして、それ)そのものへと到る道とはなり得ない。自由があるとして、それを可能にするのは、そしてそれを定義するのは、無知ではあり得ない。そのような自由では、十全な認識の前に霧散する幻想以上のものにはならないだろう、と。しかしこの困難な道を切り開くところに、ベルクソンの議論の特異性がある。彼が「予見不可能性」を語る二つの文脈を見よう。

第一に、ある事象、ひとまず私という存在のありさまで構わないが、事象の時間的展開は、それが質的なものであるがゆえに、幾何学や数学におけるような必然的連鎖の姿をとり得ない、という議論がある。図形や数についてであればともかく、感覚から観念、情動などといった要素はすべて質的特異性を備えており、それらの生成は厳密に言えば、というのはそれらを粗雑な一般観念に落とし込んでしまわない限りは、分解や再構成を許さないそれ固有の質、言わば空前絶後の性格を保っている。常に一回きりという質的事象について必然性を語ることはほとんど不可能なことだろうし（DI, pp. 150-153 ; EC, p. 6）、予見の試みはここに挫折せざるを得ない――少なくとも我々にとっては。

では、超人間的知性にとってなら、それは可能だろうか。[6] 結局、予見不可能性は無知の別名に過ぎないということになるだろうか。第二の議論を見よう。

ベルクソンが『創造的進化』で述べた有名なフレーズに、「我々は砂糖が溶けるのを待たねばならない」というものがある。些細な命題だが、含意は小さくない。コップの水に角砂糖を入れれば、やがてそれは溶けてしまうだろう。三角形の二辺を定めれば残りの一辺が必然的に決定されるがごとき事柄だと見える。ところがベルクソンは言う――そのような理解に決して含まれることのない過剰分が現実には生じ、付け加わってくるのだ、と。それは「溶けないかもしれない」という確率論的可能性の介入のことではない。この場合問題となってくるのは、溶けるのを「待つ」しかないこと、私の「待ち遠しさ」の経験である。それもまた現実の一部なのであれば、超人間的知性もそれを知ってい

（5）Vladimir Jankélévitch, *Henri Bergson*, PUF, 1959, pp. 78-79.
（6）ここで仮定されているような「超人間的知性」（それは拡大延長されながらも、その「知」のイメージにおいてごく人間的なままである）を、スピノザ哲学に見いだせるかは別問題である。ベルクソンが念頭に置いているのは、近いところではいわゆる〈ラプラスの魔〉であり、ひいては創造以前にあらゆる可能性を「知る」とされるライプニッツの神、すなわち「実在以前にあらかじめすでに」という場所で知を保有しているような存在である。

なければなるまい。しかし、自ら待つことなしに知る「待ち遠しさ」とはいったい何のことだろう。事象を唯名論的個体性から一般観念へ転記し、「砂糖」＋「水」→「溶解」として把握し、さらにそこに「待ち遠しさ」というもう一つの観念を挟み込むことはできる。しかし、じりじりと待つことと、一般観念となった「待ち遠しさ」とは、絶対に異なるものだ。すべてを認識する超人間的知性があるとして、それが本当にすべてを知るのであれば、その知性には、私が感じるじれったさを共有し、私と一緒に「砂糖の溶解」という自明とも思われる帰結の到来をじりじりと待ってもらわなければなるまい。

とすれば、その知性は、私の経験の先回りをすることができない、するわけにはいかない、と言うしかないではないか。そしてもし私と一緒に待った後で砂糖の溶解を見届けるとき、その溶解もまた、単に一般的な「溶解」とは異なる特異性、あえて分節化するなら〈先ほどまでのじれったさ込みでの目下の溶解〉となろうワンセットの事象に独特の、一つの質的相貌を持たずにいられるだろうか。私の経験事象をすべて把握してしまえるはずの超人間的知性は、まさにその法外な力能のゆえに、この私と共に、私と一体となって、リアルタイムの経過に立ち会うしかなくなってしまうのだ。

ここまで来れば、「予見不可能性」は、単に無知のような否定的概念にとどまるのではなく、決定論との関連において規定されるのでもない、ある積極的な過剰の実在を告げるものだと言ってもよさそうに思われる。ただしもちろん、例えば砂糖が溶けるのを眺めることのどこに「自由」があるのかと問われよう。ベルクソンにとってそこにはすでにミニマムな自由が確かにあるのだが、その話はあとにしよう。以上から確保される論点をまとめておく。

実在的時間（temps réel = real time）への〈定位〉と「創造」。可能存在ならびに可能的空間の消去

経験事象の進展は、〈他のようにもあり得る〉という可能的存在の亡霊に周囲を取り巻かれてはいない。見渡しても亡霊がいない、という以前に、見渡すべき拡がりそのものがないのだ。「実在ではない可能的存在」は、「実在ではない…」とまで言った時点で、存在を失うしかないのだと言ってもよい。「予見不可能性」テーゼは、事象の進展には「必然性」という様相を独断的でも事後的でもない形で割り振ることができない、と主張するものだというのも事実ではあるが、より根本的にそれが言おうとしているのは、可能様相を割り振られる事象に関する端的な非実在論ではないか。事象はただ単に実在しつつ、延長継続中である——「自由」概念を語りながら、ベルクソンが我々を導いていく先は、身も蓋もないこの現実である。そして「実在的時間（temps réel）」、すなわち例の「持続」において彼が見いだすのは、〈他のようにも〉もなく、〈早送り・巻き戻し〉もあり得ない、実在への絶対的な〈定位〉なのだ。そしてこの展開し続けていく実在については、超人間的知性ですら、その継続に居合わせ、何が生じていくかをそのままに待ち受けつつ辿っていくしかないのだった。実在するのは、前例なしに、リアルタイムに走らせ、歩んでいくしかない連続的プロセスであり、しかもそこにおいてこそ、先取りできない何かが打ち消しがたく生じていくのである。ベルクソンは先在する可能性の現実化（réalisation）ではなく、端的な創造（création）を語るが、その理由は明らかだろう。

先に見たベルクソンの唯名論的傾向、そして一般概念への批判は、こうした実在把握と切り離すことができない。一般性はそれ自身ですでに、あるいはさまざまに組み合わされながら、必ず、実在の周囲に可能性の余白を開いてしまう。同時にまた、その余白を利用して、完全性の尺度なるものが実

在の上下に構成されたりもしたのだった。対してベルクソンは、初めからそのような場所では思考していないのである。

「直観」――〈定位〉された思惟の、実在への内在と開け放ち。象徴のロジックの忌避

しかし、以上のような絶対的な〈定位〉は、私をどこへと置き定めるのだろうか。ここで我々は、ベルクソン哲学とは閉ざされた心理学的内観の哲学だ、といった先入観を捨てなければならない。『試論』という最初の著作だけに依拠すればそう見えなくもない。しかしそこで問題であったのは、まずもって絶対的な〈定位〉であり、そこにおける絶対的な――というのは、様相化される以前の――生成の実在をそれとして引き受けることであり、そのための最も手近な通路、説得的な題材が、まずはいわゆる心理学的な内面性であったのだと見るべきだ。そうでなければ、その後の彼の哲学の展開が常に拡大方向を採るその説明がつかない。ベルクソンにおいて、「内的生」は探求の入り口にすぎず、その向こう側には、先に見てきたような意味での生成する実在が、限りなく多様な強度において、開けていたのである。

そしてさらに言うなら、彼は、その実在への〈定位〉のことを、彼固有の意味で「直観」と呼んでいたのだ。「直観」とは、認識主体が自らを対象から隔てつつ控除する表象的・対象的認識のことではない。ベルクソンは「直観」の語でもって、共感、接触、合致等々と描写される認識様態を指し示していたのである。それは、認識論の道具としてはあまりに素朴だとして、ある種の哲学者の疑念や批判を招いたのだが、それはレトリックでも何でもなく、彼の立場の率直な表明であっただろう。ベ

ルクソンの言う「直観」は、通俗的に言われる内観の隔壁をあっさり越え出て、我々の思惟を実在のただ中へと打ち開き、思惟と実在との連続性を再確認し、思惟を広大な進行中の実在のただ中へと〈定位〉していくものであったはずだ。「超越／内在」の図式において「直観」はどのように機能するのかというのは、実に厄介な古くからの問題であって、ベルクソン自身、この伝統的な神学的問題に関して単純明快な解答を与えてはいない。しかし、もし「絶対者」あるいは「神」がベルクソンの視野に入ってくるとすれば、それはこうした〈定位〉に支えられたリアルとしか言いようのない「直観」によってなのであって、「しるし」や「象徴」の媒介によってではなかったということ、この点はほぼ明らかだ。象徴などは、事後的で派生的な表現様態の限りで正当化されることはあれ、絶対者への本来のアクセス経路は、それとは別のところにある。実際、最後の主著でベルクソンが探求するのは、他でもない、神秘的「直観」であった。そしてそれは、絶対者の超越を排するものだとして、ある種の哲学者や神学者の疑念や批判を招いたのだが……以下同文、である。

〈定位〉と、ベルクソン的自由。「創造性」というメルクマール

ベルクソンは、スピノザのように「必然性」を語りはしなかった。持続の経験から出発するベルクソンは、むしろ「必然性」ならびに「可能性」の様相概念をともに二次的な位置に差し戻しつつ、まず単に「実在性」だけを問題にしたのだと言える（実際、この「実在（réel, réalité）」こそは、彼の哲学を貫く最重要語であろう）。そしてまさに彼は、こうした挙措によって、我々を〈実在の思惟〉に引き戻し、かつ、「直観」の名の下に、思惟自身をこの実在のただ中に〈定位〉したわけである。もちろん、こ

こで言われる「実在」は、空間的な場所を含んでの延長世界に限定されるものではなく、〈定位〉も、そこにおける一点（身体）への投錨のことなのではない。繰り返せば、「受肉」の概念は、無関係ではないにせよ、目下の主題に直結するものではない。思惟に関してだけですでに語り得る〈定位〉が問題なのだ。言い換えるなら、ここで重要なのは、様相概念やそれに結びついた「可能世界」等の道具立てに先立つ「実在性」、すなわち絶対的基点として〈他でもあり得る〉〈他でもない〉といった「他」の記述に先立つ唯一絶対の水準への、思惟の〈定位〉なのである。

ベルクソンは、こうして実在に定位した思惟を、それ自体「自由」な実在として再把握する。なぜか。それは、持続においては、先回りしようのない予見不可能な何かが、つまり新しい事象が連続的に生じていくからであり、そして思惟はそれに付き従うだけでもすでに自らが同じ予見不可能性へと巻き込まれてしまうからであり、かくして思惟は単に思惟対象と思われていた事象と同じ一つの持続の中で織り合わされつつ、新しい事象の創造をそれ自体で担うことになるからである。私はいかなる場合においても、事象の純粋なレコーダーではない。砂糖の溶解をただ眺めているつもりであっても、まさにそのことによって例えば〈まだ終結せずに私を待たせている溶解〉という省略できない事象を実在のうちに差し挟む当事者になっているのだ。これはすでにミニマムな自由であり、躊躇や熟慮を含め私自身の行為へと関わっていく場合であればなおさら同じことが言えるはずだ。念のために言えば、ここで躊躇や熟慮が重要となるとしても、それは、それらが諸可能性を前にして演じられる「選択」の局面であるから、ではない。それらは、リアルタイムの生成に巻き込まれながら変貌していくプロセスの名であって、まさにこの点が重要なのだ。それ自体が生成する実在となった思惟にのみ許される自由。『試論』結論部でベルクソンはこう述べていた――「自由に行為するとは、自らを取り戻すことであり、純粋な持続のうちに身を置き直す（se replacer）ことである」（DI, p. 174）。謎めいたフレーズとも見えるが、何が言われているのか、我々には明らかだろう。ベルクソンは最初から、「自由」を、持続への〈定位〉と重ね合わせて考えていたのだ。

ベルクソンは、スピノザと自分を対置させるように、「持続の相のもとに（*sub specie durationis*）」すべてを知覚し思考せよ、と語る（PM, p. 142, p. 176）。しかしそれは、万物は流れ変化する、といった流動主義の肯定とは何の関係もない。むしろ彼が言わんとするのは、実在を、「絶対無」の背景なしに、「可能性」の亡霊なしに、そしてしかも「必然性」の裏打ちすらなしに、その連続的かつ異質的な生成において端的に思考することであり、そのような実在に参与し、帰属し、そこに〈定位〉することであった。だとすれば、ベルクソンとスピノザは、まさにここにおいて、逆説的な再会を遂げているのではないか。スピノザにおいては〈実在の思惟〉が「必然性」の概念に支えられていたとすれば、ベルクソンにおける思惟は、「創造性」によって〈実在〉に内属し、創造的であることによって、しかしやはり同様に〈実在の思惟〉と化しているのではないか。

二つの異様な経験概念――永遠性の経験、連続創造の経験

似た仕方で、「我々は自らが永遠であることを感じ経験する（sentimus, experimurque, nos æternos esse）」という『エチカ』の定理に並べるようにして、我々は、ベルクソン側から彼の『可能と現実』に見られるフレーズを引くことができる。ライプニッツを念頭に置きながら〈可能性に先立たれた実在性〉

という存在観を正面から批判する論文だが、それをベルクソンはこう始めているのだ——「私は、以前すでに語ったことのある主題に立ち戻りたいと思う。すなわち、宇宙において生じ続けていると思われるところの、予見不可能な新しさの連続的創造についてだ。私としては、自分はそれを絶えず刻々と経験していると思っている（je crois l'expérimenter à chaque instant）」（PM, p. 99）。

永遠性に対する連続的創造、そしてそれぞれについて言われる二つの「経験」。そこには、やはり無視しようのない差異が残りはしよう。確かに、我々の一種の永遠性を語り始めるスピノザが、そこで奇妙にも sentimus / experimur と語ることには、なかなか把握しづらい謎のようなところがある。それでもあえて言うなら、両者が考えていることには、ひとが思うよりも近い何かがあるのではないか。実際、ベルクソンが expérimenter という強い動詞を使うことも非常に稀なのだ。何を示唆しようとしてのことなのか。ここまで論じてきたことを延長してみてよければ、ベルクソンが言おうとしているのは、単に〈そう経験する〉に留まらない、無や可能性といった〈別様にも〉の虚構を経由しない端的な、そしてその意味で「絶対的」とも言える実在の、そしてその実在への〈定位〉としての、実に独特な現実の「経験」だったのではないか。ただ、これ以上進もうとするならば、我々は、おそらくは時間概念ならびに因果概念について小さくない再編成を施しつつ、一方ではスピノザの言う「永遠」概念について、また他方で、少なくとも二度「生ける永遠（éternité de vie）」（PM, p. 176, p. 210）を口にしたベルクソンのその真意について、精査しなければならなくなるだろう。これについては、稿を改めるしかない。

「法」なき「倫理」への展望

最後に一つだけ補足をしておこう。「法」の話が残っていた。

我々が考察してきた二人の哲学者にとって、禁止の法などが積極的な意味を持ち得ないことはもはや明らかだろう。特にベルクソンに関して言うなら、もしそこで「法」を語り続けようとしても、それは否定や禁止の法ではなく、せいぜいが、実在のただ中において創造せよという声なき誘いや促しのごときものにしかなるまい。そしてそもそも、否定や禁止がそれ自体で何かを創造したためしなど、ありはしないのだ。

ともあれ法の声の響かないこの実在のただ中において、我々は絶えず新しい出来事に立ち会い、関与し、参与し、創造者に、しかも互いの創造者にすら、なり得る。ベルクソンは、そのとき我々には「歓喜・喜び（joie）」、ただの欠乏充足・安寧安心ではない独特の感情――「能動感情」と呼んでもよい――が与えられ、その情動がまた我々をさらなる創造へと導くのだと述べていた。理論背景がまったく異なる以上、これを安易にスピノザの喜び（Laetitia）やとりわけ至福（Beatitudo）と短絡させることには大した意味はあるまい。しかし、そこを通路にして二人の共通点の由来をさらに探ることは、哲学が語り得る「倫理」というものの類型学といった観点からも、興味深い試みとなるはずである。

第8章　フッサールとベルクソン――二つの「幾何学の起源」

フッサールとベルクソン――我々が扱う二人の哲学者の間に、直接の関係はほとんど見いだされない。[1] 対話のために、「幾何学の起源」というテーマを選んでみよう。ただし、話をそれなりに整えるために、我々はフッサールの手前にデリダによる読解を置く。この便宜的暫定性の解除は、本章内では行われない。

（1）『イデーンI』送付へのごく儀礼的な礼状：*Correspondances*, PUF, 2002, pp. 528-529.『論研』への短い言及：Isaac Benrubi, *Souvenirs sur Henri Bergson*, Delachaux et Niestlé, 1942, p. 79. 両者の一般的比較については中島盛夫「現象学とベルクソン」（木田元他『講座・現象学 1 現象学の成立と展開』弘文堂、一九八〇年、一七七－二一三頁）、また *Annales bergsoniennes II*, PUF, 2004 所収の諸論文。特に『危機』書と『二源泉』との比較については、同書所収の Arnaud Bouaniche, « Origine et histoire dans le moment philosophique des années 1930 : *Les Deux sources de la morale et de la religion* de Bergson (1932) et la *Krisis* de Husserl (1935-1936) », pp. 333-362.
以下、フッサールからの引用についてはフッセリアーナ巻数と頁数を付記する。

1

伝承によればプラトンのアカデメイアの入り口にはこう刻まれていたという――「幾何学者ならざる者、ここに立ち入るなかれ」。真偽はともかくもこれが、存在と不動を生成や運動の上に置こうとするあらゆるイデアリスムのモットーであることに変わりはない。実際、幾何学を範例とするアプリオリな真理の存在は、西洋の思想史において、経験論や懐疑論に対抗するイデアリスムの堅固な防壁をなすものであった。ベルクソンがすべてを「持続の相の下に」見ようとするのであれば、この古くからの防壁を何とかせねばならない。賭金は自覚済みだ。優れた数学者であったボレル（Émile Borel）からの批判に応えつつ、ベルクソンは自らが引き受けた課題をこう語り直す――「別の仕方で哲学する（philosopher autrement）」こと、つまり「ギリシャ人の仕方」とは別の仕方で哲学すること、と（M, p. 757）。ならば理念的真理は、幾何学は、どうなってしまうのか。彼はこの問題を避けることも先送りにすることもできない。

一九〇七年の著作『創造的進化』は、単に創造的生命やその直観的認識を称揚するだけではなく、人間知性の発生（genèse）を論じつつ、ギリシャ以来の諸体系の歴史を辿る著作でもあった。ベルクソンにおいて「幾何学の起源」の理論が見いだされる所以である。そもそも生命進化とは、生命が自らを含めての諸存在を了解する様態（「本能」や「直観」あるいは「知性」とはそうした様態の名だ）の発生場でもあって、『進化』が展開して見せるのはだから、歴史の了解可能性をめぐる一つのラディカルな歴史哲学でもあるのだ。幾何学に代表される理念的アプリオリに関しても、ベルクソンはその「発生」を語ることになるだろう。フッサールにとって「幾何学の起源」の問題とは、理念性一般、ヨーロッパ的文明とその歴史、人間といった哲学的諸主題を喚起しつつそれらを集約する焦点をなすものだったが、ベルクソンにおいてもことはまったく同様なのだ。

ここで「歴史」と言われるものが何であるのか、という点にこそ重大な問題があることは認める。再び本章はその問いを十分に深めるに到らないだろうことをあらかじめ断った上で、少なくとも次の事実を今から指摘しておかねばならない。『進化』には、二つの歴史が見いだされるのである。一つには、最初の三つの章が扱う生命の自然史的ないし宇宙論的な歴史。もう一つには、第四章が扱う「諸体系の歴史（histoire des systèmes）」、すなわちギリシャに始まって西洋思想史の大きな流れをなすところの歴史である。なぜ二つの歴史なのか。両者はどのような関係にあるのか。以下の長い迂回がその問いに答えるだろう。ベルクソン的な歴史は、ブランシュヴィックの描いた知性の発展史、そしてフッサールが『危機』書で描くヨーロッパ的人間性の目的論的歴史ではない。違いは自明のこととして、その由来を探りたい。

準備作業として、ベルクソンにおいて「幾何学」が特別な重要性を与えられていたことを確認しよう。彼は言う、「我々は幾何学者として生まれる」（EC, p. 45）。人間とは幾何学者なのだ。もちろんそこには、我々が「職人（artisan）」ないし「工作人（*homo faber*）」であるという別の規定が結びつけられるし、この幾何学的知性もまた、物体を組み合わせて「道具」を製作する（fabriquer）という特定の活動様式との関連で説明されてはいる。だが、程度に差はあれ、「製作」は生命進化の系列上に広く見出される。では人間の特種性をなすのは何か。それは、アプリオリな理念性を理解する者としない者とを分ける隔たりである。経験的な「だいたい（*l'à-peu-près*）」（ES, p. 83）の中にのみ生きる者と、理念的な厳密性を追求できる者との違い、測量や建築といった実践に留まる者と幾何学者との違いである（cf. Hua. VI, pp. 23-25, p. 384）。そこには断絶ないし飛躍がある。『試論』以来のベルクソンの主張だ。「ある種の動物が特別な方向感覚を持っていると言うだけでは十分ではなく、加えてとりわけ言わねばならない、我々には、性質を持たない空間を知覚したり思い浮かべたりする特別の能力があるのだ、と」（DI, p. 72）。多くの動物たちもエレガントな職工であり測量者であり得る。だが人間だけが幾何学者なのだ。

生きられた具体性、といった語に魅惑されて、多くの読者がこの点を軽視してきたのは奇妙である。確かに『物質と記憶』は、等質的な空間とは「物質に対する我々の行為の図式」（MM, p. 237）なのだと述べていた。しかしだからといって、その空間それ自体が執拗ではあれ結局は単に主観的な一つの幻だということにはならない。幾何学が、ミルにおけるごとく、単に経験的かつ蓋然的な学だということにもならない。あとで補足するが、『進化』でも同様である。ベルクソンは、幾何学的真理のアプリオリな理念性を否定しない。だからこそ彼は『進化』第三章で、幾何学的アプリオリというものの身分を再考し、加えてそれが経験対象としての物質の構造に適合する理由を問わねばならなかったのだ――「幾何学の起源」に関わる謎に立ち向かいながら。謎、というのは、ここで問題となるのはまさしくアプリオリな理念性の発生という奇妙な事態であるからだ。これらの点を無視して、持続に対置された幾何学的空間の「実在性」を語る最初の主著を暫定的と見做し、以後の議論をそこからの離脱とする読解は、ベルクソンの哲学的努力を見誤るものでしかない。幾何学が範例を与えるアプリオリな理念性は、持続と生成の哲学者に困難な問題を突きつけ続けている。漠と「生きられた質的空間」などを持ち出しただけでは、当の問題は解決も解消もしない。

2

『危機』書の付論となる、「幾何学の起源」に関するフッサールのあの論考を、デリダと共に簡単に振り返ろう。(2) この小論は、我々がベルクソンにおいて考察したい諸問題、すなわち理念性や歴史、人間に関わる問題のすべてに触れている。

フッサールによれば、諸科学の「危機」は、諸科学が根こぎになり、それと引き換えに外見上の「自律」を獲得していくことに存する。この状況を前にして彼が求めるのは、諸科学の起源をなすある初源的開け、つまり「原創設（Urstiftung）」――のちにその上に諸科学が、とりわけ理念的でだからこそ客観的でもある幾何学のような諸学が構成されていく――へと立ち戻ることだ。我々が諸科学を基礎づけた最初の理念性、すなわち生活世界を数学化していく中でも諸学の展開を動機づけ続けるあの理念を再び了解できる場所は、そこ以外にないからだ。ヨーロッパ文明の根底には、必当然的明証を目指す「理性の目的論」の原創設が存在する。それは広義の幾何学的理念性の伝統継承の内に――文字記号という厄介な媒介者に伴われてだが――保存されてきており、だからこそ我々はそれを今ここで採り上げ直し、諸学の初源的意味を再賦活し生き直すこともできる。そして我々が歴史の連続的統一性を、すなわち歴史の歴史性そのものを把握できるのも、この初源的意味によってである。そこ

(2) Edmund Husserl, *L'Origine de la geométrie*, traduction et introduction par Jacques Derrida, PUF, 1962 / 2004. 以下 OG。

にあるのは「歴史」そのものの歴史的アプリオリなのだ。

ではその原創設――幾何学を創始する働きとは何か。フッサールの解答は、あまりに単純とも見える。「……この新たな種類のもの〔有限な諸形態を超えた幾何学的なもの〕は、理念化する一つの精神的行為から (aus einem idealisierenden geistigen Tun)、ある『純粋な』思考から生じてくる産物であろう。その思考は、この事実的人間性と人間的環境世界の前述したごとき一般的前‐所与の内にその素材をもつものでありつつ、そこから『理念的対象性』を創造するのである」(Hua. VI, pp. 384-385)。――理念の起源には、理念化の作用がある。製作や測量のレアールな実践とは別の、理念的実践 (ideale Praxis, *ibid.*, p. 23) がある。どういう意味か。デリダのコメンタリーに拠れば「その作用は、最も具体的な規定において、つねに『極限への移行 (passage à la limite)』として示される。志向性の予期的な構造から発して、形態学的理念性は、無限の近似の理念的で不変の極へ向けて超えられるのだ」(OG, p. 146)。この飛躍によって我々は、「丸さ・滑らかさ」などを素材としつつも、それらとは異質の「円・平面」といった「極限形態 (Limes-Gestalten)」(Hua. VI, p. 23) に移行する。

しかし「極限への移行」がそうした独特の移行であり得るのは、当の極限がすでに何らかの仕方でこの移行の作用の内に現前しているからでしかないだろう。デリダが言うごとく、「志向的予期がそれ自身無限へと跳躍できるためには、その予期はすでに理念的なものでなければならない。予期のこの無限化を許しまた同時にそれを命ずるものは、カント的意味での理念の、意識への現前である」(OG, p. 147)。実際フッサールは『イデーンI』で、本性上曖昧なものであり得る形態学的本質に対置させながら、厳密な幾何学的本質についてこう述べていた。「幾何学的諸概念は『理念的』概念であって、それが表すのは何か見ることのできない（man nicht "sehen" kann）ものである。［中略］厳密な（exakt）諸概念はその相関者として、カント的な意味での『理念』の性格を持った本質を有している」（Hua. III, p. 170）。

ここで働く理念化作用は、「原理的に言っていかなる感性的直観においても見いだされない」ような「理念的『極限（Grenzen）』として」、理念的諸本質を生み出す（*ibid.*, pp. 170-171）。つまり、幾何学的な理念化というこの独特の予期作用は、当の予料された理念――定義上決して現前し得ない理念――の逆説的な現前と共軛的なのだ。それがいかなる事態であるのかが問題なのだが、ひとまずここで、フッサールが幾何学の起源について考えていたことから導かれるテーゼを、デリダの示唆に沿う形で列挙しておこう。

（1）起源について。幾何学の起源、その原創設には、単なる主観的明証を無限に超え、また多様な個別の幾何学的諸対象の創造に先行する、「理念」の現出がある。幾何学の創設とは、この無限の理念の発動に他ならない。それは一つの無限化であり、それこそがさまざまのアプリオリのアプリオリ性を初めて、そしてそれを最後に（ein für allemal, [Hua. VI, p. 373] = une fois pour toutes 全回に代わってただ一度で）、開始し基礎づけたのである。これは個別の幾何学的本質の直観と別位相の出来事であり、多様な幾何学的諸本質についての理念的観取とそれらの創造は、この原創設ののちに、そこに開かれた領野においてのみ、可能になる（v. OG, p. 147）。

（2）歴史について。フッサールは歴史主義に対してこう反論していた。そこで持ち出される諸事実の歴史一般がある意味を持つのは、そしてそれが基礎付けの役割を果たせるのは、「我々がここで内的歴史（innere Historie）とも呼べもするものの内部において、またその限りで、普遍的な歴史的アプリオリの基礎の上においてだけなのである」（Hua.VI, p. 386）。しかるにその基礎とは無限化によって創設されるものなのだから、この「内的歴史」は、我々の思考の乗り越え不可能な地平を構成するものとなる。というのも、それは、かくして開かれた無限の領野の中で展開していくからだ。こうなればすべては――「逸脱」や「誤謬」すら――無限に延期された理念的極限へ向けて目的論化された舞台において演じられ、その外などはあり得ないということになる。

（3）人間について。人間とは理性的動物と定義されるものであり、理性とは伝統の内で我々が生気づけつつ守るべき何かであるのだとしたら、我々はその伝統の継承者であり、またそれであらねばならない。人間性は「理念」の相関者なのだ。ここから、哲学者フッサールがヨーロッパ的な人間性に与えたあの特権性が出てくる（ここで先の「内的歴史」と事実史とが結局重ね書きされてしまう事実については措く）。いくら民族学者がさまざまの民族ごとの伝統の驚くべき多様性を報告したところで、それらの意味がまさしく他なる伝統として開示されるのは、ヨーロッパ的なまなざしに対してであり、形相的理念性によって開かれ照らされた舞台においてでしかない。再び我々は、超え難い地平の内に留まる。幾何学者としての我々が自分を見いだすのは、まさにここである。

3

以上のような諸テーゼをそのままベルクソンに見いだすことはできない。だが、なぜか。というのも、この二人の間には、その出発点において少なくない共通点があるからだ。

何よりまず、理念的なものを即自的な永遠の存在にしてしまう単純なプラトニズムの拒否がある。そして第二に、幾何学の理念性とアプリオリ性そのものを否定する、等しく単純な経験論の拒否がある。『試論』においてベルクソンはカント側につき、空間の観念は別の諸経験から生み出せるのだと主張する経験論的発生論（ロッツェ DI, p. 71、「イギリス学派」（スペンサーなど）DI, pp. 74-76）を、却下していた。繰り返せば、これは初期著作固有の暫定的立論ではない。『進化』は再び、空間と幾何学的推論のアプリオリ性を認める。それはカントが「決定的に確立した」（EC, p. 205）ことであり、カントによる経験論批判は「それが否定する事柄に関して決定的」（EC, p. 206）だと言われるのだから。

共通関心は明らかだ。プラトニズムと経験論とを共に回避して、「幾何学の起源」という問題を正当な仕方で提出すること。しかしいかにして？　叡知界に逃れることなく体験の内に留まらねばならないとしたら、そしてしかも、体験とは、本質的に有限なもの、主観的な「ここ・今」に限定されたものなのだとしたら？　ここに言語記号の問題を接合することは正当だろうし、その線上で、原的には与えられ得ない非現前性や、主観の不在可能性の関与を論じ立てればデリダの道に入ることになる。だが、ここでそちらに進む必要はない。ベルクソンは、その種の諸概念を再編成してしまうことで問いに答えるからだ。現在＝現前を中心としつつそこに予料と過去把持を書き加えながら時間の推移を描く発想ならびにそれが依拠する存在論を、彼はそもそも引き受けない。同定され並置された時点、過去－現在－未来という時制的タームによる時間経験の叙述を単に派生的なものにしてしまうところに、彼の時間論の驚くべき独自性がある（直線的時間表象への批判の本質とはそれだ）。ここでこの点を展開する余裕はないが(3)、彼の時間論にとって最も重要なのは「完了／未完了」の「相（aspect）」的差異であって、特権的な存在としての「現在」、あるいは過ぎ去った現在としての「過去」という通俗的な分節は単なる派生態だ、というのが彼の時間論の基本構制であること、これだけは言っておこう。その含意はいまだ十分に展開されていないが、ベルクソン的な「幾何学の起源」がこうした時間了解なしには理解不可能であることは確かだ。その上で、次の点に着目して話を進めてみよう。ベルクソンもまた、あの「極限への移行」としての理念化という観念に訴えているという点である。

4

ベルクソンによれば、幾何学的空間とは、彼が「弛緩の運動（mouvement de détente）」と呼ぶものの「終極（terme）」である。物質の物質性、精神の知性性は、共にこの同じ運動、つまり存在の内的な相互浸透的生成の強度を弱め、諸要素を相互外在化するこの運動から生じたのだ。どういうことか。

彼の時間論は、線的時間形象から共に、通常の時制的構成からも離脱してしまっている。ベルクソンの「持続」とは、そのまま生成の強度的継続のことであり、そのためには「過去」（この括弧を理解せねばならない）は「現在」によって把持される以前に、自ら休みなく「現在」へと進入しつつ、それを実質的に変様し、絶えず差異化へと強いるのでなければならない。それこそが、「かくあり、かくあった」という自己同一的かつ完了相的な姿で自らを固定することなく、「生成し続ける（se faire）」ことだからだ。そしてそのためには存在論的とも言うべき「緊張」が必要である。その強度が、そのままでは未完了的生成から滑り落ちて単なる完了相的事物へと自閉してしまいかねない「記憶」を動員し、それを「収縮（contracter）」しながら、生成を継続し、それまでにない新しさを休みなく生み出している実効因なのである。

対して「弛緩」とは、そうした運動——まさしく「生」(見られるように、それは単なる自己への隔たりなき現前性によって規定されるものではない)の運動——の自己解体(se défaire)を意味する。継続され「持続」の実質に参与していた記憶はその継続を断たれ、即自的な「過去」へと変ずる。それまで確保されていた体験の強度的な「相互浸透」は、諸要素の相互外在的な並置へと外延化していく(EC, pp. 201-205)。ある存在について、諸要素の同定とそれらの間での法則的諸関係の規定が可能なのは、当の存在がそのような「弛緩」の運動に従っている程度においてであり、ガリレイやデカルトによる物質的自然の幾何学化・数学化が実際に可能であったのも、そもそも物質がそのような方向の運動によって構成されたものであるからだ。

だが、この「幾何学」自身はどこからやってくるのか。物質がこの運動に従いながらしかしその終極には到達せず、空間——非生成的諸存在の相互外在の純粋形式——と完全に一致することを妨げる実在的相互作用を自らの内に保っているのに対して、我々の精神はこの運動を「さらに遠くに(plus loin)」「果てまで(jusqu'au bout)」(EC, p. 203)進める。「純粋空間(espace pur)」・「完全な空間性(spatialité parfaite)」は、この「弛緩」の運動が到達するだろう「終極(terme)」(EC, pp. 203-205)・「最終点(terme ultime)」(EC, p. 213)として発生する。それは「理念的極限(limite idéale)」(EC, p. 217, p. 226)なのだ。ここでもまた「極限への移行」である。そこに、事実的・実践的な「一般的前 - 所与」を質料としつつ

(3) 詳しくは拙著『ベルクソン 聴診する経験論』、第一章。

もそれには還元されない「純粋な」水準への飛躍が、つまり幾何学の起源が、位置づけられるのだ。しかし、この確認の上で問わねばならない。もし、フッサールにおける「理念化」についてのデリダの分析が受け入れ得るものだとしたら——すなわち理念化作用とは決して直観的には与えられ得ない無限の予料のことだというのが正しく、それでいてこの限りなく延期された理念の現前こそが、理念性と幾何学的アプリオリ性の地平を開くものであり、そして幾何学や数学におけるその後の創造はすべてこの地平内部において可能になるのだとしたら——、我々が問うべきは、この「無限」の現前の仕方とはどのようなものであり、感覚的なものから幾何学的なものへの、有限から無限への、つまりは経験から理念への「移行」と不可分な「極限」はどのように存在し与えられるのかということだろう。二人の哲学者での相違、歴史や人間の観念に関する他の大きな隔たりは、まさしくこの点から生じてくるからである。すでに、時間を語る言葉が大きく異なる二人である。相違は同程度に深い。

『進化』第三章で、ベルクソンは「生得的幾何学 (géométrie naturelle)」について語っている (EC, p. 212)。「空間の内に (dans l'espace) ある図形を描くその同じ運動が、図形の諸特性を生み出す。諸特性はその運動の内に見え、触れられる (visibles et tangibles)」。私は「空間の内に」、定義とその諸帰結、前提と結論の関係を感じ、それを体験する (je sens, je vis)。砂の上に——当然大雑把に——底辺ならびに等しい底角を描くや、そうして得られる三角形の左右対称性を私は「確実に分かり、絶対的に了解する (je sais d'une manière certaine et je comprends absolument)」ことができる。

簡単に三つの注釈を加えよう。

(1) ボレルが誤解してしまったのとは異なり、以上は古代以来の数学の創造的進展を無視しようとする主張なのではない。重要なのは、我々が「幾何学者として生まれ」ていること、幾何学的な絶対的明証との関わりを有する存在者であるということだ。この「生得的幾何学」が与える認識はごく限られたものだが、それでも我々はこの「生得的幾何学」において、洗練された数学において了解されるのと同じ種類の明証と必然性を、つまりは理念的対象性を、すでにして経験している。

（2）ここで「幾何学」とは単に図形の本質のみならず、厳密な必然的諸関係全般に関わるものである。そして「空間」は、必然的でアプリオリな諸関係一般すべてが含まれる潜在的な総体、言うなら原－理念性と考えられているのだ。必然性は空間の「中で（dans）」得られる、とベルクソンが言うとしてもそれはただのイメージではない。外延（*ex*-tension）や内包（*com*-préhension）、包摂（*in*-clusion <clôre）や排除（*ex*-clusion）といった論理的関係・集合論的概念すべてが前提とする抽象的場所を、「空間」と呼ぶのである。だからこそ彼は、その逆説性の外見を意識した上でなお、「空間」の方が論理（logique）に先立つのであって逆ではない、と主張し得たのだった（EC, p. 213）。

（3）このアプリオリな必然性（例えば等角三角形の対称性）を、我々は「目に見え、触れられる」ものとして「感じ、体験する」。そしてそれは、比類ない明証性においてなのだ。相当に驚くべき主張だ――とりわけフッサールのむしろ常識的な主張と比較するならば。第一に、先に見たように後者において厳密な「幾何学的概念」は「何か見ることのできない」もの、「カント的な意味での『理念』の性格を持った本質」に相関的なもの、感性的直観とは原理上無縁なものであった。ところがベルクソンにおいては、論理も幾何学も「空間の純粋直観がその終極となるような行程の途上で（sur le trajet dont *la pure intuition spatiale est le terme*）」（EC, p. 213 強調引用者）生み出されるものだと言われる。だから原－

理念性としての「空間」は、「直観」され、幾何学はその「内」で展開する。意外かもしれない――「直観」の語は、あくまで実在が与えられる場面のために用いられる語だから。しかしベルクソンにベルクソンにとって幾何学とは、実在と何の接触も持たない恣意的で規約的な構成物などではない（v. M, p. 747）。知性は幾何学に向かいながら、実在についての絶対的な何か、すなわち脱生成的な「弛緩」への傾向に触れ、その極限に達している。アプリオリな幾何学的図形や関係が記入されていく原理念的な母体としての空間を、我々は直接即座に、遅れや延期なしに、理解し、見ており、つまりは「直観」しているのだ。言い換えれば、理念的極限としての空間は、我々に今からすでに与えられている。この完了相的な既与性（*déjà-donné*）は空間の本質的性格である。

ベルクソンは、理念性に関して、あるいはより適切には、空間という原‐理念性について、その現実的で直接即座の現前を語る。すなわち、理念的なものとは実在なのであり、理念性が極限として理解されねばならないとして、この極限はすでに到達されているのだ。ベルクソンとフッサールの最も深い相違が見出されるのはここだ。デリダの分析に従うならば、フッサールにおいて幾何学的理念性はただカント的「理念」のごとく常に予料されたままであり、主観性のこの遅れこそは、理念的なもの、アプリオリなものの経験の条件、したがってあらゆる歴史の歴史性そのものの了解の絶対的条件であり、その歴史は、絶えず再獲得されつつ保持されるべき起源（Urstiftung）と、無限の予料の中で志向されている終末（Endstiftung）との間での、相互反照的往還において展開していく歴史となる。ここから、あの目的論的な歴史概念と、このロゴスの伝統としての歴史の責任を負う存在としての人間という観念が生じてきたわけだ。しかしベルクソンにおいてはすべてが異なっている。彼にとって幾何学的理念性は何ら無限の＝未完な（infini）ものを持たない。それは「弛緩の運動の最終点（terme ultime）」として、徹頭徹尾有限の（終わった fini）ものであり、終結した（terminé）ものなのである。

このような議論を可能にしている布置を見届けることに努めよう。というのも、以上の考察は、フッサールにしてみれば単に準備的なものにすぎないからだ。彼もまた、幾何学者の主観内部での明証についてはベルクソンと意見を共にするだろう（Hua. VI, p. 367）。そこにおいて諸本質は原的に与えられている。問題であり謎であるのは、そうした明証が、間主観的な、それればかりか権利上あらゆる「誰」からも独立した（pp. 370-371 : "...obschon niemand sie in Evidenz verwirklicht hat"）理念的客観性、まったく非人称的な固有の存在を具えるに到る、そのプロセスなのだ。比較すべき第二の点がそこにある。

この点に関しては、後期著作『思考と動くもの』序論を視野に入れる必要があろう。ベルクソンが回顧の論理について、そして創造的持続における一種の意味の増殖について語っていたあの一節である（PM, pp. 14-19）。

ベルクソンによれば、持続する実在はそれ自身、自らを考察するさまざまの観点を創造する。それゆえに「過去」は、同一性の内に流れ去ることなく継続し続け、新しい観点の創造以前には存在していなかった意味によって豊かになっていくことを止めない。創造的持続においては、何ものも完全には規定されて（déterminé）おらず、何ものも絶対的に終わって（terminé）はおらず、すべては予見不可能な取り上げ直しと常に新しい読み直しへと延長されていく。これは追い払うべきただの幻ではない。こうした非決定性＝未決性（indétermination）は、自らを継続しながら質的な多様性を構成していく生成に本有的なものだ。「不分明で分割されてもいない、純粋に強度的で質的な多様性（une multiplicité indistincte et même indivisée, purement intensive ou qualitative)」としての生成は、「それを考察する新しい観点が世界に現れてくるにつれて、限りなく多くの要素を含むことになっていく」(PM, p. 19)。当然ながら、これはフッサールの「確定的多様体」とはまったく異なる多様体である。ベルクソンが語る強度的な多様体はすべてその内に繁殖的な潜在性を有しており、それこそが、当の多様体が絶対的な一義性の内に閉じこもってしまうのを妨げている。それゆえにベルクソンは、その最初の著作以来、持続する意識にあらゆる決定論を拒んできたのだ。持続とはこの意味で、絶えず増大していく逸脱と多義性の力能、同一性の反復に抗する力能に他ならない。しかるに、理念性、なかんずく幾何学的理念性とは、この不動の同一性、不動であるがゆえに一義的なままに無限に反復可能な同一性のことであった。となれば、この永遠性の相貌、「汎時間性」の相貌は、この異質化の力能の単なる不在に帰すると言うべきではないか。このまったく消極的な不在こそが、アプリオリな幾何学的真理を構成しているのではないか。

ベルクソンは言う。「数学的秩序は何ら積極的なものを持たない。それはある種の中断 (*interruption*) が自ら向かっていく形式である」(EC, p. 220)。そこに見るべきは、生命の潜在性と繁殖性の、単なる不在なのだ。生命においては、何ものも一義的ではあり得ない。「同じ理由も、異なる人間には、あるいは同じ人間でも異なる時には、すっかり異なる行為を命じることがある。しかもその行為はいずれも合理的なのだ」。対して、幾何学においては、「諸前提がそれを最後に、非人称的 (impersonnelles) なものとして与えられ、非人称的な結論が課されてくる」(EC, p. 7)。「それを最後に (=全回に代わってただ一度で une fois pour toutes)」と言われるのは、それらは完全に不毛な、すべての生命性を失った存在だからであり、それゆえに完了し確定したものとして反復可能なものだからだ。そしてそこから、幾何学的推論の普遍的で「非人称的」な一致が生じてくる。幾何学的推論は、各々多様なコンテクストの中で自らに固有の生を生きている各人の差異を排除しつつなされる。フッサールは、受動的連合を悪しき多義性の原因と見做し、幾何学的諸概念の「一義性（Eindeutigkeit）」（Hua.VI, p. 372）はそれに対して徹頭徹尾能動的な遂行によって守られるべきものであると見ていた。対してベルクソンは、この「一義性」それ自体は何ら能動的な所産ではないとするのである。言うまでもなく、弛緩した連想は厳密な推論などではないし、幾何学者にとって一義性を守ろうとする固有の努力は必要だ。だがその内実は、奇妙なことに、我々の生命に内属する力能を極限にまで縮減する努力、ジャンケレヴィッチの言葉を借りれば「弛緩したものに向けて緊張した」[4]努力、つまりは非能動性への努力という逆説的な作業なのだ。

結局どういうことになったのか。フッサール同様ベルクソンにとっても、幾何学的理念性は、ある無限を含意する独特の理念化作用の、その極限として構成されるものである。しかし強調すべきは、ベルクソンにとってそれは、有限なもの（fini）ものへの、完全に終わった（fini）ものへの、終極（terme）あるいはむしろ終結した（terminé）ものへの、今ここでの逆説的な無限化であるということだ。幾何学は、「極限への移行」という創設的行為から生まれ、ある極限＝限界（limite）の内部で、ある極限に向かって、展開するべく定められている。そしてこの極限こそ、ベルクソンが素っ気なくも「空間」と名づける

（4）V. Jankélévitch, *Henri Bergson*, PUF, 1959, p. 115.

ものだったのだ。すべての理念性がその「内」に記入されるところの「空間」、「等質的で空虚な場(milieu vide homogène)」(DI, p. 70)とは、あの強度的で質的な多様性――多産的＝繁殖的であるがゆえに絶えず未決定であり、創造的であるがゆえに絶えず多義的であり、積極的な意味において未了(in-fini)であり、その未了的無限において目的論化(finalisé)されざる生成的多様性――、その反対物なのだ。原‐理念性としての「空間」とは、すでに終わったもの、限りなく終わってしまったもの、つまりは創造性の零度に他ならない。

だから、ベルクソンにおける「極限への移行」とは、積極的な無限を意味する(カント的)「理念」への開けではなく、デリダがそこに重ね見る「予料」の極限的形態ではない。それはむしろ、生ける生成が自らの弛緩と減弱の極限を自分の内部にありありと見定めているという事態なのだ。一見すると、こうしたベルクソン的観点と、デリダが解釈するようなフッサールとは、意外な近接性を示すかのようだ。初期デリダが強調するように、理念性の存立には「記号」や「空間性」が深く関与しており、それを突き詰めれば自己現前としての生に還元されない次元、すなわち「死」が見いだされ、それが生の有限性を構成している。ベルクソンにおいても、物質性や空間性は、生命のエランの有限性を意味するものであり、また算術や幾何学、言語記号の基礎には常に「空間」が置かれていた。しかし彼においては、この「空間」こそがその完全な現前性によって規定されており、「生」のほうがそうした現前性を超え出るものなのだ。部品は似ていながらも、布置には大きな相違がある。生成から出発するベルクソンにとって、瞬間的現在＝現前などは、それに「原(Ur-)」や「前(Vor-)」といった曖昧な話を付加したところで、生成の根源になったりはしないし、そこに「生」が位置づけられるわけでもない。彼は、一挙に生成に即することで時制的語りを派生的なものとし、それによって「現在」や「過去」の意味をも転倒させてしまう。ただ、そこから開ける光景の全体をここで示すことはできない。ひとまず本章の枠組みに立ち戻り、「幾何学の起源」に関する以上の考察から導かれてくるベルクソンの歴史観、人間観に一瞥を与えよう。

5

「幾何学者ならざる者、ここに立ち入るなかれ」——この「ここ」とは何処か。不動のイデアの哲学であり、実在についてのイデアリスム的表象である。だが我々は「幾何学者として生まれる」以上、我々はみな、初めから、プラトンの学院の内部にいる（『二源泉』で強調される通り、魔術的世界観すら、まずは機械論的因果性への信憑を前提としている）。こうして、ギリシャの歴史的特権性は、否定されないものの、根本的に相対化される。なぜなら、「ギリシャ的な哲学の仕方」とは自然の（naturel）ものであって、遅かれ早かれ人間の歴史のどこかで具体化されるはずのものだからだ。それ以前に、幾何学的理念性の創設は済まされている。それは生命自身によって試みられた働き——自らの消極的限界へ、つまり強度的生成の「弛緩」の極限表象へと到る試行なのであり、我々は、まさに人間的なこの知性において、その試行を果たしつつ、「人間」という一段階に到る。『進化』第四章の「諸体系の歴史」は、こうして開かれた「理念」の地平の中で進行する。そしてその展開には「偶然的偶発的なもの、哲学者の空想とすべきものは何もない」（EC, p. 315）[5]。必然的歴史を語るベルクソンに驚かれるかもしれない。しかし「幾何学者として生まれ」た我々にとって、以上のテーゼはごく自然なものだ。非生成的な「すべては与えられてしまっている（*tout est donné*）」という完了相において存在を把握しようという企てこそは、事実、古代哲学から近代の実証科学までを広く目的づける理念なのだが（それは我々の日常の知覚や言語をもまた強力に支配しているのだが）、その原－理念は空間という形ですでに与えられ、諸体系が展開する地平（horizon）を構成済みである。

だが、この地平は超えられないものではない。ベルクソンにとってこの「理念」は、無限の隔たりの彼方に置かれる代わりに、生ないし生成のただ中に、単に消極的な極限として包摂されるものだからだ。『進化』の語る「諸体系の歴史」は、まさにその地平の乗り越え、そこからの離脱によって結ばれるのだが、その歴史の中には、ひそかにこの超越を可能にする要素が継承されていた。それは「厳密性（Exaktheit）」（Hua. VI, p. 24）であるよりも「精確さ（précision）」[6]、すなわち実在とその個体性への忠実さを求める一つの「ディシプリン（discipline）」（EC, p. XI）である。「厳密性」が結局は「理念」を十全に実現する企てとしての超越論的現象学へと導くのに対して、ベルクソン的「精確さ」は、むしろこの種の「理念」の外に、それをとりまく「縁暈（frange）」[7]に、すなわち真の「幾何学の起源」としての生成に、我々を連れ出していく。『進化』の最初の三章はこの生成を描くのであって、ここから『進化』には二つの歴史――「地平」内部で展開する「諸体系の歴史」と、「縁暈」をなす生命の歴史――が記されることになるのである。

したがってベルクソンが我々に語っていたのは、幾何学者としての人間が、自らを規定した「理念」を超えていく（否定するのではない）歴史なのだ。それゆえ「人間」とは、何ら終極＝目的などではない。それは乗り超えられるべき何ものかなのであって、人間の特権性は、生命の創造性を継続しながら自らを超えていくこの可能性にしか存しない。また、我々がこの可能性を保持していること自体、事実問題以上の意味を持たない（v. EC, pp. 265-266）。それでも人間は、「理念」の地平内部で「予料」されることのない未来へと、辛うじて開かれている。人間とは、そこにおいて同じものの反復や合成ではない、予見不可能な「創造」という出来事が生じ得る場所である。実際、「歴史」にアプリオリがあるとして、それはむしろこの「出来事性」ではないか。それを欠く歴史はもはや歴史ではないだろうからである。

フッサールとベルクソン――同年に生まれたこの二人の哲学者は、その生涯の最後の時期、一九三〇年代の「危機」を前に、それぞれの哲学的立場から我々の歴史を振り返りつつ、一種の「処方」を与えようとした。切迫した口調は共通しながらも、そこで語られる主張の大きな隔たりはよく知られたものだ。一方では、超越論的主観性への復帰と、人間性の意味の取り戻し。対しては、創造的生命への復帰と、停止としての人間種に自然的な諸傾向の乗り越え。これらを処方の限りで並置し比較評価する作業は容易だろうが、それぞれの主張の意味を明らかにするためにも、この相違を根本で駆動する哲学的テーゼに立ち戻ることがむしろ重要であろう。以上は、そのための素描であった。

（5）このベルクソン的な「諸体系の歴史」と『危機』書が描く歴史との対比、登場人物の選択と評価（特にガリレイ）についての比較考察も興味深いものとなろう。
（6）« précision » がギリシャ固有の発明であることについては、M, p. 1369 ; ES, p. 83 ; M, p. 574.
（7）この概念の重要性についてはEC, p. 46, p. 49, そしてとりわけ EC, p. 194. 本書第４章も参照されたい。

おわりに

「フランス・スピリチュアリスム」を背景に用いつつ、ベルクソンの「特異性」を考えてきた。彼もやはり一人の「スピリチュアリスト」だとして、では、彼が言う「精神」とは何であり、それはどういった場所に位置づけられるものであったのか。一言で言えることではないが、ここまでの考察を通じて、ある程度の整理は可能となったように思われる。簡単に振り返ろう。

ベルクソン的「精神」は、「自然」の「外」あるいは「上」に存在するものではない。「自然」を、認識対象として目の前に置きながら、自分をそこから控除するような存在なのでもない。この「精神」は、最初から、「自然」に巻き込まれて存在している。そしてこの「自然」も、近代以降の哲学や科学が考えるような「物質」に還元されるものではない。そもそも、「精神」の排除と否定によって「物質」を定義し、その上でこの「物質」が「自然」の、ひいては「実在」の実質であり全幅をなすと考える発想を、ベルクソンは拒否する（講演『可能と現実』冒頭部などを参照）。彼が考える「自然」とは、物質性と精神性という二つの傾向が対抗しつつ、さまざまな水準で混交しながら、あれこれの事象を生み出し続けている領野のことなのである。「物質界」のほうが、そこからの抽象物なのだ。「延長」と「思惟」との対立を前提とするデカルト的な二元論は、退けられる。ベルクソン的「精神」は、「われ思う」には還元されない。認識主観としての「精神」に、認識対象としての「自然」が対立させられる、という認識論的構図も用いられない。「精神」が「自然」を構成するのだ、「自然」とは実は「精神」による所産なのだ、という観点から「精神」のプライオリティを確保しようとする観念論的理論、それもまたベルクソンのものではない。「フランス・スピリチュアリスム」が精神を擁護するために存分に用いてきたあれこれの理論や議論を、ベルクソンは、共有しないのである。かくしてベルクソンは、ラヴェッソンには近づくが、カントやラシュリエのイデアリスム的傾向とは対立し、規約主義を言うル・ロワたちとも一定の距離を置くのであった。

ベルクソン的「精神」は、「自然」のうちに存在する。この精神の仕事は、観照的認識である以上に、実践であり行為である。そもそも「認識」といっても、それは「実践」や「行為」と切り離されたところに成立できるわけではない。「精神」が実在とじかに関係し、自らの実在性を確証できる現場となるのは、最終的には、テオリアではなく、プラクシスなのだ。あえて強く言えば、「テオリア」は、「迂回したプラクシス」ですらある。だから、ベルクソン哲学は、最初から最後まで、「行為」を重視し、「行為」との関係で「哲学」の課題と位置を考え続ける。時に彼の言葉が帯びる独特の響き、すなわち読者に対する促しや呼びかけのようなトーンも、おそらくはここに由来している。

我々が確認してきたのは、こうした点であった。さらに何か言えることはないだろうか。このように描かれるベルクソン的「精神」の相貌に関して、何か付け加えるべきものはないだろうか。

最後に一つ、論じておきたいことがある。補足でもあり、さらなる考察のための準備でもある。

ベルクソンの驚き、あるいは「不意打ち」

哲学は「驚き」によって始まるのだ、と言う。必ずそうなのかは分からないが、そんなケースも少なくないはずだ（何にも驚かされない見慣れた世界に没入している人間に、哲学を開始する理由はなさそうである）。ところでベルクソン自身も、自分の哲学を回顧しつつ、まさに「不意打ち（surprise）」という語を口にしていた。既知の安らぎを破る何かに襲われることから、自分の哲学は始まった、とでも言うように――「そこには、不意打ちが待ち構えていたのだった……」（PM, p. 2）。

これ自体は、よく知られた回想である。若きベルクソンは、スペンサー哲学における力学の基本概念を検討していた（スペンサーはミルと非常に近い立場の哲学者であることも付言しておく）。実証科学について科学論的な考察を行っている中で、彼は、この「不意打ち」に遭ったのだった。だが結局のところ、彼は何に出くわしてしまったのか。

『試論』第二章を見れば分かるように、一般に「等速運動」「加速運動」といった概念が自明の前提とする時間単位の均一性を保証するものが実はどこにも存在しない、というのが、おそらくはベルクソンが最初に気づいた問題であっただろう。しかし、「そういうのはつまり、規約の所産にすぎない」というだけの結論であれば、それはずっと前から指摘されていたことである。いわんや、時間の長さの感覚は主観的であるとか、心理学的時間というのはひとによって異なるのだ、といったことなど、どうでもよい。ベルクソンはそんなことを言ってない。実際、その程度の観察から、自由や心身関係、生命進化を独自の仕方で論じていく哲学が生じるはずもない。

ベルクソンはもちろん、「純粋持続」に、出くわしたのである。力学の「時間」が「同時性」の数と順序だけを扱うための規約以上のものではないことを確認しつつ、同時にベルクソンは、そんな規約以前の「実在の」時間を捉えていた。座標軸や空虚な形式ではなく、不可分で質的な変化としての生きられた時間、あるいは内的な持続。初歩的な、今さらの確認である。だが、時間経過の主観的体験が量的あるいは数的なものではなく、質的なものであることが、本当の問題であったのか。

我々は、そうは考えない。もう一つのエピソードとして、ベルクソンが「持続」概念に近づいていったのは、ゼノンのパラドックスを学生たちに説明しながら、その中でのことであった、という話もある。では、ベルクソンはこの逆説を、時間はそれ以上分割できない有限の要素でできている、あるいは時間経験は質的だ、と言って解決したのだろうか。そうではなかった。ここではもう詳述しないが、無限分割を避けようと有限主義を採用しても、質的変化を議論の舞台にしても、パラドックスは解けない[1]。しかし、現実には、このパラドックスは、存在していない。実在は「今」に停止しているわけでもなければ、一切の「なる（生成）」を排除して、完了相の下に収まってしまっているわけでもない。つまり、「あるものはある、あらぬものはあらぬ」というゼノン的存在論が掴まえることのできない過剰が、実在には含まれている。あるいは、この過剰こそが、実在の「実在性」なのだ。

そこに連続性や質は必ず伴うが、この「実在性」そのものを定義するのは、連続性でも質でもない。さらに言えば、それは意識の内面性のことでもない。力学的世界観を自明視していたベルクソンが本当に驚いたのは、エレア学派がどう言おうとも、私自身を含めた世界全体が現に目下継続中であることと、ずっと未完了相のままに存続していることであったのだと思う。

世界の運動全体の「加速」という奇妙な議論が『試論』で用いられていることは知られている。仮に加速がなされても、世界の記述には何の変更も必要にはならない、といった議論だ。

そんな仮定自体が理解不能だ、前提が無意味だ、といった反論がしたくなるのも当然だが、ここでは、まと外れである。ベルクソンがどうにかして語りたいのは、理論上は無限に加速して構わない、つまりはもう終わっていていいはずの過程が、それでも現にここでまだ進行中であるということ自体の謎、つまりはゼノンのパラドックスを現に覆すこの実在そのものが提示する「謎」である。世界が決定論的因果ですっかり規定されているのであれば、何をわざわざ待っているのか。なぜすべては一気に展開されておらず、いちいち継起していかなければならないのか。

必然的因果関係とは、結局のところ、遅延された姿における同一律的必然性にすぎない、という考察を行ったあとで、『試論』はこう言う――

……事物は我々のようには持続しないとしても、そこには何か了解不可能な理由（quelque incompréhensible raison）があるはずで、それで、諸現象は一気にすべて展開してしまっている（se déployer tout à la fois）のではなく、順に継起していくように見えているのだということを、我々は感

（1）『ベルクソン　聴診する経験論』第一章。

じている。そしてそれゆえに、因果性の概念は、限りなく同一性の観念に接近していきながらも、それとすっかり一致するとは見えないのだ (DI, p. 157)。

「了解不可能」な謎。『創造的進化』でも、同じ問い、同じ謎が反復される。世界はもっと急速に展開しても、さらにはもう終点に達していても構わなかった。「世界の継起的諸状態は、空間中で一気に展開されていてもよかった (les états successifs du monde pourraient être déployés d'un seul coup dans l'espace)」(EC, p. 338)。だが、それでも、事物は一定のリズムでのみ継起し、展開しつつある。

なぜ無限の速度で、ではないのか。言い換えるなら、映画のフィルム上のようにすべてが一挙に与えられてしまっていないのは、なぜなのか (EC, p. 339)。

哲学を起動する「驚き」は、それを理解しない者には、往々にして、単なる愚問にしか見えない。何が不思議なのだ、というわけだ。例えば「なぜ無ではなく、存在が」という問い、あるいはより端的に「ある!」ということへの驚きも、その種のものだろう。きちんと驚き、正しく驚き続けることができるためには、特殊な才能が必要なのだ。

だが、ベルクソンにとっての謎は、「何ものかが存在しており、無ではない」こと、あるいは「秩序があって、混沌ではない」ことではなかった。存在することの驚き、秩序への驚きは、実のところ、真の哲学的な「驚き」には値しないものであった。そうではなく、彼は別のことに驚き続ける——なぜ砂糖が溶けるのを待たねばならないのか。なぜ画家が絵を仕上げるには時間がかかるのか。なぜ「すべては与えられてしまって（tout est donné）」いないのか。実在のこの未完了性、この未決性とは、何なのか。

ベルクソン哲学と「死」

ベルクソン哲学は「死」を扱わない、この平板なる「生の哲学」にはどこにも「死」の影がない——そんな評が時に聞かれる。ただの誤解である。どこをどう読めばそうなるのか。

我々が言いたいのは、例えば『二源泉』第二章の「静的宗教」論では、「死」の恐怖などを根本的条件として宗教的諸表象の発生と機能が論じられている、とか、あるいは同書の第四章は、世界戦争と絶滅の不吉な予感の下で書かれている、といったことではない。それ以前から、もっと根本的なところで、ベルクソン哲学は「死」との関連において成立しているのだ。

なるほど、ベルクソンは「絶対無」の観念を認めなかった。そこから、「だから彼においては死も問題にならない」という早合点も生じたのだが、そもそもベルクソンは「生」を存在に、「死」を無に割り振って考えているわけではない。境界線はそこにはない。「死」とは、完了相における存在のことなのである。

「すべてが与えられてしまった」状態。もはや「まだ続いて次に」という次元が消滅し、一切が完了し、もはや何も動かず、何も変化しない状態——実際、これが「死」のイメージでないとしたら何であろう。すべては「一挙に展開されていてもよかった（pourraient être déployés）」とベルクソンは言う。

こういう場合に、彼は条件法を用いる。だがこの条件法を、ジャンケレヴィッチのように単純に反実仮想の表現としてのみ解し、「恐れるな、偽りの夢にすぎないから」といったトーンで受け取って、それで済ませられるものだろうか。我々はむしろそこに、「なのにすべては終わらずに、まだ続いている！」というベルクソンの驚きを聞く。

ベルクソン哲学は、この「完了相」的存在への抵抗として展開する。そんな存在様相を特権視するべきではない、という認識批判的なレベルでそうであり、おそらくは、実践的なレベルにおいてもそうだ。

この抵抗は困難なものになる。我々自身の（ベルクソン的意味における）「知性」が、さまざまな対象を「完了相」の下に捉えようとする。決定論の起源もそこにある。ある意味、「敵」は自分の中に、いつも居合わせているわけだ。生成を機械論あるいは目的論の枠に押し込んで、起源ないし終末に服従させ、暫定的「欠如」と位置づけるという我々の思考様式も、そこから生じる。「不動なる永遠(éternite d'immutabilité)」(PM, 176)、「死の永遠(éternité de mort)」(PM, p. 210)が、生成に優越するものとされてしまうのである。

このような「生の自己否定」とも呼べる事態は、逆転されねばならない。「時間」は、完了済みの存在に備わった一つの座標軸に、そしてそこに刻まれた時点の連鎖に、還元されてはならない。ベルクソンが回復しようとするのは、我々がそこで生きることができる「余地(latitude)」(EC, p. 339)としての時間だ。それは、稠密かつ不動なる完了相的存在から逃れるようにして継続していく未完了相の場である。そして我々は実際、そこに自らが存在する場所を有している。要するに、彼の「持続」とは、「死」を延期し続ける時間のことなのである。[2]

だが、「完了」としての死は、知性がこしらえる幻影であるにはとどまらない。『創造的進化』では、「死」のイメージは、よりはっきりとした（ある意味では過度に分かりやすい）姿をとる。使用可能なエネルギーの不可逆的減少の果てに待ち受ける、「熱的死（mort thérmique）」である。[3]『創造的進化』第三章は、熱力学が予言するこの完全な平衡状態と生命進化との関連についてかなりのページを費やしているが、議論展開そのものの奇妙さに気づくべきである。今でこそ、生命現象とエントロピーとの関連を言うのは当たり前のことになっているが、ラマルクやダーウィンがそんな議論をしたわけはないし、ベルクソンが扱う生物学者や進化論者も、熱力学や「熱的死」についての考察はほとんど行わない。そんな考察は、生命進化を論じる上では関係のないものと思われるからだ。では、ベルクソンの進化論は、なぜそんな話題を巻き込み、ボルツマンへの参照をすら求めるのか。万物の完了としての「死」が相変わらずの問題だからであり、ベルクソンは、あくまでそれとの関

（2）だから（ヴォルムスが言うのとはいささか異なった意味で）、我々の生は、完了相を拒否し続ける「生き延び（survie）」なのだと形容してもいい。ベルクソンが『変化の知覚』などで、「過去」の存続のことを生き残り（survivance）と呼ぶのも、これと無関係ではない。一般には「済んでしまったこと」「もう存在しないこと」とされがちな「過去」は、彼においてはむしろ、未完了相を維持し、新しい創造を可能にする土台として再了解されている。

（3）当時、少なくない哲学者たちの関心を引いてきた概念だが、ラランドがこの概念も用いながらスペンサー進化論などを批判したこと（A. Lalande, *La Dissolution opposée à l'évolution dans les sciences physiques et morales*, Germer Baillère, 1899）は、『創造的進化』の議論にかなりの影響を与えていると見られる（v. EC, pp. 247-248 note）。

連で「生」とその進化を考え続けているからである。前後を読めば明らかなように、『進化』の彼は、生命全体を、この「熱的死」への抵抗として描いている。現象の不可逆性ないし時間の向きを無視せざるを得ない古典力学に対して、熱力学は時間の向きを導入することを許し、実在的時間に一歩接近したと見えたのだが、同時に熱力学は、万物の完了を亡霊以上のもの、我々を待ち受ける避けがたい結末として指し示したのだった。恣意的な規約からの無視可能な結論であればよかったのだが、そうではないことをベルクソンは認めざるを得なかった（EC, pp. 243-245）。

戦線は移行しながら拡大する。いまや彼の前にあるのは、すべてがそこにおいて意味付けられ正当化される救済ないし摂理の目的論ではない。まったく別種の目的論（finalisme）、すなわち、万物は端的なる完全な死という結末（fin）に向かっているという終末論なのだ。

砂糖を水に溶かす例は有名だが、ベルクソンがこの事例を選んだのが偶然ではないことは明らかだろう。砂糖の分子が水の中へ散逸していくことは自明だ。この向きは変えられず、結末は分かっている。溶け去るしかないのだ。だが、ベルクソンはそこで別のことを言う――しかしそれには時間がかかる。結末を待つまでの時間が、省略も圧縮もできないものとして、実在している。

理論上はさっさと冷え切って終わりになって構わない世界の中で、その抗いがたい下り坂にそれでも抵抗をやめず、終わりを延期し続けている何か、抵抗し続ける「努力」のような何かが、ある。これが、ベルクソンの描く「生命」である。初めから「死」と不可分な「生」だ。

だから、『進化』の実質的な結論となる三章の末尾でも、生命の突進は「おそらく死をも乗り越える（franchir）」だろう、と言われもする。ここに及んでも奇妙にもつきまとってくる「死」。実際、このクライマックスのごとき段落末尾にベルクソンが置いた語は、「死（la mort）」だ。「ベルクソン哲学は死を論じない」、「そこには死の影がない」などと、どうして言えたのだろう。むしろベルクソンは、「生」というものを、最初から最後まで、「死」との関連において語り続けていたのである。

ほとんど言うまでもないが、ここで言われる「死」は、個々の生物体の終わりのことではない。それは、「すべてが与えられてしまった」局面、物質性が運命づけるように見える最終的な結末、「熱的死」という万物の完了のことだ。実際、「死」を「乗り越える」といっても、それは「死なない生物個体が生じる」ということでないのはもちろん、「ついに私たち人間には、死後の不滅なる生が約束されるのだ」というありがたい話でもない。『進化』が言う「乗り越え」は、生命がこの「死」を無限に遅らせ、完了に向かう坂道から逸れ、ついにはそこから脱出しおおせる可能性以外のことを意味してはいない。

ベルクソン的「精神」

以上のような「生」は、ベルクソン的「精神《エスプリ》」と、別のものではない。この「精神」のいくつかの相貌は、先に整理しておいた。では実際のところ、このベルクソンが、あらためて自分の口で「スピリチュアリテ」を語るとしたら、それはどういった形においてのことであったか。いくつかの場面を確認してみよう。

例えば『進化』だとこうだ。「マテリアリテ」の本質を見定める前提として、対照項となる「スピリチュアリテ」を規定しながらベルクソンは言う――

スピリチュアリテというものを、常に新しい創造への前進的歩み、また前提とは通約不可能な結論、前提からは決定できない結論に向かっての前進的歩み（marche en avant）のことだと理解するならば……（EC, p. 213）。

前提からの逸脱、つまりは新しいものの創造。本書第一章でも見たように、その後の講演『意識と生』ではこう言われていた――

明らかに一つの力（force）が我々の前で働きながら、自らを桎梏《しっこく》から解放し、同時に自分自身を超え、まず自分が持っているものを、ついで持っていないものまでをも与えようとしています。精神（esprit）を定義するのに他の仕方があるでしょうか？　そしてもし精神的な力（force spirituelle）があるとして、それが他の力と区別されるのは、自分自身が含んでいる以上のものをおのれから引き出してくる能力によってでなければ何によってだと言うのでしょう？（ES, p. 21）

与えられた以上のものを創造し、与える力。私の中にもあり、また「我々の前で」、自然のただ中で、現に働いていている力。そこにこそ「精神」が見て取られることに関しては、最後の著作の序論においても、変化はない。

直観は、増大〔発展成長 croissance〕である持続に寄り添いつつ、そこに、予見不可能な新しさの絶え間ない連続を見て取る。直観が目の当たりにして知るのはこのことだ——精神は、自分が持っている以上のものを自分から引き出すということ、スピリチュアリテとはまさにこの点に存するのだということ（que l'esprit tire de lui-même plus qu'il n'a, que la spiritualité consiste en cela même）、実在とは、精神に満たされつつ、創造であること（PM, pp. 30-31）。

自ら崩れ（se défaire）、容赦なく損耗（s'user）していく傾向に抗する力——つまりは「死」に抵抗し続ける力。もはやすべてが既決となる「完了」の到来を限りなく延期するために、一時的《テンポラリー》な退避所のごとき時間的《テンポラル》な領域、つまりは「持続」を、自らに保ち続ける努力。これこそが、ベルクソン的な「精神」ではなかっただろうか。

もちろんこの「精神」は、我々においては、人称的な意識や意志という姿を取る——われ思う、われ意志す。だが、ベルクソン的な「精神」にとっては、付随的な話である。『物質と記憶』がその冒頭部で確認するように、我々の意識は、自然界の物質的プロセスにおける遅延と迂回においてのみ、可能になる。放っておけば実に滑らかに進展していく進展——無限の加速や圧縮を蒙っても何も変わらないプロセス——への留保、その差し止め、つまりは「未完了相」の終わらざる維持という「精神」の基本動向においてこそ、我々の意識やその人称性、その能動性はそれとして成立できているのだ。

未完了相への驚き——ベルクソン的スピリチュアリスム

かくして当時、あるいは回顧の中で、ベルクソンが「フランス・スピリチュアリスム」の一員とされるのだとしても、この彼自身は、それまでの論者とは相当に異なったことを語っていたと見なければならない。デカルトやビランに依拠しつつ提示されるところの、人称的な意識や能動性こそが「精神」の本質であるという主張、すなわち「スピリチュアリスト」の多くが以前から反復してきた主張は、ベルクソンがそのままに引き受けるものではない。彼を不意打ちし、彼の哲学を開始させ、その後の展開を支配し続けた「驚き」が、そんなところにあるはずはない。

スピリチュアリストたちの間にいながら、ベルクソンは、彼らが見向きもしないことから、不意打ちをくらう。そして彼は驚くのだ——すべてが与えられてしまってはいないことに。未完了相においてこそ、私はこうして現に存在し、生命を含むこの「自然」も現に存在していることに。「物質的宇宙も、その全体において、我々の意識を待たせている。それ自体が、待っているのだ」(PM, p. 28)。宇宙が惰性的物質だけでできていたとしたら、この「まだ」というあり方は、「了解不可能」だ。だが現に我々は、未完了なる「余地」に生きている。「自然の、限りない刷新の努力」(PM, p. 104) があり、そんな「自然」の中に、我々は存在している。

ベルクソンは驚き続ける——こんな未完了なままの場所においてこそ、我々は「生き、動き、存在している (*vivimus et movemur et sumus*)」(PM, p. 176) のだ、ということに。もちろん、この私が世界の進展を遅延させ、完了を回避させているわけではない。遅延と未完了は、私に先立って存在し続けている精神、つまりは「生命」の努力の所産である。ベルクソン的な「精神」は、完了相的存在を言わばこじ開けるようにして、自分があり続けていられる場所を、自らに与え続ける。それがこの「自然」であり、その「進化」過程であり、我々もその内部、その一角に、自らの場所を有している。そこで「生き、動き、存在する」ということは、せっかく開かれたこの「余地」をまた完了相の下に俯瞰し観照することではない。それはむしろ、この自然の中で自ら動くこと、行為すること、新しい何かを創造することであるだろう。我々が確認してきたベルクソン哲学のさまざまなテーゼの多くは、こうした角度から理解されてくるはずだ。

我々の、そして「自然」の未完了性。すべてが「まだ、つつある」というあり方のもとにあること。まだ何かが生じ得るし、生じつつあること。――「それがどうした」と言われて仕方のないような、当たり前の話かもしれない。だが、ベルクソンは、まさにこの自明な事実に不意打ちされ、そのことに驚き続ける。この驚きは、なかなか共有されなかった。『試論』も、第一章は審査において高く評価されたし(ポール・ジャネは審査員の一人であった)、第三章もあれこれの論評対象になった。「精神」を量的に捉える試みへの批判や、「自由と決定論」という論題は、誰にとっても見慣れたものであったからだ。しかし「持続」を論じた第二章は、繊細な心理学的記述以上のものとしては理解されなかった。実在の「未完了相」についての異例なる驚きが最初に記されたのはそこであったのにもかかわらず――あるいはそうであったからこそ。

ベルクソン哲学の異例なる「特異性」とは何であったか、という問いから始めた本書であった。それに対しては、我々はこう答えておくことにしたい。この哲学の特異性、それは、存在の「未完了」性への驚きから出発しての「精神」の再規定、ならびに、その意味での「精神」と「自然」概念との合流に存する、と。

あとがき

本書は、「はじめに」と「おわりに」を除き、発表済みのものをもとにしている。多くの箇所について、誤りの修正、書誌情報の追加などを行った。大まかなところを記しておく。

1　思考と動くもの――ラヴェッソンとベルクソン
神崎繁他編『西洋哲学史Ⅳ』（講談社選書メチエ、二〇一二年）所収。わずかな修正を加えた。

2　J・S・ミルとフランス・スピリチュアリスム
「J・S・ミルとフランス・スピリチュアリスム」（『学習院大学文学部　研究年報』第五〇輯、二〇〇四年）。結論部には変更を加えた。

3　ラシュリエと「フランス・イデアリスム」の形成
「フランス・イデアリスムの生成――ラシュリエとその周辺から」（『フランス哲学・思想研究』

二五、二〇二〇年）。イントロ部は、ルヌヴィエを一つの軸とする前年のシンポジウムの文脈を反映したものであったので、差し替えた。その他、いくらか情報を追加。

4　精神の場所――エピステモロジーとスピリチュアリスムとの間で
同名論文（『フランス哲学・思想研究』十二、二〇〇七年）。日仏哲学会における同年のシンポジウムで発表された原稿がもとにある。文献の補足を行い、不十分であった結論部については、訂正となる変更を加えた。

5　自発性を飼い馴らす
「自発性を飼い馴らす――フランス・スピリチュアリスムへの一視角」（『フランス哲学・思想研究』六、二〇〇一年）。日仏哲学会でのシンポジウム発表がもととなる。文献情報を追加し、最終部もいくらか変更。

6　ベルクソンにおける行為と認識――一つの素描
もとになるのは、口頭発表「ベルクソンにおける行為と認識――一つの素描」（第四三回ベルクソン哲学研究会・二〇一八年、國學院大學）。かなりの変更を加えた。

7　スピノザとベルクソン――〈実在の思惟〉をめぐって

スピノザ協会における二〇一〇年のシンポジウムに際して書かれた。『スピノザーナ 十二』（二〇一二年）に掲載。敬体であったのを常体に変更した。

8 フッサールとベルクソン――二つの「幾何学の起源」
『哲学雑誌（「フッサールとベルクソン――生誕一五〇年」）』第七九六号、二〇〇九年に掲載。ほぼ初出のままである。

本書は、青土社の永井愛氏の企画提案から生まれた。半年前ほどのことだったか。私がさまざまな機会を得てあちこちに発表してきた論文をまとめたい、という。今どき、ありがたい話だ。しかしためらいもあった。あらためて見直せばいろいろと言い直したいところもあり、そもそもが自分の昔の書き物だ、恥ずかしさを覚えないわけもない。ただ、「書物になれば多くのひとに届きますよ」という永井氏の口説きには抵抗できなかった。何にせよ、若い方に従うべき年齢でもある。いくつかの章は、見慣れない固有名詞が振り撒かれるような印象を与えるかもしれない。しかしそれは、博識を、あるいはトリヴィアルな知識を振りかざしたくてのことではない（そんなレベルで試合をしようというのなら、こんなものでは済まない）。以前よりずいぶんましにはなったが、ベルクソンに限らず、本書が扱う時期のフランス哲学の研究においては、議論を豊かにするための文脈の不備ないし不足がずっと問題であったと思う。ベルクソン研究であれば、ひたすらベルクソンだけ読めばいいのだ、といった態度が通用してきていた。しかし哲学書は、内在的読解しか許さない宗教上の経典でない。いろいろな文脈に開かないと、その意味も、その特異性も、正確に捉えられない。内在的読解についてなら、私も自分なりに試みてきたつもりである。だが、それだけではくっきりと見えてこないこともある。あえて外部から多様なコンテクストを設定してみることを通じて、新しい相貌、新しく考察すべきテーマが見えてくることも多い。ありふれた話だ。今回、比較研究的な考察を選んだのは、実地に示すようにして、そんな展望の可能性を示したかったからでもある。うまくいったかどうか。何かしらのことが「届く」かどうか。

既発表のものをもとにした本書だが、事実誤認や誤記をはじめとして、その後に気づいた誤りには訂正を加えた。ただ、各章の間には、実際には相当の時間的隔たりがあったりもするので、ラヴェッソンについての全般的評価や、ラシュリエの『帰納の基礎』最終章の理解など、個別的論点に関してはいくらかのずれが見られる。今回、そうした点はもうそのままにした。私自身、まだ決め難いところがあるからでもあるし、この種の哲学史的な考察においては、最終的かつ決定的な結論を出すことばかりが重要でもあるまい、と考えるからでもある。

学会などでのシンポジウムに際し、与えられた一定のテーマに沿って論じたものが多いこともあって、論じられる内容には、それほどの一貫性はない。実際、かなり散らかった話をしてきたものだと思う。しかし同時に、こうして見直してみれば、我ながら「同じ話ばかりしている」とあきれるところも多い。だが、もうここまでにしよう。

本書成立の言わば「近接原因」である永井氏に加え、感謝を述べるべき方々は多い。学会や研究会で発表の機会を与えてくださった方々、質問や感想をくださった方々。本当に、お礼を言い出せば終わる気がしないところだが、とりわけ、個人的な不調と不本意な困難の中でも研究を続けられるよう支えてくれた同僚の先生方、そして家族には、あらためての感謝を述べておきたい。

二〇二三年一二月

杉山直樹

事項索引

※ボールドは脚注のページ数

た行

な行

わ行

人名索引

な行

は行

ま行

や行

ら行

参考文献

Azouvi, François, *Maine de Biran. La Science de l'homme*, Vrin, 1995.

Beaufret, Jean, *Notes sur la philosophie en France au XIXe siècle*, Vrin, 1984.

Bachelard, Gaston, *Le Nouvel esprit scientifique*, Alcan, 1934.

Belot, Gustave, « Une Nouvelle théorie de la liberté », in *Revue philosophique*, 1890, pp. 361-392.

Benrubi, Isaac, *Souvenirs sur Henri Bergson*, Delachaux et Niestlé, 1942.

Bergson, Henri, *Histoire des théories de la mémoire. Cours au Collège de France 1903-1904*, PUF, 2018 ; 藤田尚志他訳『記憶理論の歴史――コレージュ・ド・フランス講義 1903-1904 年度』書肆心水、2023 年。

———, *Cours II*, PUF, 1992.

———, *Correspondances*, PUF, 2002.

———, *Écrits philosophiques*, PUF, 2011.

Berthelot, René, *Un Romantisme utilitaire*, 3 vols., Alcan, 1913-1922.

Blondel, Maurice, *L'Action*, Alcan, 1893 ; 増永洋三訳『行為』創文社、1991 年。

Deborah Blum, *Ghost Hunters: William James and the Search for Scientific Proof of Life after Death*, Penguin Press, 2006 ; 鈴木恵訳『幽霊を捕まえようとした科学者たち』文藝春秋、2007 年。

Bonnet, Jean, Dé*kantation. Fonctions idéologiques du kantisme dans le XIXe siècle français*, Peter Lang, 2011.

Boutroux, Émile, *De la Contingence des lois de la nature*, Germer Baillère, 1874.

Brunschvicg, Léon, *La Modalité du jugement*, Alcan, 1897.

———, « L'Idéalisme contemporain (1900) », in *L'Idéalisme contemporain*, Alcan, 1905.

———, *L'Expérience humaine et la causalité physique*, Alcan, 1922.

———, *Le Progrès de la conscience dans la philosophie occidentale*, 2 vols., Alcan, 1927.

Canguilhem, Georges, *La Connaissance de la vie*, Vrin, 2e éd., 1989.

Caro, Elme, *L'Idée de Dieu et ses nouveaux critiques*, Hachette, 1864.

———, article « Mill (John Stuart) », in *Dictionnaire des sciences philosophiques*, 2e éd., 1875.

Chatelet, François (sous la direction de), *Histoire de la philosophie*, tome 6, Hachette, 1973.

Cousin, Victor, *Fragments philosophiques*, Sautelet, 1826.

———, *Introduction à l'histoire de la philosophie*, Didier, 1828.

———, *Cours de philosophie, professé à la faculté des lettres pendant l'année 1818, sur le fondement des idées absolues du Vrai, du Beau et du Bien*, Hachette, 1836.

———, *Du Vrai, du Beau et du Bien*, Didier, 1853.

———, *Fragments philosophiques*, 5e édition, Didier, 1866.

Duhem, Pierre, « Quelques réflexions au sujet des théories physiques », in *Revue des questions scientifiques*, tome 31, janvier 1892, pp. 139-177.

———, « Quelques réflexions au sujet de la physique expérimentale », in *ibid.*, tome 34, juillet 1894, pp. 179-229.

Dancan, David, *The Life and Letters of Herbert Spencer*, Methuen, 1908 / Routledge, 1996.

Durkheim, Émile, *Sociologie et philosophie*, Alcan, 1924.

Fedi, Laurent, *Kant, une passion française 1795-1940*, Olms, 2018.

Foucault, Michel, « La Vie : l'expérience et la science (1985)», in *Dits et écrits II, 1976-1988*, Gallimard, 2001, pp. 1582-1595.

Franck, Adolphe, article « Psychologie », in *Dictionnaire des sciences philosophiques*, tome 5, Hachette, 1851.

Franck, Adolphe (édité par), *Dictionnaire des sciences philosophiques*, 6 vols., Hachette, 1844-1852 ; 2e éd., 1875.

Gratry, Alphonse, *La Logique*, Douniol, 1855.

Gurney, Edmund, et als, *Phantasms of the Living*, Kegan Paul, 1886.

Husserl, Edmund, *Die Krisis der europäischen Wissenschaften und transzendentale Phänomenologie (1936)*, in *Husserliana*, VI, Martinus Nijhoff, 1962.

Husserl, Edmund / Jacques Derrida (traduction et introduction par), *L'Origine de la géométrie*, PUF, 1962 / 2004.

Husson, Léon, « Les Aspects méconnus de la liberté bergsonienne », in *Les Études bergsoniennes*, vol. 4, Albin Michel, 1956.

James, William, *Pragmatism*, 1907, in *The Works*, I, Harvard U. P., 1975.

Janet, Paul, *La Crise philosophique. MM. Taine, Renan, Littré, Vacherot*, Germer Baillère, 1865.

———, « Le Spiritualisme français au dix-neuvième siècle », in *Revue des deux mondes*, 15 mai, 1868, pp. 353-385.

———, « Mill et Hamilton », in *Revue des deux mondes*, 15 octobre, 1869, pp. 945-973.

———, *Principes de métaphysique et de la psychologie*, 2 vols., Delagrave, 1897.

———, « L'Idéalisme de M. Lachelier », in *ibid.*, tome 2, pp. 515-529.

Janet, Paul, et Séailles, Gabriel, *Histoire de la philosophie. Les Problèmes et les écoles*, Delagrave, 1886.

Janicaud, Dominique, *Ravaisson et la métaphysique*, Vrin, 1997.

Jankélévitch, Vladimir, *Henri Bergson*, 2e éd., PUF, 1959.

Jules Simon, « Maine de Biran », in *Revue des deux mondes*, 15 nov, 1841, pp. 634-658.

Lachelier, Jules, *Du Fondement de l'induction*, Ladrange, 1871.

———, « Psychologie et métaphysique », in *Revue philosophique*, 1885, pp. 481-516.
———, *Œuvres*, 2 vols., Alcan, 1933.
———, *Lettres 1856-1918*, hors-commerce, 1933.
———, *Cours de logique, École Normale Supérieure 1866-1867*, (édité par J.-L. Dumas), Édition Universitaire, 1990.
Lalande, André, *La Dissolution opposée à l'évolution dans les sciences physiques et morales*, Germer Baillère, 1899.
——— (édité par), *Vocabulaire technique et critique de la philosophie*, 1926 ; PUF, 1991.
Le Roy, Édouard, « Science et Philosophie (4) », in *Revue de métaphysique et de morale*, 1900, pp. 37-72.
———, « Sur Quelques objections adressées à la nouvelle philosophie (1) », in *Revue de métaphysique et de morale*, 1901, pp. 292-327.
Leibniz, Gottfried Wilhelm, *De primæ philosophiæ emendatione et de notione substantiæ*, 1694.
———, *De ipsa natura sive de vi insita actionibusque creaturarum*, 1698.
Maine de Biran, François Pierre Gontier, *Influence de l'habitude sur la faculté de penser*, 1802.
———, *Mémoire sur la décomposition de la pensée*, 1805.
———, *Exposition de la doctrine philosophique de Leibniz*, 1819.
———, *Fondements de la psychologie*, in *Œuvres*, VII-1/2, Vrin, 2001.
Mauchaussat, Gaston, *L'Idéalisme de Lachelier*, PUF, 1961.
Milhaud, Gaston, « La Science rationnelle », in *Revue de métaphysique et de morale*, 1896, pp. 280-302.
———, *Le Rationnel*, Alcan, 1898.
Mill, John Stuart, *A System of Logic*, 1843 ; *Système de logique* (traduit par L. Peisse), Ladrange, 1866 ; 江口聡他訳、『論理学体系』京都大学出版会、2020 年－。
———, "Bain's Psychology (1859)", in *Collected Works of John Stuart Mill*, University of Toronto Press, 1963-1991, vol. 11, pp. 341-373.
———, *An Examination of Sir William Hamilton's Philosophy*, 1865 / *La Philosophie de Hamilton* (traduit par É. Cazelles), Germer Baillère, 1869.
———, *Autobiography*, 1873 ; *Mes Mémoires. Histoire de ma vie et de mes idées* (trad. par É. Cazelles), Germer Baillère, 1874 ; 村井章子訳『ミル自伝』みすず書房、2008 年。
Millet, Louis, *Le Symbolisme dans la philosophie de Lachelier*, PUF, 1959.
Noël, Georges, « La Philosophie de M. Lachelier », in *Revue de métaphysique et de morale*, 1898, pp. 230-259.
Rabier, Élie, *Leçons de philosophie, II. Logique*, 2e éd., Hachette, 1888.
Ravaisson, Félix, *De l'Habitude*, Fournier, 1838 ; 野田又夫訳『習慣論』岩波文庫、1938 年。
———, « Philosophie contemporaine. *Fragments de philosophie* par M. Hamilton », in *Revue*

des deux mondes, 1 nov, 1840, pp. 396-427.
———, *La Philosophie en France au XIXe siècle*, Imprimerie impériale, 1868 ; 杉山直樹・村松正隆訳『十九世紀フランス哲学』知泉書館、2017 年。
———, « Métaphysique et Morale », in *Revue de métaphysique et de morale*, 1893, pp. 6-25.
Renouvier, Charles, *Critique philosophique*, vol. 1, 1872.
Ribot, Théodule, *La Psychologie anglaise contemporaine*, Ladrange, 1870.
Ricœur, Paul, *Méthode réflexive appliquée au problème de Dieu chez Lachelier et Lagneau*, 1934 / Cerf, 2017.
Sartre, Jean-Paul, « La Transcendance de l'ego », in *Recherches philosophiques*, vol. 6, 1936(1937), pp. 85-124 / Vrin, 1992.
Séailles, Gabriel, *Essai sur le génie dans l'art*, Germer Baillère, 1883.
Spencer, Herbert, *First Principles*, Appleton, 1862 / *Les Premiers principes* (traduit par É. Cazelles), Germer Baillière, 1871.
Taine, Hippolyte, *Les Philosophes français du XIXe siècle*, Hachette, 1857.
———, « *Philosophie anglaise. John Stuart Mill* » in *Revue des deux mondes*, 1er mars, 1861, pp. 44-82.
———, *Le Positivisme anglais*, Germer Baillère, 1864.
———, *De l'Intelligence*, 2 vols., Hachette, 1870.
———, *H. Taine. Sa vie et sa correspondance*, 4 vols., Hachette, 1902-1905.
Vieillard-Baron, Jean-Louis, *Le Spitritualisme français*, Cerf, 2021.
Worms, Frédéric (édité par), *Annales bergsoniennes II, Bergson, Deleuze, la phénoménologie*, PUF, 2004.

岩田文昭『フランス・スピリチュアリスムの宗教哲学』創文社、2001 年。

杉山直樹『ベルクソン 聴診する経験論』創文社、2006 年。

———、「意識の他者／他者の意識——フランスにおける心理学と無意識（一八八〇－一八八九年）」『思想』（一〇六八号）、2013 年、181－206 頁。

平井靖史「解説」、合田正人・平井靖史訳『意識に直接与えられたものについての試論』ちくま学芸文庫、2002 年。

———、『世界は時間でできている——ベルクソン時間哲学入門』青土社、2022 年。

増永洋三『フランス・スピリチュアリスムの哲学』創文社、1984 年。

三輪正「形而上学と行為——ベルグソン哲学の一問題点」、坂田徳男・澤瀉久敬編『ベルグソン研究』勁草書房、1961 年、139－161 頁。

杉山直樹（すぎやま・なおき）

1964年生まれ。大阪大学大学院文学研究科博士課程単位取得退学。現在、学習院大学教授。専門は、フランス哲学。著書に『ベルクソン　聴診する経験論』（創文社、2006年）、『ベルクソン読本』（共著、法政大学出版局、2006年）、『スピノザと十九世紀フランス』（共編著、岩波書店、2021年）など。訳書に、ラヴェッソン『十九世紀フランス哲学』（共訳、知泉書館、2017年）、ベルクソン『物質と記憶』（講談社学術文庫、2019年）などがある。

精神の場所
——ベルクソンとフランス・スピリチュアリスム

2024年2月 5 日　第1刷印刷
2024年2月20日　第1刷発行

著　者　　杉山直樹
発行者　　清水一人
発行所　　青土社
101-0051　東京都千代田区神田神保町1-29　市瀬ビル
電話　03-3291-9831（編集部）　03-3294-7829（営業部）
振替　00190-7-192955

装　幀　　佐野裕哉
印刷・製本　シナノ印刷
組　版　　フレックスアート

ISBN978-4-7917-7626-9 Printed in Japan